CATIA V6 船舶三维设计实例

主　编　卢永进　林　锐

副主编　陈捷捷　韩海荣　吴　波

参　编　李涛涛　宋一淇　吴　盛　汪　敏

常守明　方雄兵　朱佳文　肖鹏安

HEUP 哈爾濱工程大學出版社

内容简介

本书首先系统阐述了 CATIA V6 软件的主要特点与基本操作界面，简要介绍了各模块的功能；然后按章节分别翔实地介绍了总体曲面设计、船体结构设计、设备建模、管路及附件建库、管路系统设计、电气三维设计等内容。本书的各章节均辅以 CATIA V6 软件操作页面的截图说明，并配有操作实例，直观易学，特别适合从事船舶设计的初学者，也可作为 CATIA V6 软件科研工作者的入门教材。

图书在版编目(CIP)数据

CATIA V6 船舶三维设计实例/卢永进，林锐主编. —哈尔滨：哈尔滨工程大学出版社，2016.8(2018.1 重印)

ISBN 978-7-5661-1356-6

Ⅰ. ①C… Ⅱ. ①卢… ②林… Ⅲ. ①船舶设计—计算机辅助设计—应用软件—教材 Ⅳ. ①U662.9

中国版本图书馆 CIP 数据核字(2016)第 194524 号

选题策划 史大伟
责任编辑 薛 力
封面设计 恒润设计

出版发行 哈尔滨工程大学出版社
社 址 哈尔滨市南岗区南通大街 145 号
邮政编码 150001
发行电话 0451-82519328
传 真 0451-82519699
经 销 新华书店
印 刷 北京中石油彩色印刷有限责任公司
开 本 787mm×1092mm 1/16
印 张 12.75
字 数 334 千字
版 次 2016 年 8 月第 1 版
印 次 2018 年 1 月第 2 次印刷
定 价 28.00 元
http://www.hrbeupress.com
E-mail:heupress@hrbeu.edu.cn

前　　言

CATIA 作为一款产品设计与工业制造领域的通用设计软件，被广泛应用于航空航天、汽车制造、装备制造、电子产品和消费品行业等。近年来，CATIA 软件开始进入国内船舶设计领域，取得了初步应用成效。然而，目前尚无适用于船舶设计者的 CATIA 操作教材，尤其面向 CATIA V6 软件。作为一款通用软件，其缺乏与国内船舶设计流程的有效融合，软件自带模板少且不含标准数据，只能阅读软件自带英文帮助，适用性不强，且费时费力。同时，在软件操作过程中需要设计者在不同模块之间频繁切换，这些都给用户带来了操作上的困难。因此，编者决定编写此书。

在本书的编写及出版过程中，中国舰船研究设计中心所领导、信息化中心和水面部以及情报室部门领导倾注了大量心血，给予了悉心指导和热忱关怀；同时，得到了水面部信息技术研发科及相关专业科同志的热心帮助。此外，本书的编写参考了 CATIA V6 软件的部分帮助文档和技术资料，并得到了达索公司和安托公司的大力支持，在此一并深表谢意！

限于编者的学识与应用经验，本书难免存在疏漏或欠妥之处，恳请读者批评指正。

编　者

2016 年 1 月

目　　录

第 1 章　CATIA V6 软件概述

在船舶研制过程中，越来越广泛使用的三维设计有效缩短了设计周期，降低了研制成本。当前，面向船舶领域的三维设计软件主要有美国 PTC 公司的 CADDS5 软件、西班牙 SENER 公司的 FORAN 软件、瑞典 KCS 公司的 TRIBON 系统、芬兰 NAPA 集团的 NAPA 系统、德国 SIMENS 公司的 NX 系统，以及法国 Dassault System 公司的 CATIA 系统。其中，CATIA 软件在 CAD/CAM/CAE 领域占据领先地位，广泛应用于航空航天、汽车制造、装备制造、电子产品和消费品行业等，其集成解决方案广泛用于产品设计与工业制造领域，而在国内船舶行业的应用则起步较晚。

1.1　CATIA V6 总体介绍

CATIA V6 是由法国 Dassault System 公司与 IBM 公司基于达索公司的类 C 语言程序 CNEXT 开发的 CAD/CAM/CAE 通用平台，其应用了面向对象的设计思想和大量先进的计算机技术、标准以及软件工程技术。基于组件的开放式体系架构搭建，使得平台结构清晰、合理，各专业模块之间相互关联，实现了单一数据源，并具备强大的应用扩展能力，允许更多的第三方供应商针对用户需求定制解决方案。

1.2　船舶设计主要模块

船舶工程研制是集综合性、复杂性、单一性及特例性于一体的行业。CATIA V6 针对性地将实现某一领域功能所用到的命令集成到单一的工作界面，从而形成独立模块，软件系统能满足船舶从方案设计到生产设计中各专业的基本需求。其模块众多，具体功能见表 1－1。船舶行业的解决方案可概括为以下几个方面：

表 1－1　CATIA V6 各专业功能模块

序号	专业	权限设置	功能模块名称	功能简介
1	基础专业	Mechanical Designer	Part Design Essentials	零部件建模
			Assembly Design Essentials	装配设计功能可建立并管理基于三维模型的装配体，其中，三维模型可以是由多个部件组成的装配体，也可为单一部件。此外，模块可快速实现设备布置

表 1-1(续)

序号	专业	权限设置	功能模块名称	功能简介
2	资源配置	Platform Contributor	Data Setup	基础库的创建及数据管理
3	总体专业	Mechanical Designer	Gen. Wireframe & Surface	具有快捷构建、控制及修改工程曲面和自由曲面的功能,还提供了曲面光顺性检查工具
4	结构专业	Preliminary steel structure Designer	Structure Function Design(SFD)	船体结构整体造型,创建不带厚度的壳体结构
			Structure Design(SDD)	基于基础设计成果,划分舱段,进行开口等定义,完成分段详细设计,创建具有厚度的实体结构
5	管路专业	Systems Schematic Designer, Fluid 3D Systems Designer	Symbol Design	创建轮机二维符号
			Piping & Tubing Systems Design	绘制轮机二维原理图
			Piping & Tubing 3D Part Design	创建轮机三维模型
			Piping & Tubing 3D Design	轮机设备布置,三维管路放样
6	风管专业	Systems Schematic Designer, Fluid 3D Systems Designer	HVAC Systems Design	绘制风管二维原理图
			HVAC 3D Part Design	创建风管三维模型
			HVAC 3D Design	通风设备布置,三维风管放样
7	电气专业	Systems Schematic Designer, Eletrical 3D Systems Designer	Electrical Systems Design	创建电气二维符号、绘制电气二维原理图
			Electrical 3D Part Design	创建电气设备、托架等
			Electrical 3D Design	电气设备布置,三维电缆通道敷设

1.2.1 船体结构设计

船体设计主要涉及结构基础设计模块(Structure Function Design, SFD)和详细设计模块(Structure Detail Design, SDD)。

基础设计模块主要实现船体整体造型功能,可快速生成船体外板、横舱壁、纵舱壁以及各种型材等三维模型,且形成的三维模型在视图中以不带厚度的曲面显示,而设计过程中定义的板厚、板方向、材料等信息被赋予相应属性,可随设计修改实时更新。基础设计具有数据量小,操作、储存方便,但具有比实体曲面包含了更多信息的特点,其优点在于快速有效地进行整船设计,为后续结构详细设计和船体性能分析等提供充分准备工作。

详细设计模块是在基础设计模块之上,通过结构分段,开展分段详细设计,形成的三维模型以具有厚度的实体显示，且包含板厚、板方向、材料等信息，能准确地反映船体结构，可实现端部削斜，开孔，焊接坡口等设计。此外，如果船壳、舱壁、肋骨等结构需要设计更改，三维立体模型可以同步更新。

在运用详细设计模块的设计过程中，CATIA V6 注重与知识工程相融合，对于船体结构中大量重复调用的标准板材、型材等，通过参数化建模、解析等一系列配置。在后续的设计过程中，可直接从数据库选取所需的构件，实现复用，提高工作效率。同时，船体结构模型为管路、电气等专业提供放样背景。船体结构施工设计结束后，下一步工作就是出二维工程图纸。CATIA V6 的制图模块具有工程图纸绘制功能，与普通的机械制图投影不同的地方是需选用 GVS 模式，可用特定符号来表示船体的型材、开孔等，符合船舶设计行业的制图习惯。船体几何模型还可以直接用于达索系列产品的力学分析，如船体稳性分析、分段吊装、变形分析等，也可方便地导出其他的数据格式，如 IGS，STEP 等进行后续处理。

1.2.2　机电设计

CATIA V6 针对轮机、电气等专业的特点研发了相应专业的设计模块。软件中轮机、电气的设计原理相似，都可通过原理图驱动三维开展布置。以轮机专业为例，管路设计模块具有相对完备的船舶管附件资源配置（Data Setup）、管路原理图设计（Piping & Tubing Systems Design）、设备布置及管路三维设计功能（Piping & Tubing 3D Design），主要用于创建捕获设计信息和意图的智能化管路布置，可自动放置弯管、弯头、三通和阀件等标准部件，这种管路设计功能可使设计人员更高效地实现设计过程并对设计内容进行验证。

管路设计使用的管材与附件是通过建立基础库来实现的，每个项目通常建立一个独立的专用运行环境——基础库，将设备与管附件系列标准件都放到此环境中。基础库中的标准件可以方便调用，与管路建立匹配关系，灵活地添加到管路上。后续修改管径或管路布置调整时，管路附件也会自动调整参数以匹配管材规格。按照管路所在系统，每一条管线都归属相应的系统，生成相应的管线号，便于管路图的管理与提交。

1.2.3　舾装设计

舾装部门从定义舱室编号，到舱内的布置，都可以全部在 CATIA V6 中实现，效果逼真，修改容易。船舶总体布置实现舱室设备布局，主通道的布置方式及结构安排，生活区的空间定义等。首先设定好各个舱室，合理分配空间，满足船舶设计的总体要求，为机电专业的放样提供支撑。对于舾装中楼梯、人孔、栏杆等，可利用 CATIA V6 的参数化设计进行全参数化造型，创建通用的实体零件，使用时调整参数即可。对于轮机、电气、舾装专业的通用设备，同样可以建立标准件库，布置设备时可使用普通装配功能来实现。在各专业模块中，可以实现设备快速定位。此外，可定义零件的相关专业属性，例如电气专业的配电箱，可以输入其电流、功率，确定电气设备的电缆接口位置等，系统能自动统计电气设备的属性，根据需求做出分析报告。所有的设备都可以使用 CATIA V6 进行精确布局。对于设备与基座，在三维中把设备与基座装配在一起，实时修改，投影出图，可做到两者精准定位。

船、机、电各专业在 CATIA V6 软件中进行放样设计时，可以进行干涉检查。CATIA V6 能检查出具体的干涉位置，生成干涉报告，减少设计师人工检查过程中的时间浪费及错误率，从而提高工作效率。三维模型数据可用于投影工程图，如果三维模型有更改，二维模型也会自动关联更改。

1.3 CATIA V6 软件基本操作

进入软件平台后，可以根据设计需要选择相应项目、角色，并进入模块开展设计。为了便于用户对软件具有系统性地了解，本节先介绍软件界面介绍、鼠标键、功能键的使用方法等。在后续软件操作过程中，可随时查阅本节内容，熟悉相关操作与功能。

1.3.1 软件界面介绍

CATIA V6 主界面由罗盘、标题栏、视图区、工具栏等四大部分组成，如图 1－1 所示。

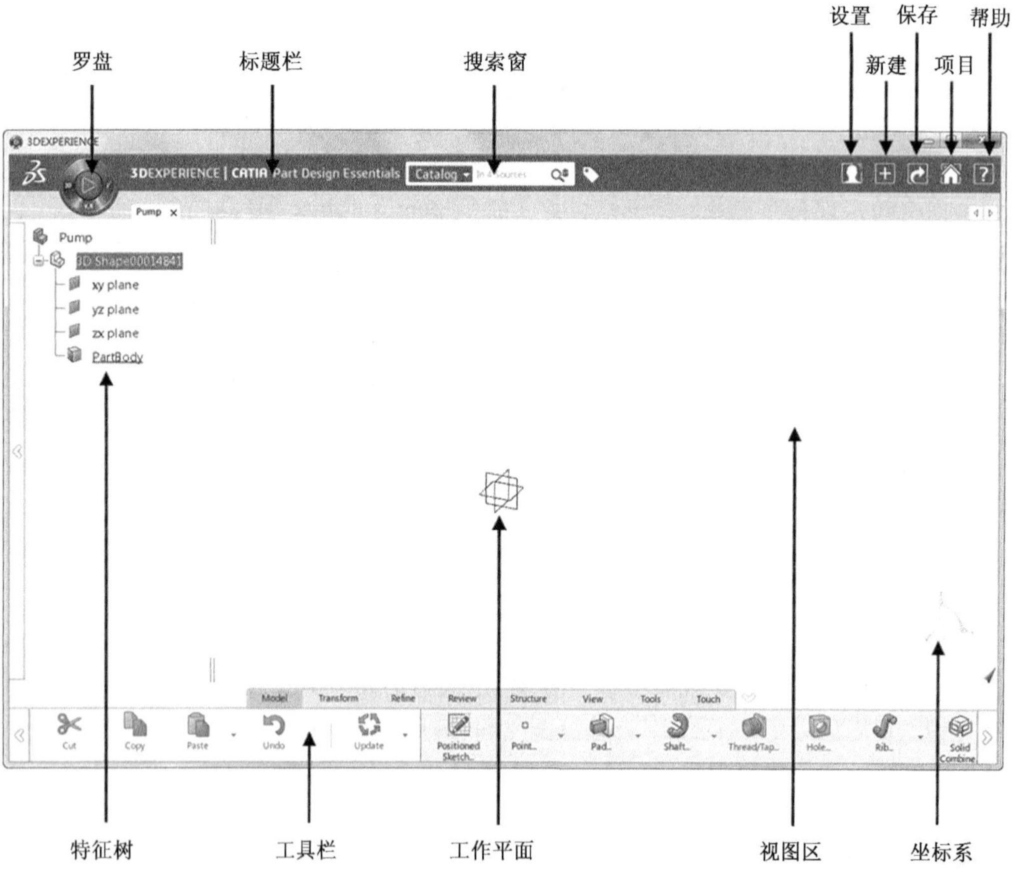

图 1－1　CATIA V6 主界面

1. 罗盘

罗盘的四个象限和中心分别对应不同的系统功能，如图 1－2 所示。具体为：上部为社交及协作应用；下部为仿真分析和虚拟验证；左侧为 3D 建模应用；右侧 i[i] 为信息智能应用；中心为实时 3DEXPERIENCE 平台。

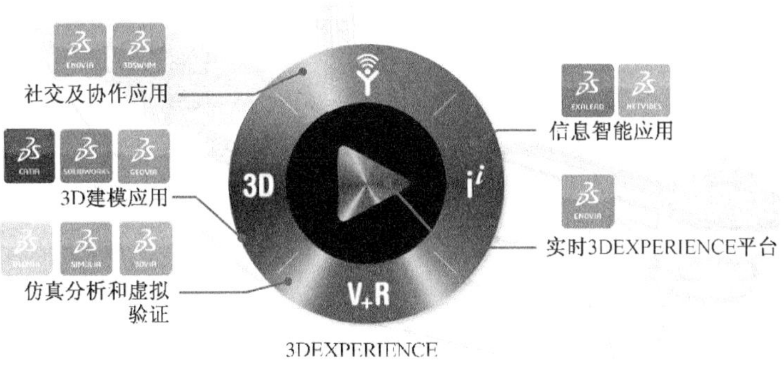

图 1－2　罗盘对应功能说明

2. 标题栏

标题栏包含当前模块显示、搜索窗、设置（My Roles/Profile）、新建（Content...）、保存（Save）、项目及帮助（Help）等工具，主要进行系统配置、文件搜索、数据导入导出和帮助查询等操作。其中，常用搜索类型包括：库搜索 CTG，装配产品搜索 PRD，3D Part 搜索 3DP，VPM 文档搜索 VDOC 和逻辑原理图搜索 LOG。

3. 视图区

视图区为设计主要工作区，包含特征树、工作平面、坐标系等工具，用户通过其实施资源配置、模型创建、结构设计、管路设计和电气设计等工作。

4. 工具栏

根据当前工作模块，显示对应的操作菜单。

1.3.2　鼠标键、功能键的使用

CATIA V6 软件采用基于 Windows 的交互式用户操作界面，在设计过程中，用户通过简单的鼠标点击及快捷键操作就能实现软件功能，因此开始使用软件时，有必要掌握和熟悉鼠标键、功能键、热键及组合键的操作方法及其对应功能，见表 1－2。

表 1－2　软件操作中的组合键及其功能

组合键	功能键/字母键/鼠标键	功能
<Ctrl> +	F4	关闭 CATIA 当前的窗口
	F11	出现物体选择器
	<C>	复制（Copy）
	<F>	查找（Search）
	<G>	选择集（Selection Sets...）命令
	<O>	打开（Open）
	<P>	打印（Print...）
	<S>	保存（Save）
	<U>	更新（Update）

表 1-2(续)

组合键	功能键/字母键/鼠标键	功能
<Ctrl> +	<V>	粘贴(Paste)
	<X>	剪切(Cut)
	<Y>	重复上一次的操作(Redo)
	<Z>	撤销上一步操作(Undo)
	Tab	在 CATIA 打开的各个窗口之间进行切换
	鼠标滚轮	特征树(Specification tree)的缩放
	鼠标中键	视图缩放
<Shift> +	F1	工具条图标的帮助
	F2	特征树总览的开关
	F3	切换特征树/图形区域的激活状态
	鼠标中键	快速缩放大小
<Alt> +	鼠标左键 + 鼠标中键	视图旋转
	鼠标中键	视图平移
	Enter	打开属性窗口
	Esc	退出当前命令
	F1	实时帮助
	F3	隐藏目录树

提示　表 1-2 中没有特别说明,按键为持续按住该键。本书中如无特别说明"点击"均指单击鼠标左键,"双击"均指双击鼠标左键。

1.4　CATIA V6 客户端安装

1.4.1　软硬件要求

1. 软件要求

CATIA V6 2015X 软件适用于在 Windows7 及以上 64 位操作系统上安装。为方便浏览帮助文档,需安装 IE11 及以上版本浏览器。同时,为结合知识工程开展设计工作,需安装 Microsoft Office 2007 及以上版本。具体软件配置要求,见表 1-3。

表 1-3　系统软件要求

序号	类型	软件及版本要求
1	操作系统	Windows 7 64-bit SP1 Professional Windows 7 64-bit SP1 Enterprise

表 1－3(续)

序号	类型	软件及版本要求
2	. NET RuntimeEnvironment	Microsoft. NET Framework 3. 5 SP1 Redistributable Package
3	浏览器	Microsoft Internet Explorer 11
4	Microsoft Office	Microsoft Office 2007 及以上版本

提示　IE11 的安装文件及相关说明见 E:\CATIA－INSTALL\IE11 安装包及安装说明。

2. 硬件要求

CATIA V6 软件对计算机硬件配置要求很高，建议客户端最好配置 32 核英特尔 CPU 2.5G＋，8～16 GB 的内存。为确保较好视觉效果，显示器最好选用 53.34 cm(21 英寸)以上规格。具体配置要求，见表 1－4。

表 1－4　客户端硬件配置要求

序号	类型	要求
1	CPU	Dual-Core Core 2 generation CPU with ～ 2.5 GHz (or comparable AMD CPU)
2	RAM	8～16 GB
3	HardDisk	60～120 GB SSD 硬盘　＋500G HDD 硬盘
4	显卡	QUADRO K2200 以上

1.4.2　安装文件清单

CATIA V6 2015X 软件安装文件包括 Java 环境、CATIA 安装包、帮助文档和配置文件等，见表 1－5。

表 1－5　安装软件清单

序号	软件	描述
1	jdk-8u45-windows-x64	Java 环境
2	jdk-8u45-windows-i586	Java 环境
3	R2015X_3DEXPERIENCE_NativeApps-01	CATIA 安装包
4	R2015X_3DEXPERIENCE_NativeApps-02	CATIA 安装包
5	V6R2015x. FP. CFA. 1517. Part_3DEXP_NativeApps. Windows64	更新包
6	R2015X_3DEXPERIENCE_Documentation. GA	帮助文档
7	DSLicSrv. txt	配置文件

1.4.3 安装步骤

在安装 CATIA V6 客户端前,需确认本机的系统软件已符合“1.4.1 中 1 条软件要求”,此外,需按照“1.4.2 节安装文件清单”的顺序进行各软件的安装。

1. 拷贝安装文件

将 CATIA V6 2015X 相关安装文件拷贝到本地,如 E:\CATIA -INSTALL。安装文件目录如图 1-3 所示。

名称	修改日期	类型	大小
01	2015/11/2 10:16	文件夹	
02	2015/11/2 10:17	文件夹	
IE11安装包及安装说明	2015/11/2 10:17	文件夹	
R2015X_3DEXPERIENCE_Documentation.GA	2015/11/2 10:17	文件夹	
V6R2015x.FP.CFA.1524.Part_3DEXP_NativeApps.Windows64	2015/11/2 10:18	文件夹	
CATIA V6客户端安装作业指导书.docx	2015/11/24 11:28	Microsoft Office...	1,866 KB
DSLicSrv.txt	2015/9/2 15:20	文本文档	1 KB
Firefox Setup 31.6.0esr.exe	2015/4/30 12:22	应用程序	31,488 KB
jre-8u45-windows-i586.exe	2015/5/26 19:40	应用程序	36,455 KB
jre-8u45-windows-x64.exe	2015/5/26 19:41	应用程序	42,178 KB

图 1-3 安装文件目录

提示 本地的安装文件路径中不允许出现中文或特殊符号。

2. 安装 jdk-8u45-windows-x64

(1)建立目录 D:\DSV6\Java64BIT\jdk1.8.0_45。

(2)点击安装文件 jre-8u45-windows-x64.exe,开始 Java 安装。在图 1-4 所示窗口中,勾选“更改目标文件夹”,点击【安装】按钮。

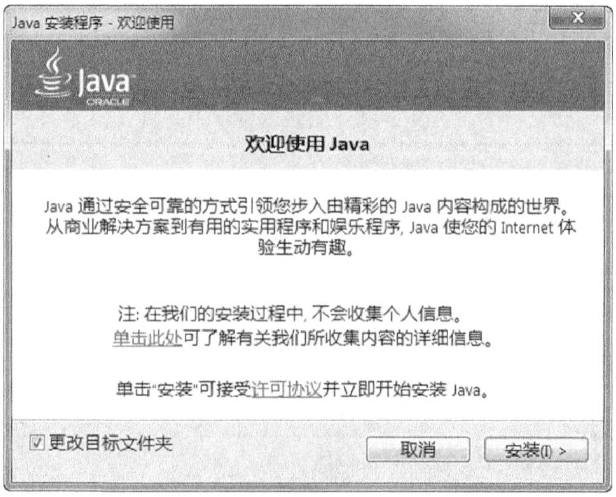

图 1-4 开始安装 Java 运行环境

(3)点击【更改(C)…】按钮,修改安装目录,如图 1-5 所示。

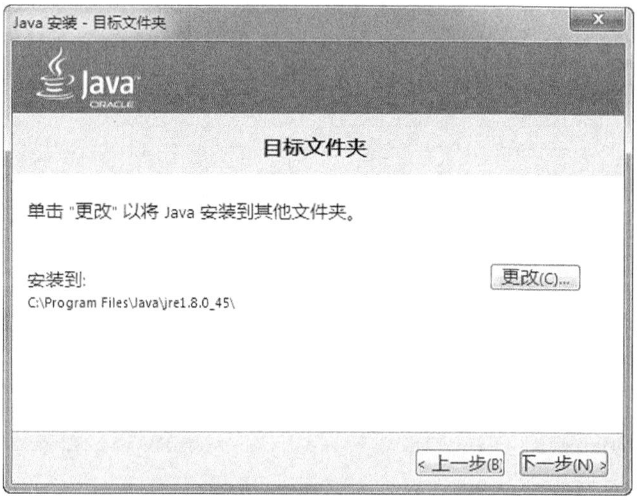

图 1-5　更改目标文件夹

(4)选择目录"D:\DSV6\Java64BIT\jdk1.8.0_45\",点击【下一步(N)】按钮进行操作,如图 1-6 所示。

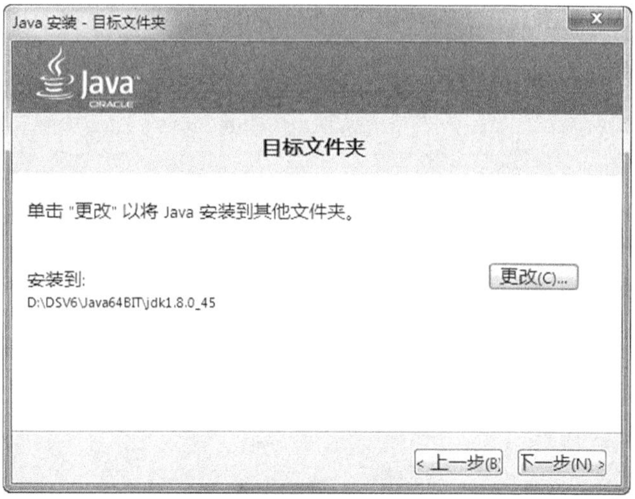

图 1-6　确定安装目录

(5)安装界面如图 1-7 所示,安装完成后,在图 1-8 所示界面中点击【关闭(C)】按钮退出安装。

图 1－7　安装 Java 运行环境

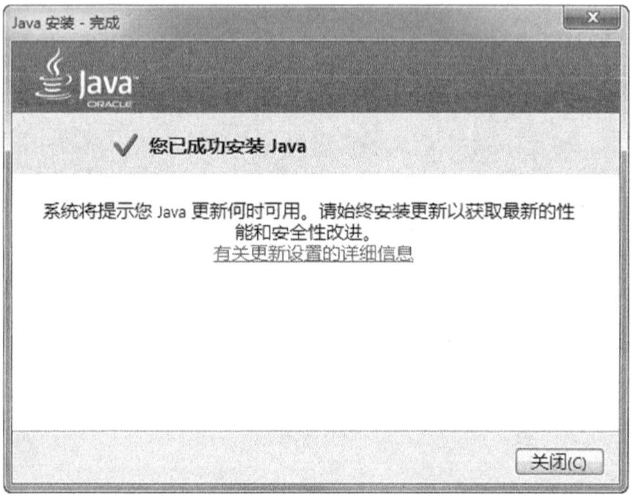

图 1－8　完成 Java 运行环境安装

3. 安装 jdk－8u45－windows－i586

建立目录 D:\DSV6\Java32BIT\jdk1.8.0_45,其余步骤同 jdk－8u45－windows－x64 的安装。

4. 安装 R2015X_3DEXPERIENCE_NativeApps

建立客户端安装目录 D:\DSV6\B417。具体安装步骤如下:

(1)运行 E:\CATIA－INSTALL\01\3DEXPERIENCE_NativeApps \1\setup.exe 文件,点击【下一步】,如图 1－9 所示。

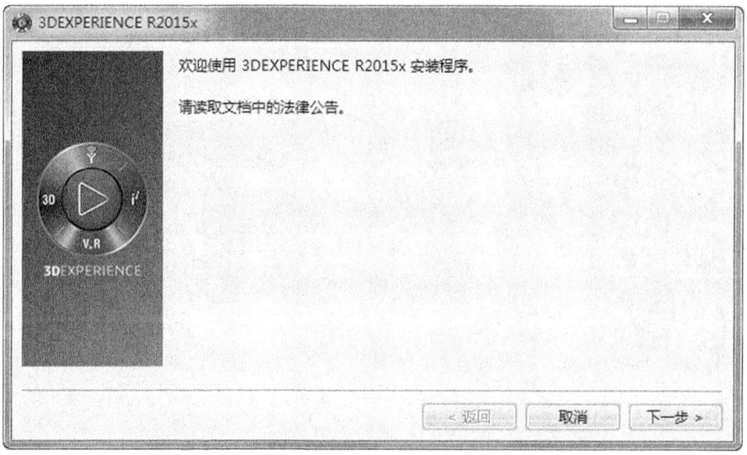

图 1－9　开始安装 3DEXPERIENCE

(2)选择安装目录。将安装目录更改为 D:\DSV6\B417,点击【下一步】按钮,如图 1－10所示。

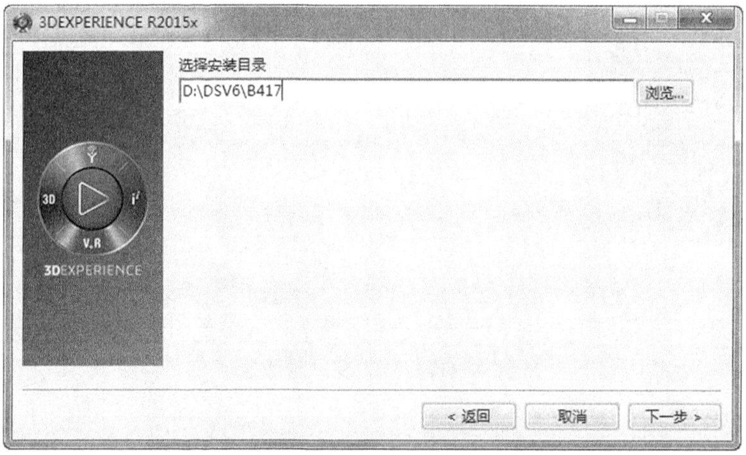

图 1－10　选择安装目录

(3)选择安装模块。按照默认设置,选取所有模块,点击【下一步】按钮,如图 1－11 所示。

(4)安装视频 MJPEG 编解码器。勾选"我要安装 DS MJPEG 编解码器和 Windows Media Video 9 VCM",然后点击【下一步】按钮,如图 1－12 所示。

(5)阅读并接受许可条款。点选图 1－13 中的"我已阅读并接受许可条款",点击【下一步】进行操作。

(6)创建快捷方式。按如图 1－14 所示默认设置,点击【下一步】按钮。

(7)安装 Microsoft Visual Studio Tools。勾选"我想安装 Microsoft Visual Studio Tools for Applications 2.0－ENU",点击【下一步】按钮,如图 1－15 所示。

(8)语言和主旧制源设置。在随后弹出的语言选择对话框(图 1－16)中,选择【简体中文】;在接下来的主旧制源选择对话框中,推荐选择【无旧连接器】,如图 1－17 所示。

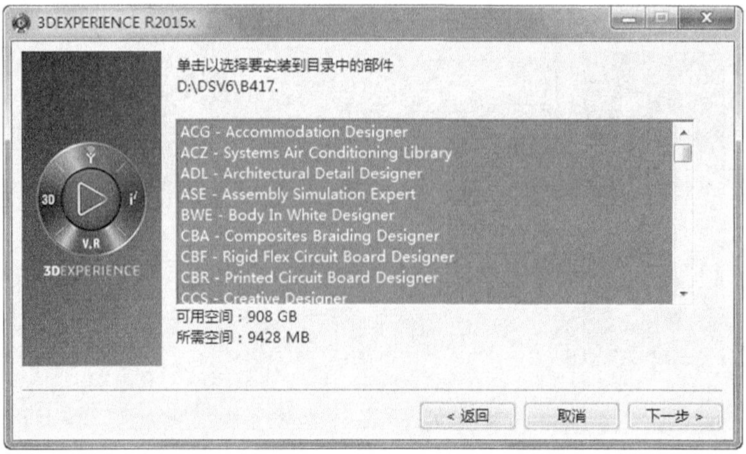

图 1-11　选择安装模块

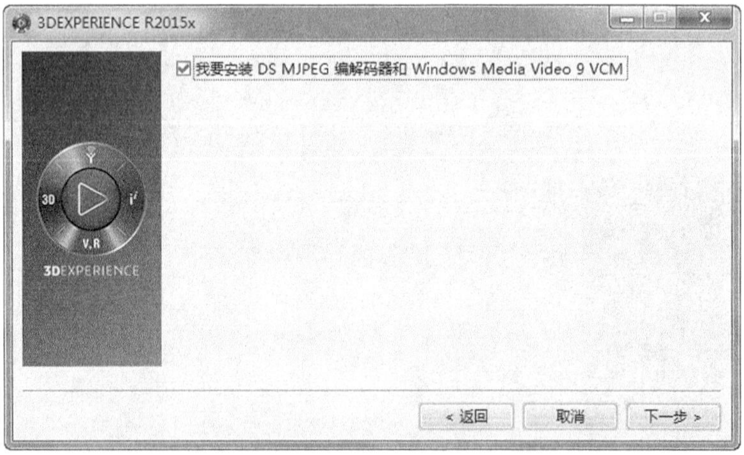

图 1-12　安装视频解码器

图 1-13　阅读并接受许可条款

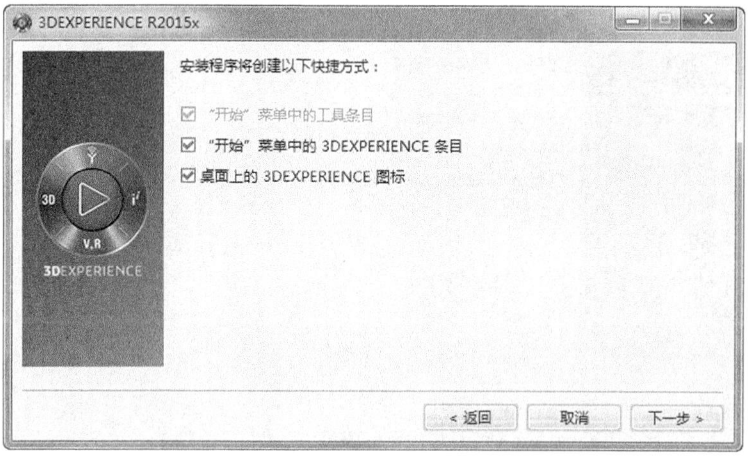

图 1-14　创建快捷方式

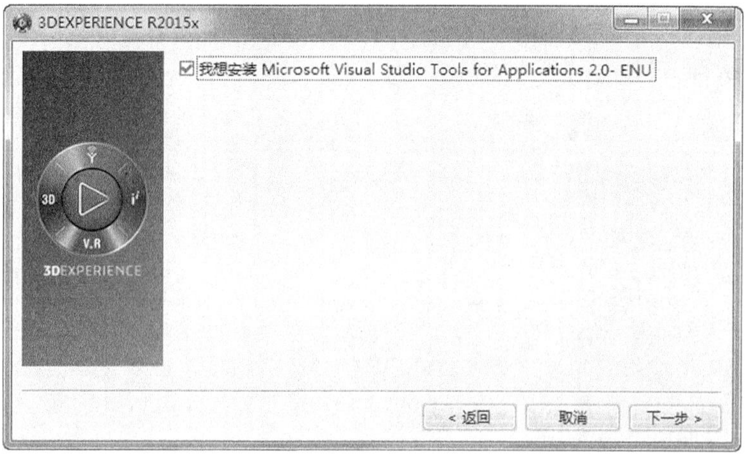

图 1-15　安装 Visual Studio Tools

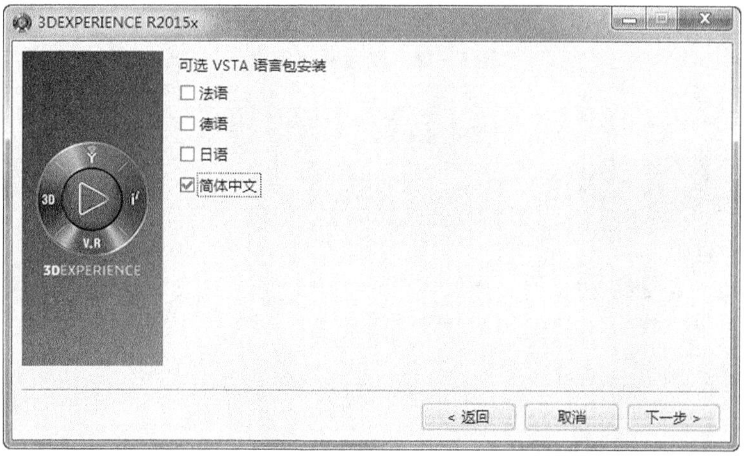

图 1-16　语言选择

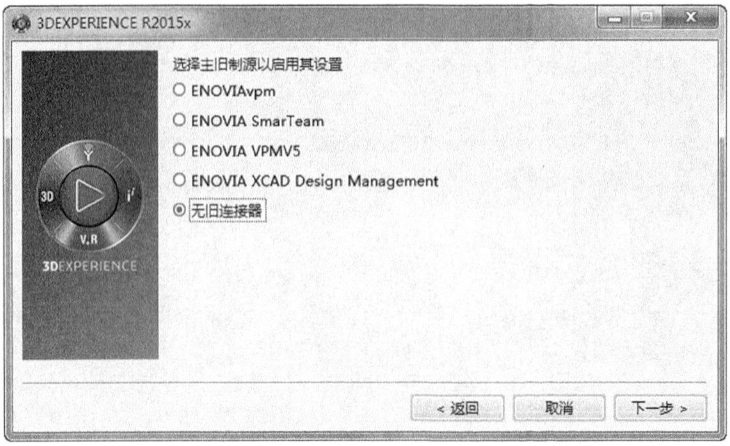

图 1－17　主旧制源选择

(9)实施安装。按图 1－18 所示,点击【安装】按钮开始安装。安装需要一定时间,需耐心等待。安装状态,如图 1－19 所示。

图 1－18　安装程序信息

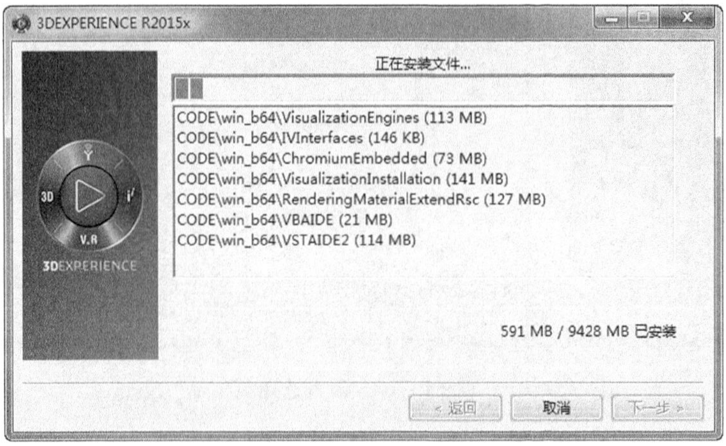

图 1－19　正在安装文件

(10)安装 R2015X_3DEXPERIENCE_NativeApps－02。出现如图 1－20 的提示窗口时，选择目录“E:\CATIA－INSTALL\02”，点击【确定】按钮，继续安装。

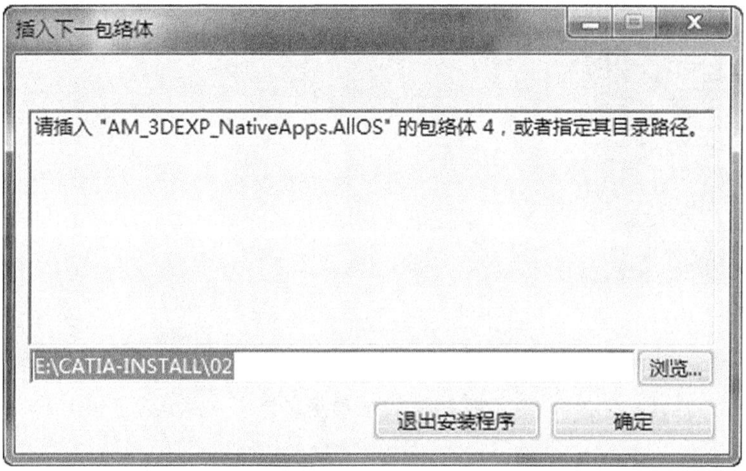

图 1－20 开始第二张介质的安装

(11)完成安装。在如图 1－21 所示对话框中，点击【关闭】按钮完成安装。

图 1－21 完成 3DEXPERIENCE 安装

5. 安装更新包

运行 E:\CATIA－INSTALL\V6R2015x. FP. CFA. 1524. Part_3DEXP _NativeApps. Windows64\Software\HF_NativeApps_3DEXP. HF5. Windows64\1\setup. exe 文件，开始更新包安装。具体操作如下：

(1)运行 setup. exe 文件，点击弹出对话框中的【下一步】按钮，如图 1－22 所示。

(2)选择安装目录。按照默认 CATIA V6 的安装目录 D:\DSV6\B417，点击【下一步】按钮，如图 1－23 所示。

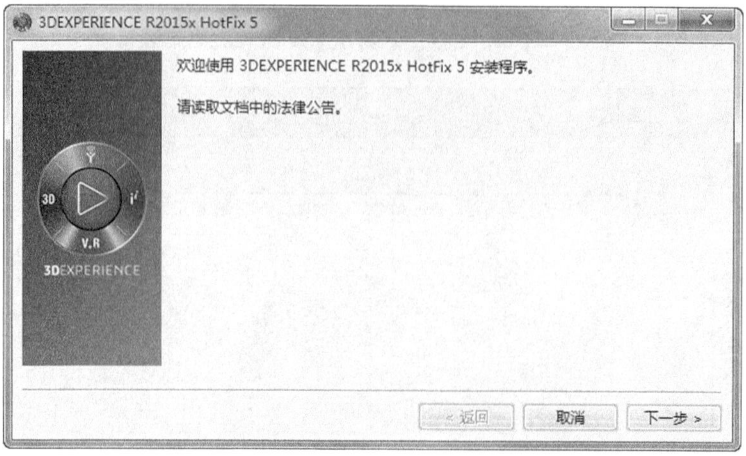

图 1－22　安装更新包

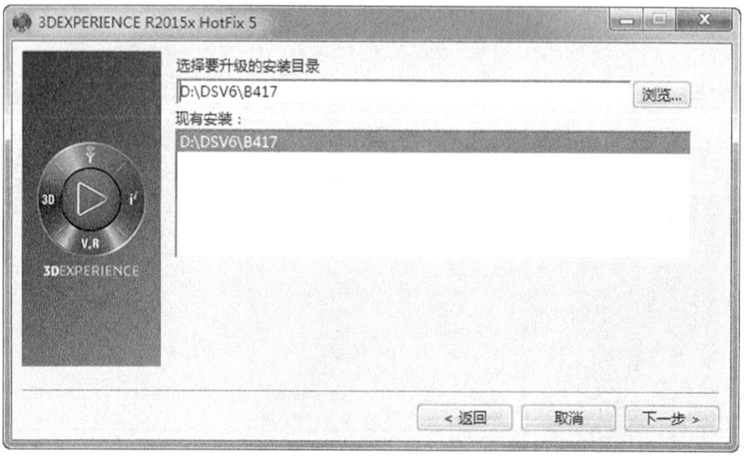

图 1－23　确定安装目录

(3)执行安装。点击随后弹出对话框中的【安装】按钮，开始安装更新包，如图 1－24 所示。

(4)安装完成。在如图 1－25 所示对话框中，点选【关闭】按钮，完成安装操作。

6. 安装帮助文档

运行 E：\CATIA－INSTALL\R2015X_3DEXPERIENCE_Documenta－tion. GA\3DEXPERIENCE_Documentation\1\setup. exe 文件，开始帮助文档安装。具体操作如下：

(1)运行 setup. exe，在自动弹出的对话框中选择安装目录 D：\DSV6\B417doc，点击对话框中的【下一步】按钮，如图 1－26 所示。

(2)在选择安装部件对话框中，按照缺省选择全部，点击图 1－27 所示对话框中的【下一步】按钮。

(3)在弹出对话框中点击【安装】(见图 1－28)，安装帮助文档。

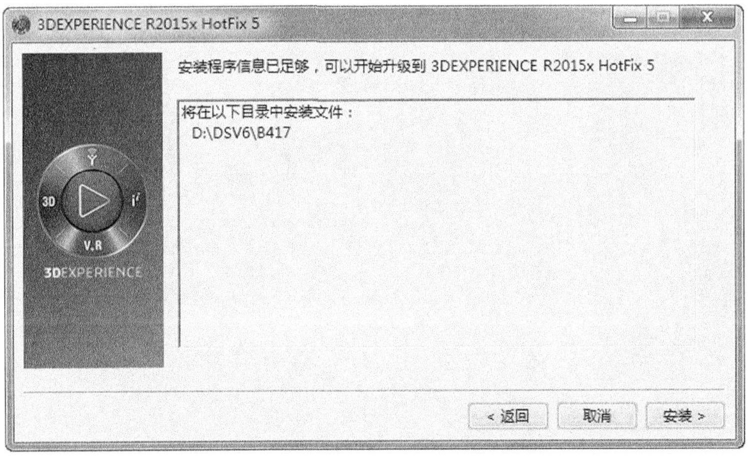

图 1－24　开始安装更新包

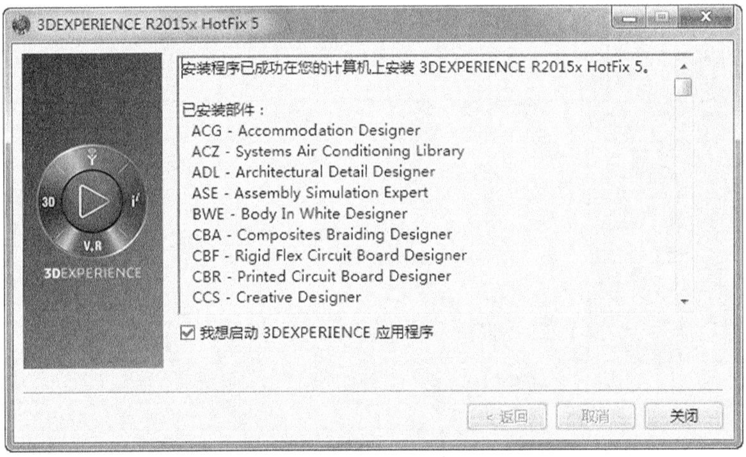

图 1－25　完成更新包安装

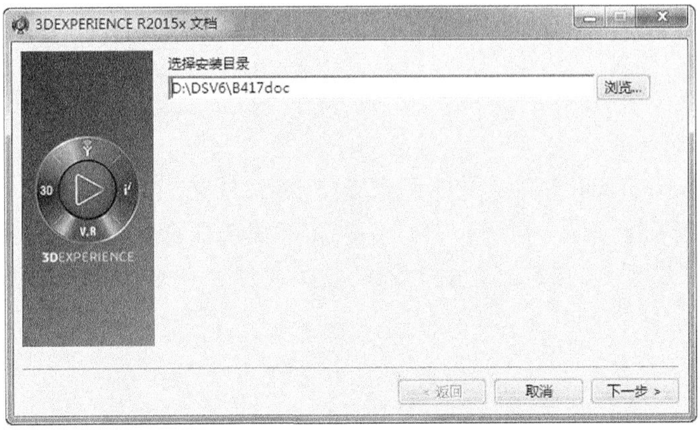

图 1－26　选择帮助文档安装目录

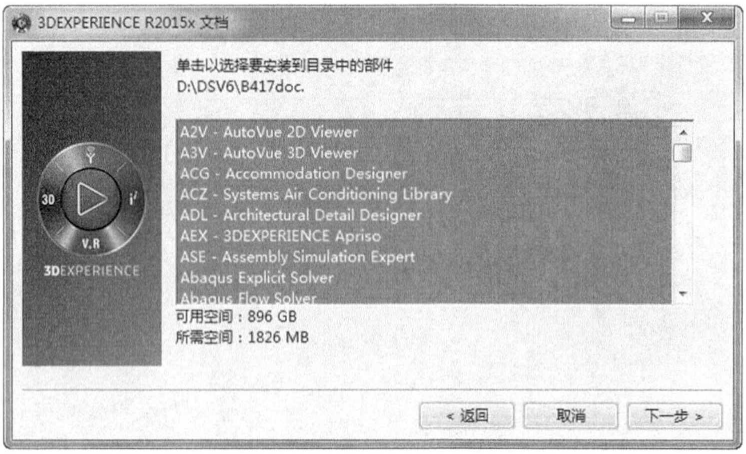

图 1－27　选择安装部件

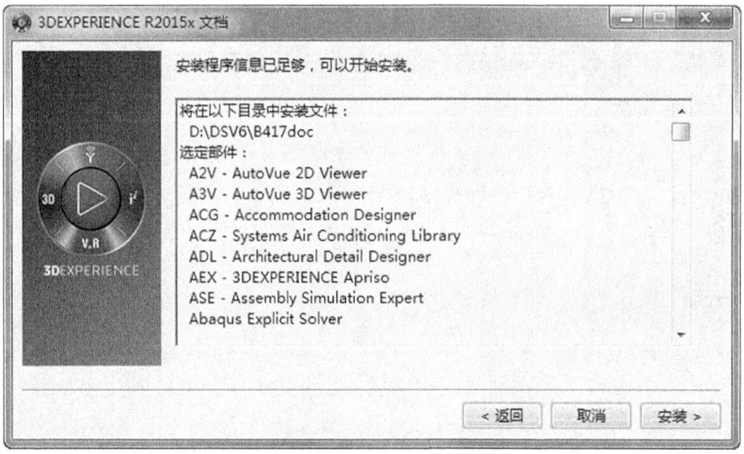

图 1－28　安装帮助文档

1.4.4　许可配置说明

将 E:\CATIA－INSTALL\DSLicSrv. txt 文件拷贝到以下目录：C:\ProgramData\DassaultSystemes\Licenses。

提示　C:\ProgramData 为隐藏文件夹，显示隐藏文件夹的方法如下：

①进入资源管理器，点击【组织】→【文件夹和隐藏选项】，如图 1－29 所示。

②点击"查看"选项卡，点选"显示隐藏的文件、文件夹和驱动器"，如图 1－30 所示。

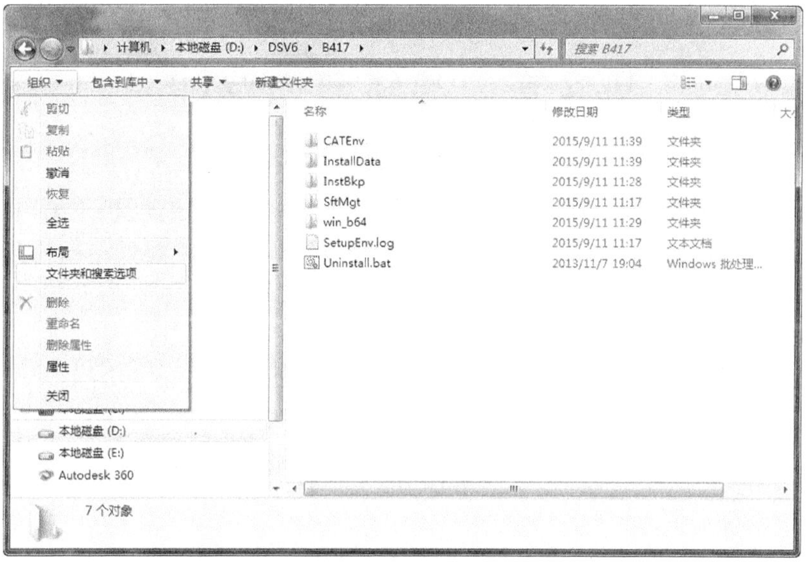

图 1－29　设置文件夹选项

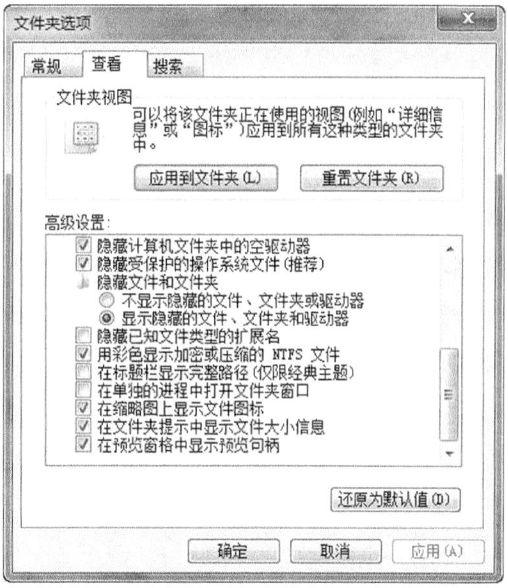

图 1－30　显示隐藏文件夹

1.5　本章小结

本章介绍了 CATIA V6 软件的基本功能、主界面组成、快捷键与功能键操作，使读者对软件的基本组成、模块功能及操作有初步了解。本章详细介绍了 CATIA V6 2015X 客户端的安装步骤。软件系统安装完毕后，还需要进行相应的系统配置，连接服务器，获取软件模块的操作许可，选择设计项目和角色，才能开始系统的正常运行。

第2章　总体曲面设计

船舶总体三维设计主要开展外板、甲板(含平台、内底)、上层建筑、主横隔壁和轻围壁曲面的建模,完成轴包套、舭龙骨和轴支架的曲面设计。三维曲面模型的构建,不仅为结构、机电专业发布三维曲面模型,便于其他专业有条不紊地开展设计工作,更重要的是为总体静水力、耐波性等综合性能计算提供基础数据。

下面就从全船坐标系创建和总体曲面创建两方面展开讲述。

2.1　创建全船坐标系

2.1.1　创建 Space Reference System

登录 CATIA V6 后,进入 Space Referential 模块,点选【Add】→【Content…】,弹出 New Content(新建内容)对话框,选择【Space Referential】→【Space Reference System】,如图 2－1 所示。

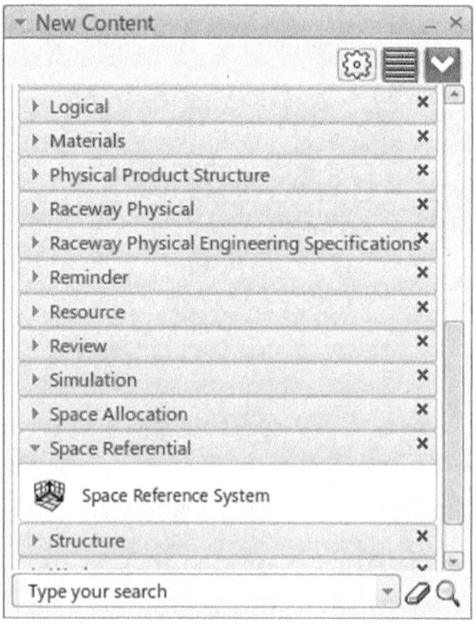

图 2－1　新建 Space Reference System

系统将弹出 Space Reference System(空间坐标系)对话框,如图 2－2 所示;在【Title】一栏填写 MyShip_SpaceReferenceSystem,点击并进入 Project Definition 选项卡,设置项目参数,如图 2－3 所示;设置完成后,点击【OK】按钮生成全船坐标系,如图 2－4 所示。

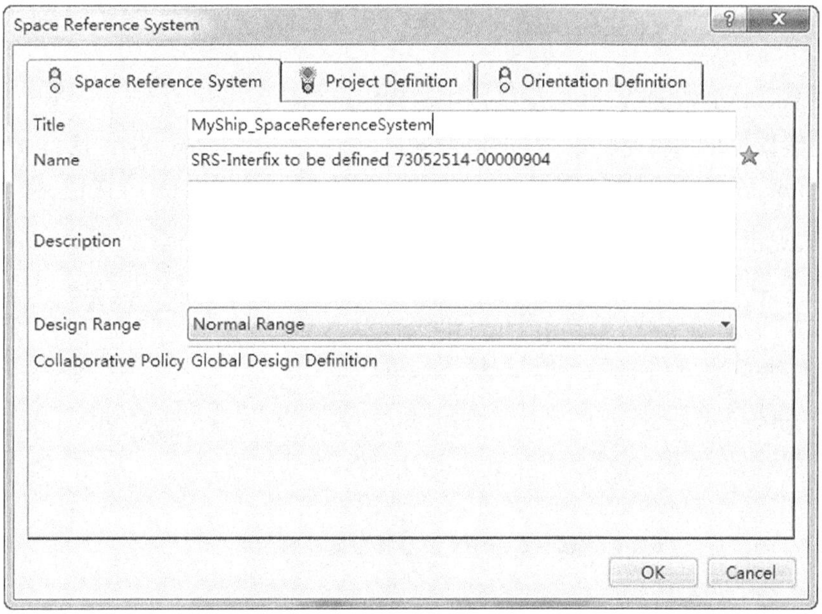

图 2－2　定义全船坐标系 Title

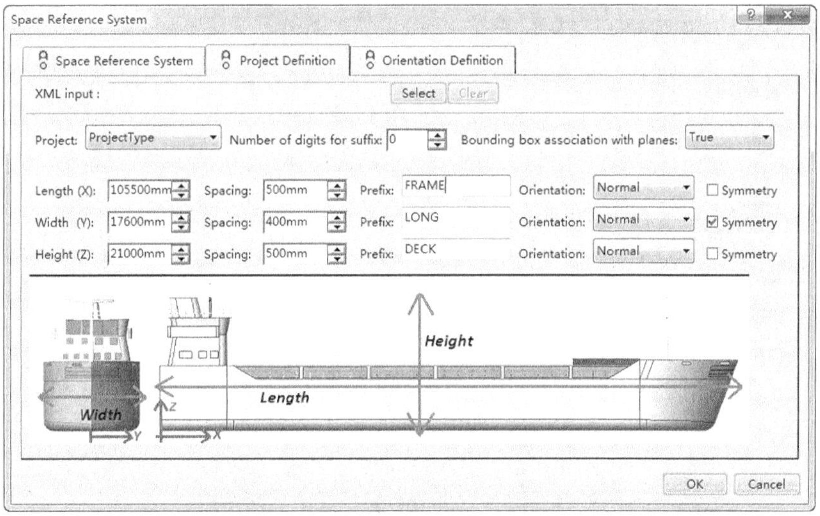

图 2－3　设置坐标系相关参数

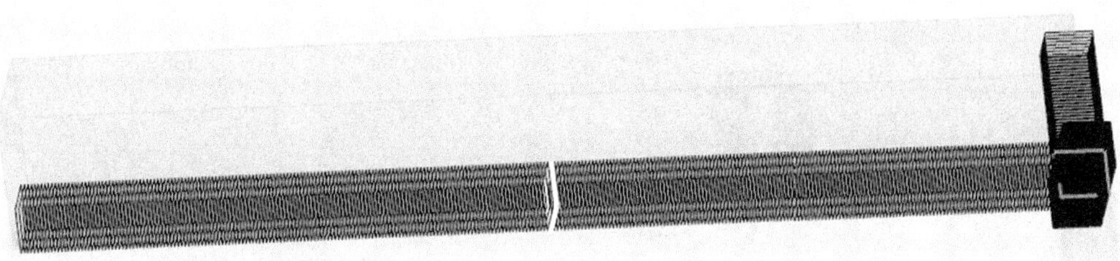

图 2－4　初步创建的全船坐标系

2.1.2 导出 XML 文件修改坐标系

点击工具栏【Operation】→【Export SRS to XML】,系统弹出如图 2－5 所示数据导出选择对话框。在数据导出选择对话框中,点击左侧图标,弹出 Select File(选择文件)对话框如图 2－6 所示,选择导出路径,并输入导出文件名称,点击【保存(S)】按钮,完成路径选择和文件命名,点击对话框右侧的按钮,系统弹出信息提醒对话框(见图 2－7),完成数据输出。选择导出文件,修改属性为“XML”,双击打开文件,可修改 Plane name(名称)、Orientation(方向)、Category(类别)、LineType(线型)、Thickness(厚度)、Color(颜色)、Offset(偏移距离)、ShortName(简称)等信息,修改完成后保存。

图 2－5　SRS 数据导出选择对话框

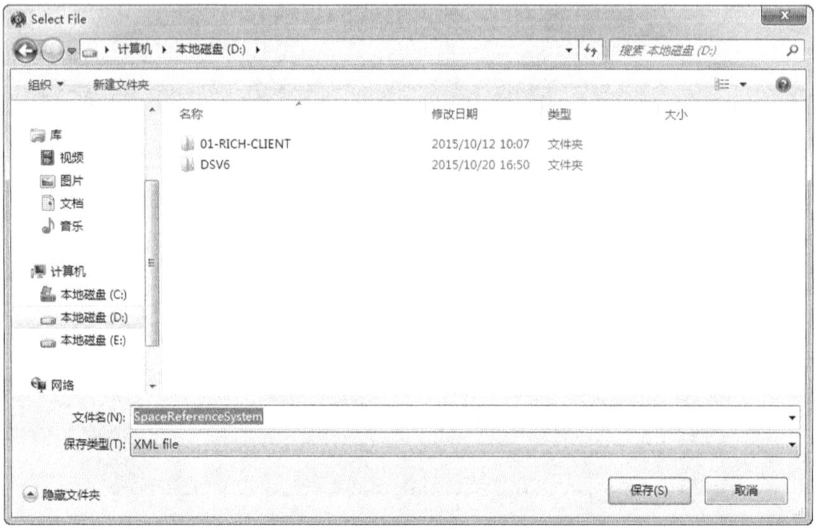

图 2－6　SRS 数据导出路径及命名对话框

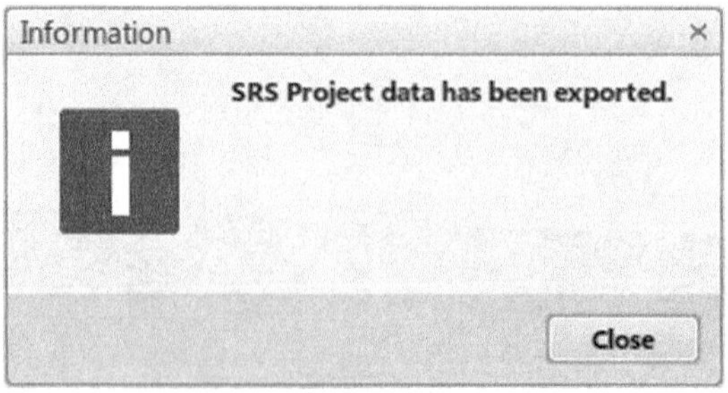

图 2－7　信息提醒对话框

提示　图 2 -6 中导出文件存放路径不能含有中文字符。

2.1.3　利用导入 XML 文件方式创建坐标系

选择【Add】→【Content…】，弹出 New Content（新建内容）对话框，选择“Space Reference System”。系统将弹出 Space Reference System（空间坐标系）对话框，如图 2 - 8 所示，在【Title】栏定义 MyShip_SpaceReferenceSystem_01。

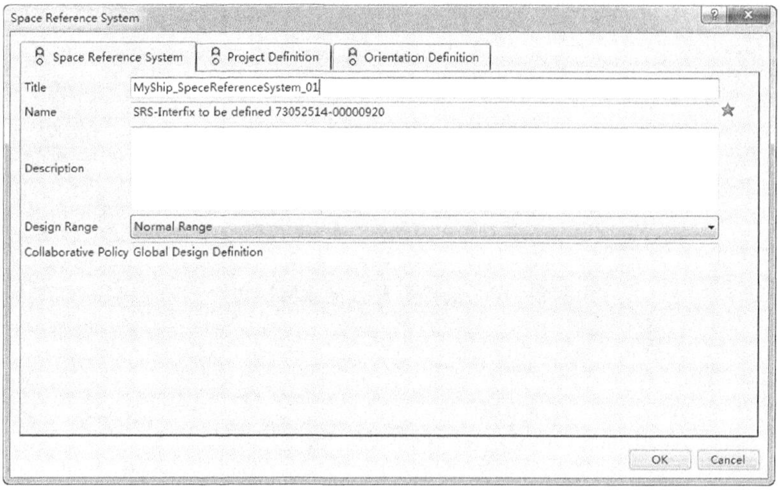

图 2 -8　设置坐标系的 Title

点击进入 Project Definition 选项卡，点击【XML input】右侧的【Select】，弹出 XML 选择对话框，如图 2 -9 所示，点击右侧【Import】，弹出 File Selection（文件选择）对话框。按图2 - 10 所示，选择 1 个 XML 文件，点击右下角的【打开（O）】，则完成该文件的导入，生成基于该文件的 Space Reference System。

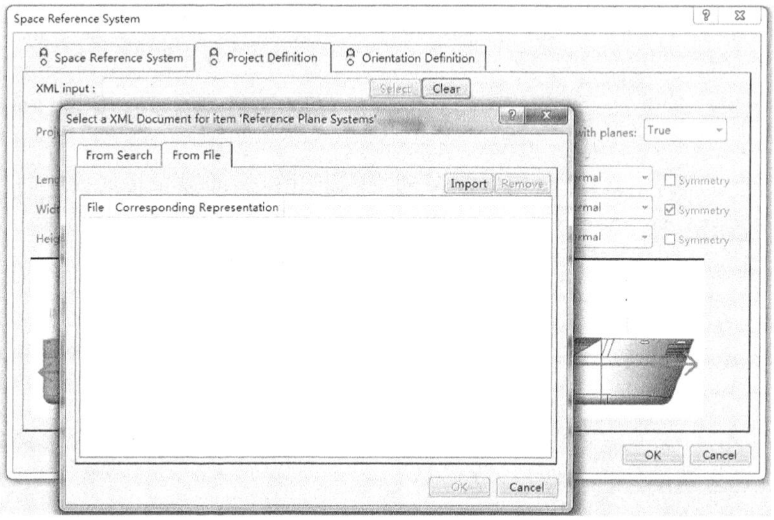

图 2 -9　XML 选择对话框

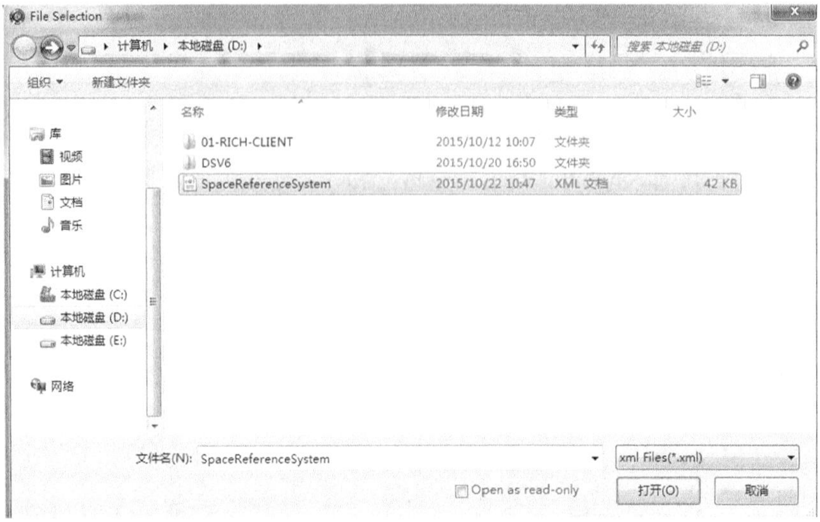

图 2－10 选择要导入的 XML 文件

2.2 总体曲面创建

船舶具有复杂的表面形状，尤其是球鼻艏、轴包套等部位，这需要总体专业使用 CATIA V6 的曲面造型功能开展设计工作。CATIA V6 为设计者提供了 Gen. Wireframe & Surface（常规曲面设计）和 FreeStyle（自由曲面设计）等曲面造型模块。前者提供了大量创建和编辑曲面设计的工具，允许用户快速建立曲面模型；而 FreeStyle 适用于创建任意形状的曲线和曲面，不易于修改。此外软件还提供了 Digitized Shape Editor（数字化曲面编辑器）模块实施曲面设计的逆向工程。

就船舶总体设计而言，主要使用 Gen. Wireframe & Surface 模块。其主要涉及五种工具栏，具体如下：

（1）Wireframe（线框）工具栏，提供了多种点、线、面创建工具，用于形成基本的线框结构；

（2）Surface（曲面）工具栏，提供了多种基于线框和已有曲面生成各种曲面的方法，是构建三维曲面的通用工具；

（3）Operation（操作）工具栏，提供了多种对生成曲线和曲面进行编辑的辅助工具，包括连接结合特征、切割曲面等操作；

（4）Developed Shapes（投影造型）工具栏，提供了投影生成曲面和投影生成曲线的工具；

（5）Advance Surfaces（高级曲面）工具栏，提供了多种对生成曲面进行修改的工具，使曲面可以按照设计者意图进行多样化造型。

总体曲面创建主要包括船壳创建、甲板创建、横舱壁创建等内容。

2.2.1　创建船壳曲面

1. 在多个站位创建样条曲线

进入 Gen. Wireframe & Surface 模块，选择 xz 工作平面。在工具栏点击【Wireframe】→【Positioned Sketch】进入草绘界面；点击【Spline】图标，根据计算出的控制点坐标完成第一个站位上样条曲线创建；点击【Exit app】退出草绘界面，如图 2 - 11 所示。采用同样的方法完成其他站位上样条曲线创建。

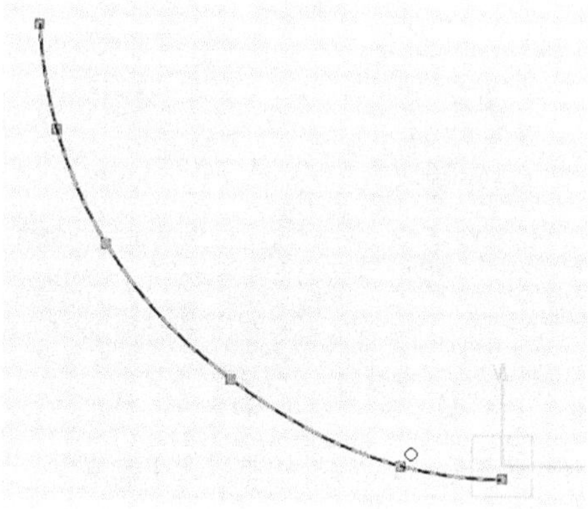

图 2 - 11　创建站位上的样条曲线

2. 创建相交点

在工具栏点击【Wireframe】→【Intersection】，系统将弹出 Intersection Definition（相交定义）对话框，点击 First Element 右侧的；在弹出的窗口中，通过 Ctrl 键选中上一步创建的多条样条曲线，如图 2 - 12 所示；选择完成后点击【Close】完成第一个元素选择。

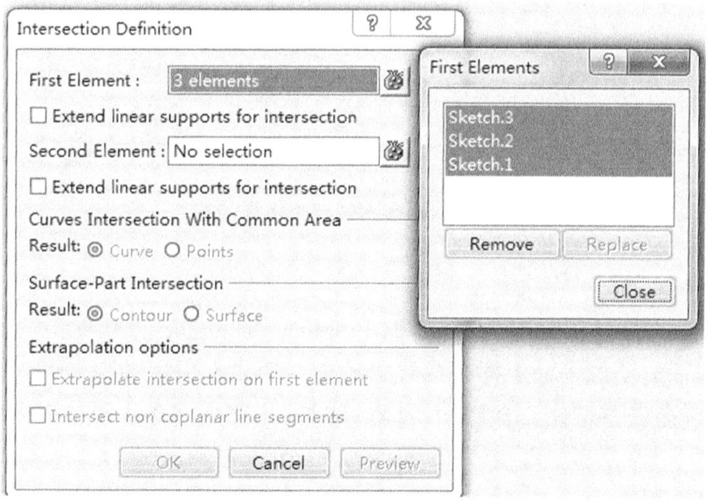

图 2 - 12　选择相交第一个元素

同样点击 Second Element 右侧的，在弹出的窗口中，通过 Ctrl 键选择多个 Deck 平面如图 2－13 所示，选择完成后点击【Close】完成第二个元素选择。点击【OK】按钮，求出相交点，如图 2－14 所示。

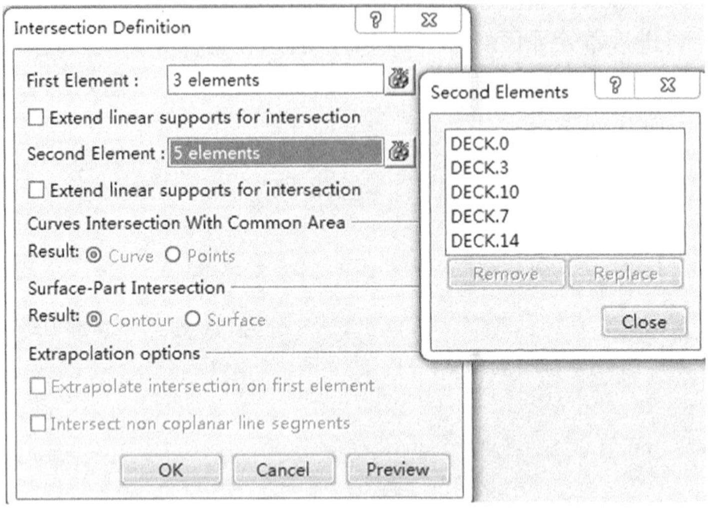

图 2－13　选择相交第二个元素

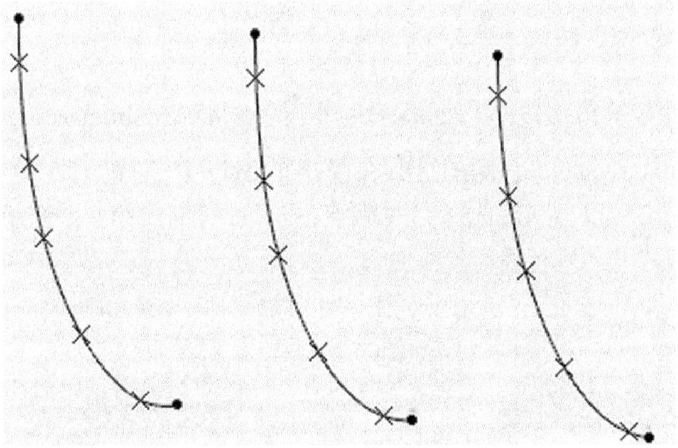

图 2－14　样条曲线与甲板面的交点

3. 创建水平样条线

选择【Wireframe】→【Spline】，系统将弹出 Spline Definition（创建样条曲线）对话框；依次选择同一个甲板面与站位平面上样条曲线上的交点形成水平样条线，如图 2－15 所示；点击【OK】按钮完成样条曲线创建。多次使用【Spline】命令完成多条水平样条曲线创建。

4. 创建曲面

点击工具栏【Surface】→【Muti － Sections Surface】，系统弹出 Muti － Sections Surface Definition（创建多截面曲面）对话框，如图 2－16 所示；在 Section 区域选择站位平面上的样条曲线，在 Guides 区域选择水平样条曲线，确认后点击【OK】完成多截面曲面创建，如图 2－17所示。

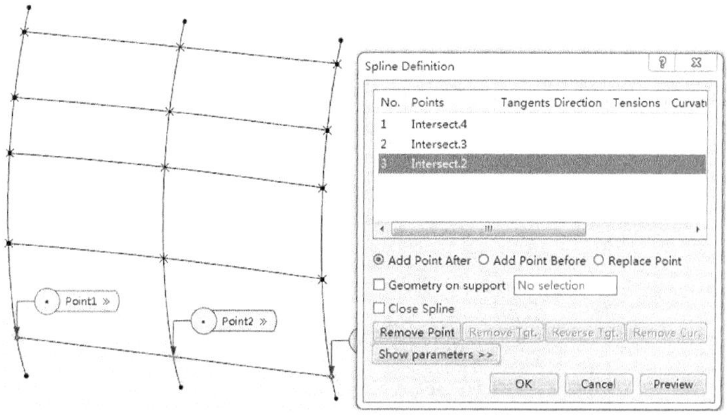

图 2 – 15　水平样条曲线创建

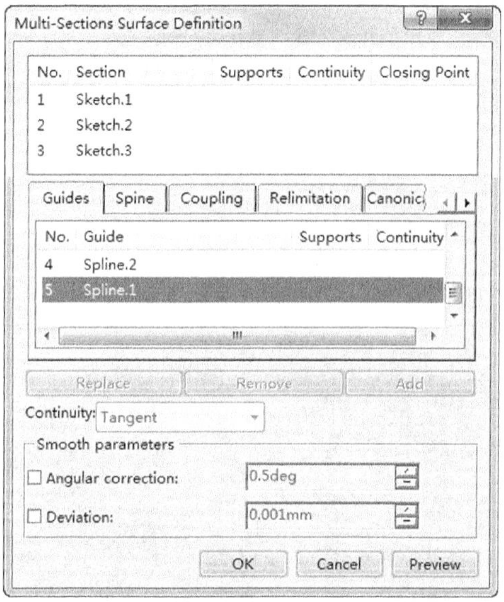

图 2 – 16　Muti – Sections Surface Definition 界面

图 2 – 17　多截面曲面

5. 曲面镜像

点击工具栏【Transform】→【Symmetry】，系统将弹出 Symmetry Definition（对称定义）对话框，如图 2－18 所示；选择上一步创建的半个曲面作为 Element，选择 zx 平面作为 Reference，确认后点击【OK】完成曲面镜像，如图 2－19 所示。

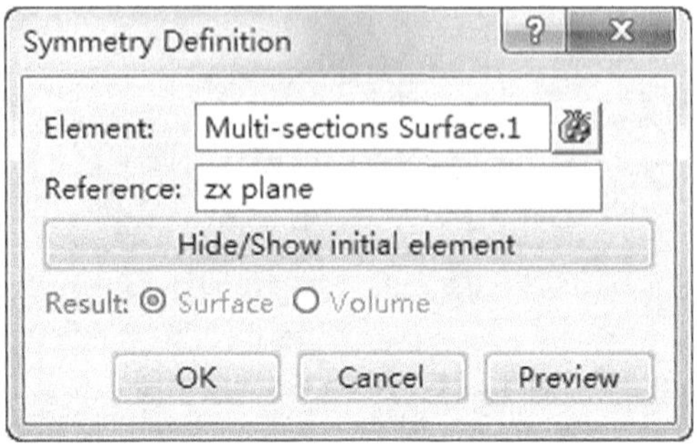

图 2－18　曲面镜像定义

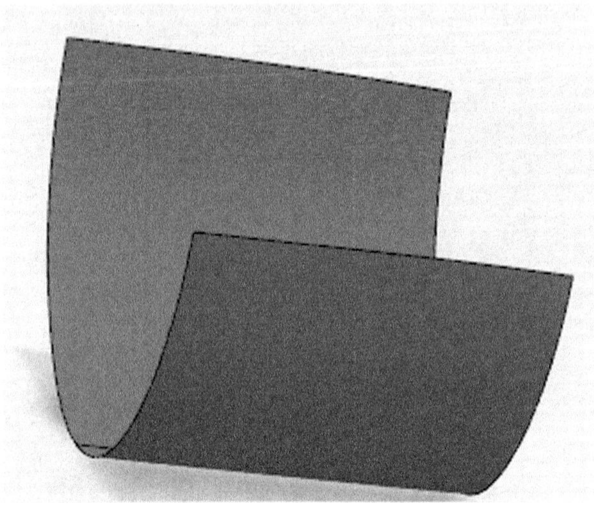

图 2－19　完成曲面镜像

2.2.2　创建甲板面

1. 创建甲板所在曲面

在 Gen. Wireframe & Surface 模块中，选择 xy 工作平面。在工具栏点击【Wireframe】→【Positioned Sketch】进入草绘模式，如图 2－20 所示；在工具栏选择【Rectangle】绘制一个矩形；完成后点击【Exit app】按钮，退出草绘界面。

点击工具栏【Surface】→【Fill】对草绘图形进行填充，如图 2－21 所示，弹出 Fill Surface Definition（创建填充曲面）对话框，填充曲线选择上一步创建的矩形，点击对话框右下角【OK】按钮完成曲面创建。

2. 利用分割完成甲板面创建

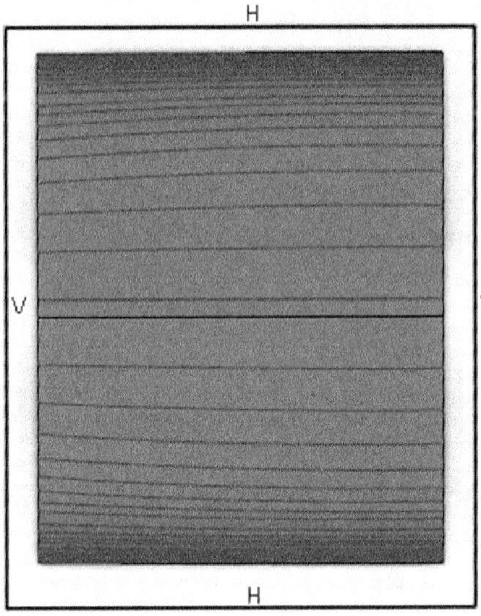

图 2－20　绘制甲板所在面

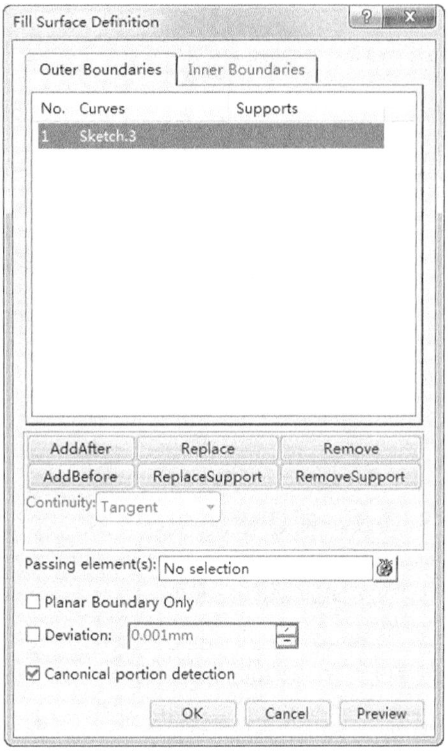

图 2－21　填充生成曲面

在工具栏点击【Tansform】→【Split】，系统弹出 Split Definition（分割定义）对话框，如图 2－22所示；【Element to cut】项选择上一步生成的填充曲面，在【Cutting elements】项选择船壳曲面 c120－zcqm、FRAME. 179、FRAME. 151，可通过下方的【Other side】切换保留/裁剪区域，分割生成的甲板面如图 2－23 所示。

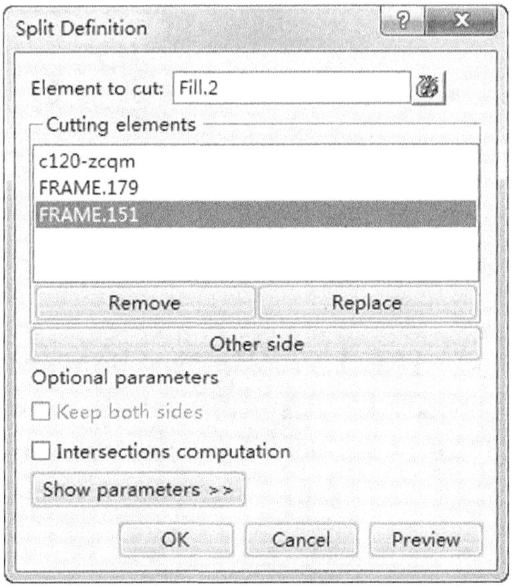

图 2－22　分割参数定义

图 2-23　分割生成的甲板面

2.2.3　创建横舱壁

1. 创建横舱壁所在曲面

选择 yz 工作平面,在工具栏点击【Wireframe】→【Positioned Sketch】进入草绘界面,如图 2-24 所示;选择【Rectangle】绘制一个矩形;绘制完成后点击【Exit app】退出草绘界面。在工具栏点击【Surface】→【Fill】对草绘图形进行填充,弹出 Fill Surface Definition(创建填充曲面)对话框,选择上一步创建的矩形填充曲线,点击对话框右下角【OK】完成横舱壁所在曲面创建。

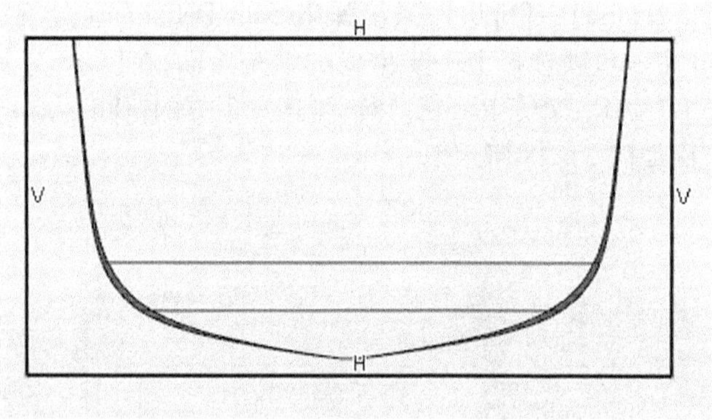

图 2-24　草绘横舱壁所在面

2. 利用分割完成横舱壁面创建

在工具栏点击【Tansform】→【Split】,系统弹出 Split Definition(分割定义)对话框,如图 2-25所示,【Element to cut】项选择上一步生成的填充曲面,在【Cutting elements】项选择船壳曲面、DECK. 19,可通过下方的【Other side】切换保留/裁剪区域。

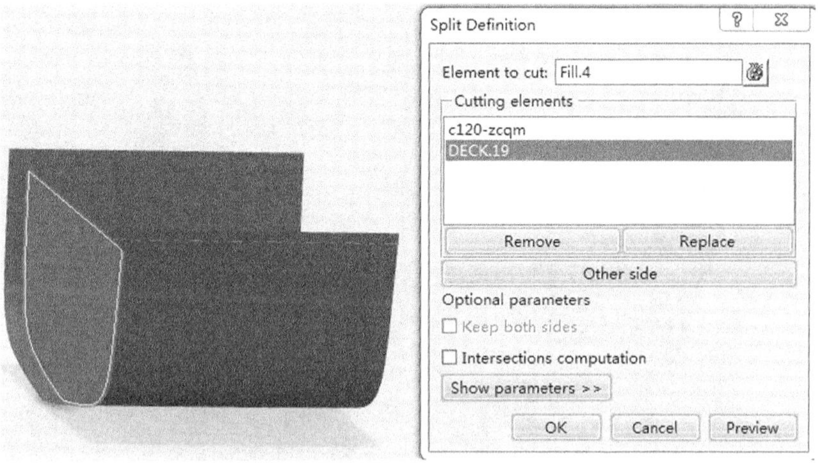

图 2－25　切割生成横舱壁面

2.2.4　舱室分割

1. 绘制舱室边界

选择 yz 工作平面,在工具栏点击【Wireframe】→【Positioned Sketch】,进入草绘界面,如图 2－26 所示;选择【Rectangle】绘制一个矩形;绘制完成后点击【Exit app】退出草绘界面。

2. 拉伸生成舱壁面

在工具栏点击【Surface】→【Extrude】,系统弹出 Extrude Surface Definition(拉伸曲面定义)对话框,如图 2－27 所示。具体设置如下:【Profile】项选择上一步创建舱室边界;【Limit1 Type】项通过下拉框设置为 Up－to element;【Up－to element】项选择上一层甲板。点击【OK】完成舱壁面生成,如图 2－28 所示。

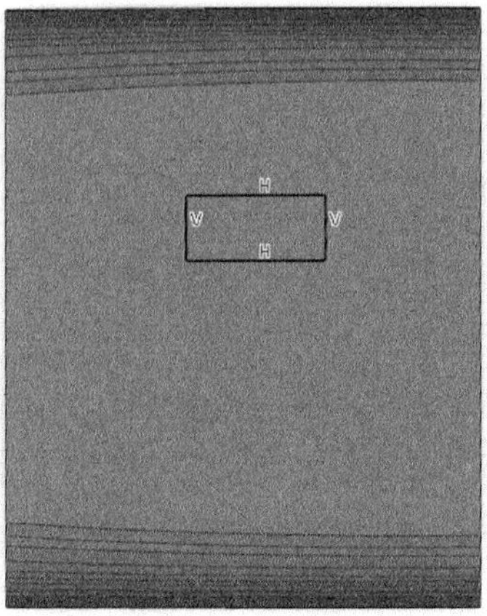

图 2－26　草绘舱室边界

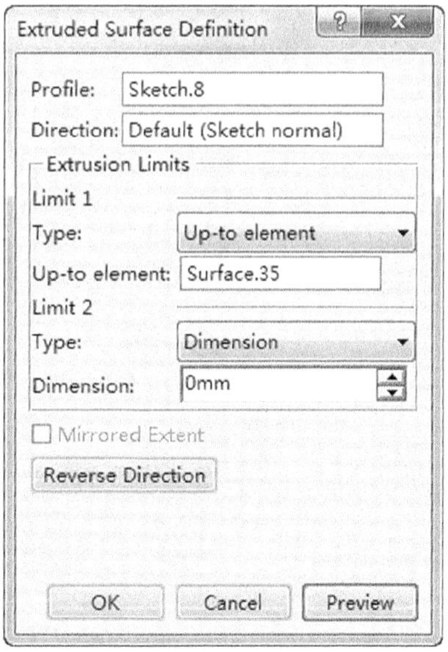

图 2－27　拉伸曲面定义对话框

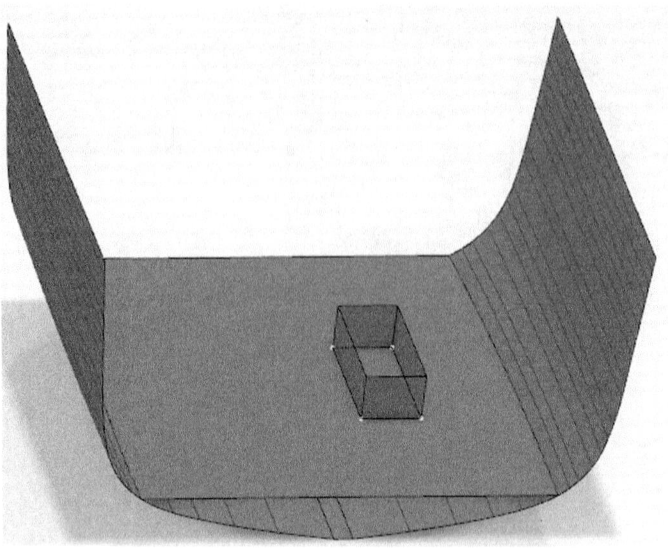

图 2-28　拉伸生成的舱壁面

2.3　本章小结

本章结合 Gen. Wireframe & Surface 模块,从全船坐标系创建、总体曲面创建两大方面,系统介绍了 CATIA V6 软件的总体设计操作。具体囊括坐标系创建与修改、船壳创建、甲板创建、横舱壁创建和舱室分割等内容,覆盖了总体专业主要工作,为读者开展 CATIA V6 总体设计提供了详细的技术支撑。

第3章 船体结构设计

结构设计是船舶设计的一个重要组成部分,整个工作包含结构建库和结构建模。结构建库涉及资源数据配置和结构标准件创建,资源数据配置将 Common Geometry Resource 和 Structure Resources 两大资源集创建完成后绑定到具体项目,同时,对应型材和贯穿开口资源表创建一系列结构标准件存入数据库;结构建模在结构基础设计模块和详细设计模块中展开,将有效利用资源库数据进行三维结构设计。本章将介绍在 CATIA V6 平台上如何开展结构标准件创建和结构设计,并通过实例操作展示具体步骤。

3.1 结构资源库简介

结构资源数据配置在 Data Setup 中完成,涉及 Common Geometry Resource 和 Structure Resources 两大资源集的创建和关联。其中,Common Geometry Resource 资源集定义总体专业资源,主要包括船壳曲面和全船坐标系;Structure Resources 资源集定义船体专业资源,主要以数据表结合后台模型关联的形式存在,数据表包括开口表、开孔表、端切表和材料表等内容,在此不作赘述。

CATIA V6 需用户预先将设计所需的标准件创建并导入数据库中,从而实现包含尺寸驱动和特征驱动的参数化结构设计方式,有效实现设计经验和知识的重用与积累。其具备以下优势:

(1)方便设计人员在结构设计时调用,从而大大减少重复创建工作;

(2)提高了数据准确性,减少了设计过程中人为出错的几率;

(3)当通过调用标准件生成的结构参数发生变化时,只需修改库中标准件参数即可,实现了设计过程中的快速修改;

(4)当相应标准规范发生变化时,能通过 CATIA V6 快速准确进行更改,同时,新标准件的存储不会影响数据准确性。

3.1.1 船体型材截面创建流程

在船体结构中,加强船体钢板的骨架通常占船体结构钢材的30%左右。而骨架梁大多由轧制型钢、T型材或折边钢板等制成,其中轧制型钢包含扁钢、角钢、球扁钢、I型钢、槽型钢等,均以批量进行生产,设计时根据标准规范选择具体型号规格即可。

下面以型材为例,型材截面创建流程如图3-1所示,具体采取如下步骤:

(1)新建截面类型 Structure Section,定义具体名称;

(2)绘制截面几何草图,并实现尺寸约束;

(3)根据截面特征创建锚点;

(4)按照软件帮助对截面边界进行命名,同时明确 SFD 模块对应的简化特征,并进行补充绘制;

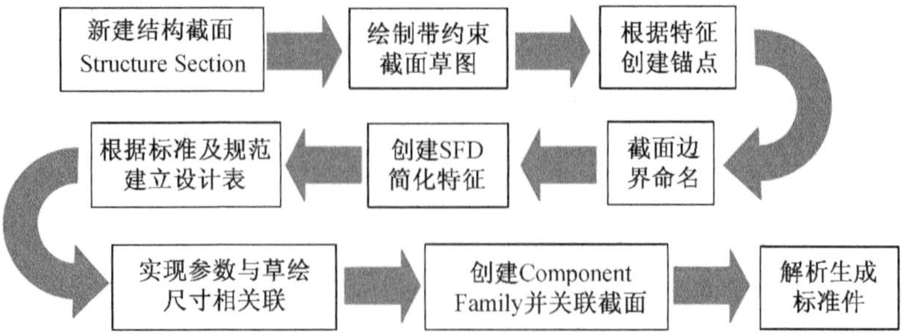

图 3-1　型材截面创建流程图

(5)根据船舶行业的标准及规范,将型材几何数据进行整理,创建设计表,并实现参数与模型尺寸相关联;

(6)创建 Component Family 并关联上述截面;

(7)解析生成几何标准件。

3.1.2　船体型材截面创建实例

1. 新建截面类型 Structure Section

登录 CATIA V6 软件,勾选 Preliminary steel structure Designer 权限。点击右上角【Add】→【Content...】,系统自动弹出图 3-2 所示的对话框,选择【Types】→【Structure】→【Structure Section】按钮,特征树一级标题将由 Physical Product 自动更新为 Structure Section 类型。

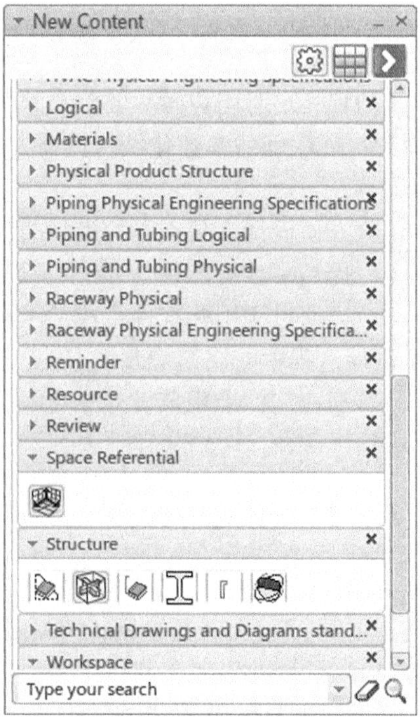

图 3-2　新建 Structure Section

2. 修改截面名称

按图 3-3 所示,右键单击特征树一级特征,在下拉菜单中选择【Properties】。在弹出对话框中的【Reference】栏修改 Title 名称,将软件默认的 Structure Section00001106 修改为 Section_FL,点击【OK】按钮完成修改。

3. 绘制截面草图并实现尺寸约束

在特征树中点击 xy 工作平面,视图区中对应的 xy 坐标平面变蓝,在视图区中点击蓝色的 xy 坐标平面,右侧对应弹出工具栏,点击按钮,进入草图模式绘制草图。

在【Sketch】工具栏中点击【Rectangle】按钮,先以原点为中心创建矩形,通过双击【Constraint】按钮对矩形实现连续几何约束操作。点击矩形上侧短边,视图出现标注尺寸 18.837,点击左键实现尺寸定位,双击该尺寸,即弹出 Constraint Definition(约束定义)对话框,为规整长度尺寸,将【Value】一栏中的 18.837 改为 18,点击

【OK】按钮完成尺寸修改，如图 3-4 所示。

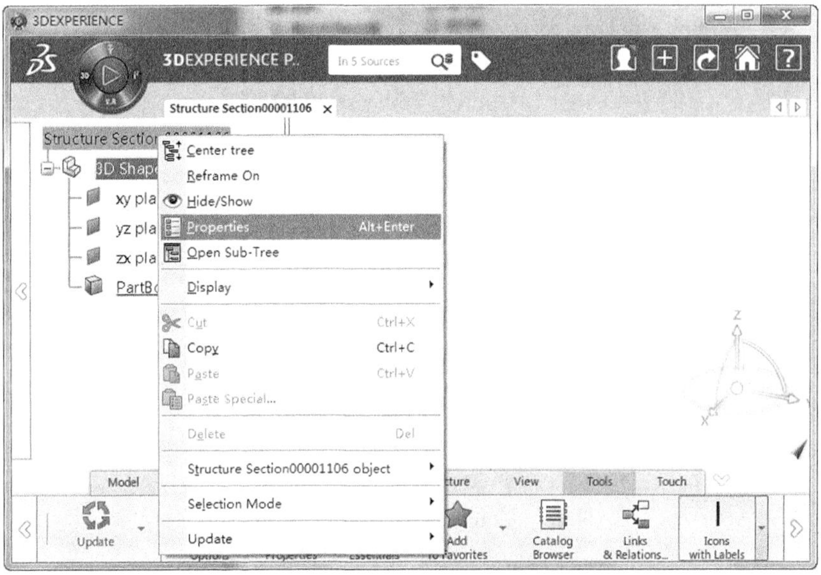

图 3-3　修改结构截面名称

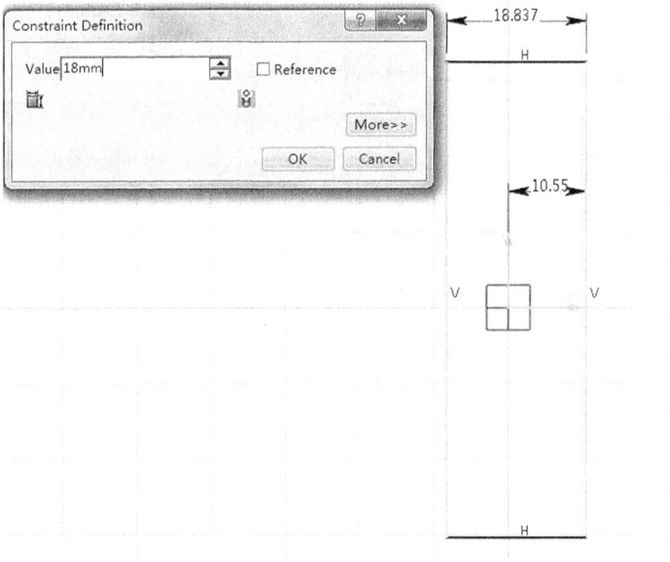

图 3-4　规整矩形短边长度尺寸

提示　草图必须基于 xy 坐标平面绘制，草图中的 V(垂直)轴应沿当前截面的高度方向，并确保截面中心对称。

同时，双击定位尺寸 10.837，系统自动弹出 Constraint Definition(约束定义)对话框，右键单击 10.837，在下拉菜单中选择【fx Edit formula…】(见图 3-5)。随后弹出 Formula Editor(公式编辑器)对话框，双击矩形短边标注尺寸，对话框中将自动填入：PartBody\Sketch.1\Length.5\Length，并在其后输入：/2(见图 3-6)，点击【OK】按钮，并在随后弹出的

图 3 - 7 所示对话框中点击【OK】按钮，实现定位尺寸与长度尺寸的函数关联。

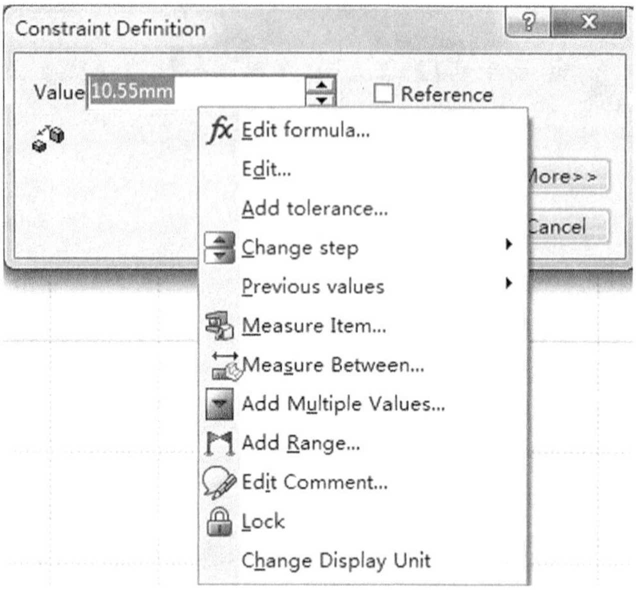

图 3 - 5　创建矩形长边的定位尺寸

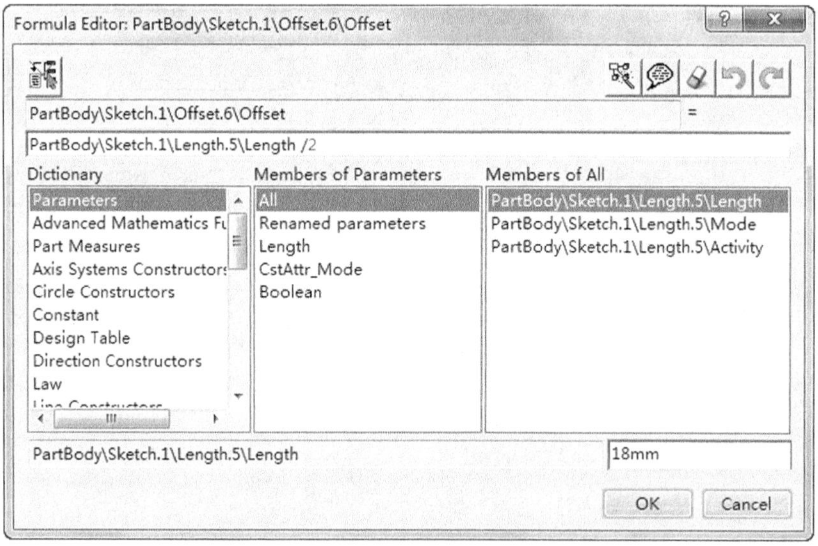

图 3 - 6　建立定位尺寸与长度尺寸的函数关联

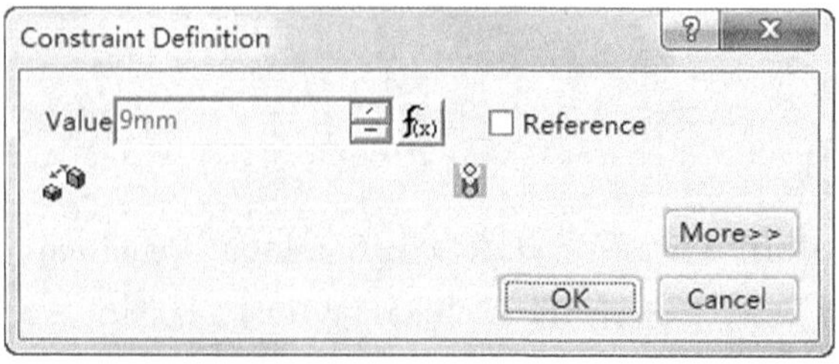

图 3 - 7　自动弹出 Constraint Definition 对话框

同样采用上述方法，可实现矩形长边长度尺寸和短边的定位约束，创建完成的带约束矩形，如图 3－8 所示。

4. 定义截面锚点

在图 3－8 所示矩形几何结构中，已存在四个点信息，需另外创建五个锚点。在草图模式下，运用【Point】按钮创建点，采用 Tools Palette（创建点坐标）对话框输入坐标值（见图 3－9）或利用鼠标捕捉点的方式，坐标分别为（0，30），（－9，0），（0，0），（9，0），（0，－30）。通过定位约束实现点与线的位置关联，确保（0，0）点位于矩形几何中心，而另外四点分别处于每条边的中点位置。

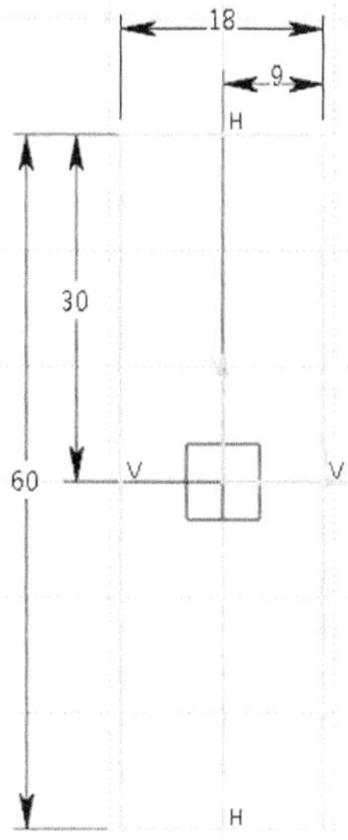

图 3－8　创建完成的带约束矩形

提示　Tools Palette 对话框输入坐标值时，在【H】、【V】栏输入相应数值，最后按【Enter】键即完成点的创建；而利用鼠标捕捉点的方式即鼠标移动至相应位置，显示对应坐标值，点击左键完成创建。

上述绘制的 Structure Section 模型为 Structure Detail Design 模块中所用到的带厚度截面，而 Structure Functional Design 中使用的不带厚度截面需要定义特征线。为此，利用【Sketch】工具栏中的【Line】按钮，将（0，30）和（0，－30）两点连接成线，按 Esc 键盘键退出线创建操作，创建完成的自定义截面，如图 3－10 所示。

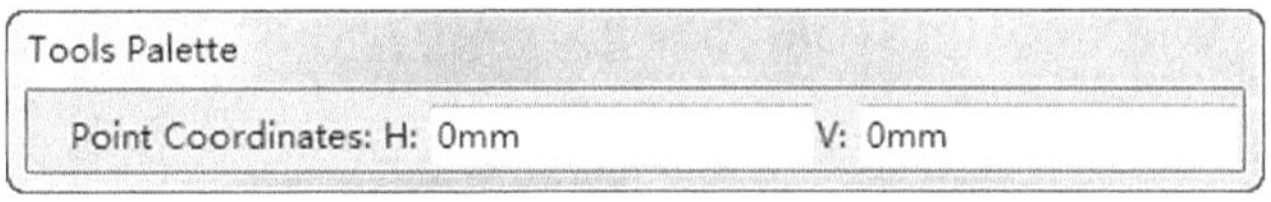

图 3－9　Tools Palette 对话框

为避免后续设计过程中调用库文件时出现歧义几何信息，需要将几何信息非构造元素化。点击点上的小十字或特征树中的对应点，弹出 工具栏，选择 按钮，对锚点进行非构造元素化，同时隐藏整个坐标平面。

提示　草图绘制中的元素包含标准元素和构造元素。标准元素为组成几何图形轮廓的实体性元素；而构造元素属于辅助元素，为标准元素提供参考，用户退出草图绘制后构造元素在三维空间内不显示。点击 按钮对几何图形进行切换。当按钮处于激活状态时，几何信息为构造元素；当按钮处于非激活状态时，几何信息为标准元素。

5. 截面边界命名

按照帮助文件，需要将点、线的名称进行修改，具体见表 3－1，修改操作通过右键单击特征树中对应项，在下拉菜单中选择【Properties】，在弹出的 Properties（属性）对话框中选择【Feature Properties】，在 Feature name 一栏输入更改名称，然后点击【OK】即可。更改名称后的矩形，如图 3－11 所示。

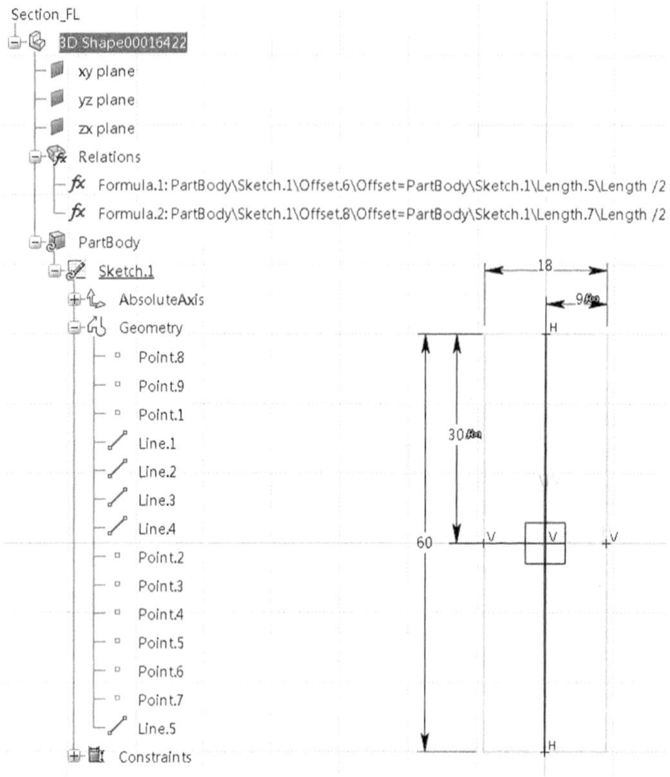

图 3－10　创建完的自定义截面

表 3－1　点线元素名称更改一览表

序号	点线默认名称	点线更改名称
1	Line. 1	Line. 1(3)
2	Line. 2	Line. 2(12)
3	Line. 3	Line. 3(22)
4	Line. 4	Line. 4(13)
5	Line. 5	Line. 5(25)
6	Point. 1	catStrTopLeft
7	Point. 2	catStrTopRight
8	Point. 3	catStrBottomRight
9	Point. 4	catStrBottomLeft
10	Point. 5	catStrTopCenter
11	Point. 6	catStrCenterLeft
12	Point. 7	catStrCenterCenter
13	Point. 8	catStrCenterRight
14	Point. 9	catStrBottomCenter

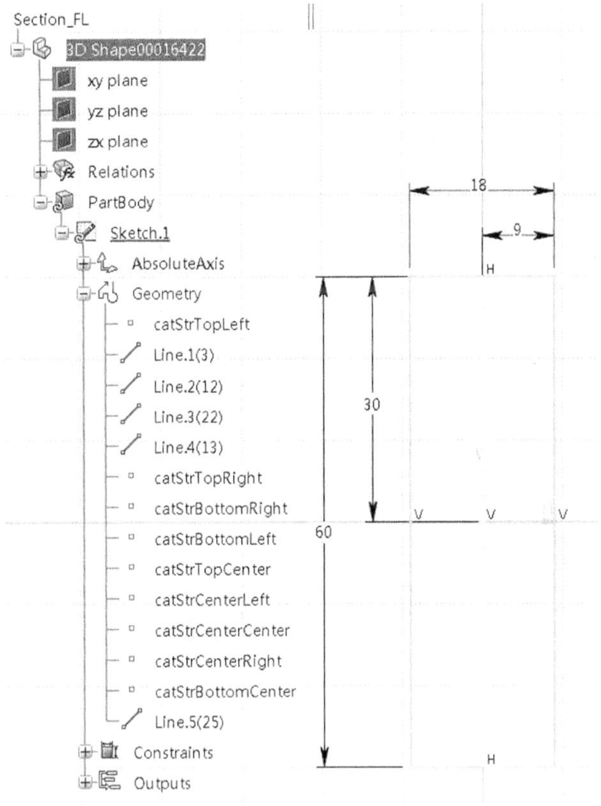

图 3 – 11　更改点线名称后的特征树

6. 创建简化特征

为将简化特征线输出，点击【Sketch】工具中的【Output feature】右侧三角按钮，在弹出命令中选择【3D Profile】命令，系统自动弹出 Profile Definition（图形绘制）对话框，各子项内容完成设置后最终状态如图 3 – 12 所示。【Name】项：SimplifiedRepresentation；【Color】项：选择黄色；【Mode】项：Wire（Explicit Definition），点选【Check Manifold】，取消【Check connexity】项前的勾选，选择 Line. 5(25)，点击【OK】按钮完成定义操作。

7. 建立设计表

选择【Tools】→【Design Table…】按钮，系统弹出 Creation of a Design Table（设计表创建）对话框，Name 项：DT_Section_FL，设计表的导入方式选择【Create a Design Table from a pre – existing file】（见图 3 – 13），点击【OK】按钮。

在随后弹出的 Object Selection（对象选择）对话框中选择【From File】→【Import】（见图 3 – 14），在随后弹出的 File Selection（文件选择）对话框中选择相应文件（见图 3 – 15），并点击【打开(O)】按钮。

提示　将 Name 项改为与设计表本地文件名一样的名称。

在弹出的 VPM Document 对话框（见图 3 – 16）中，点击【OK】按钮，返回到 Object Selection（对象选择）对话框中，点击【OK】按钮，弹出如图 3 – 17 所示的 Automatic associations（自动关联）对话框中，点击【否(N)】按钮。在随后弹出的 DT_Section_FL active

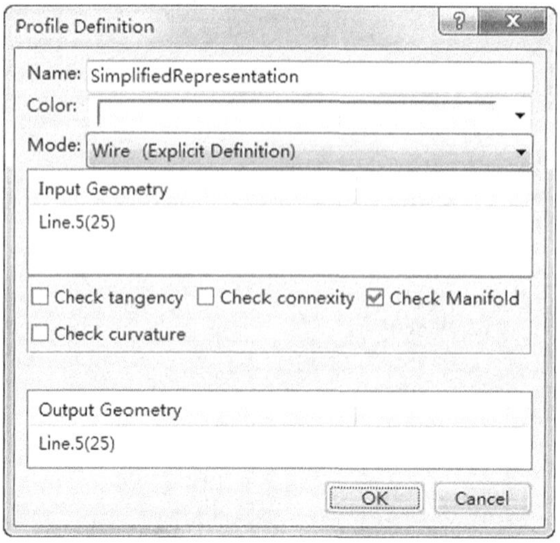

图 3－12　Profile Definition 对话框

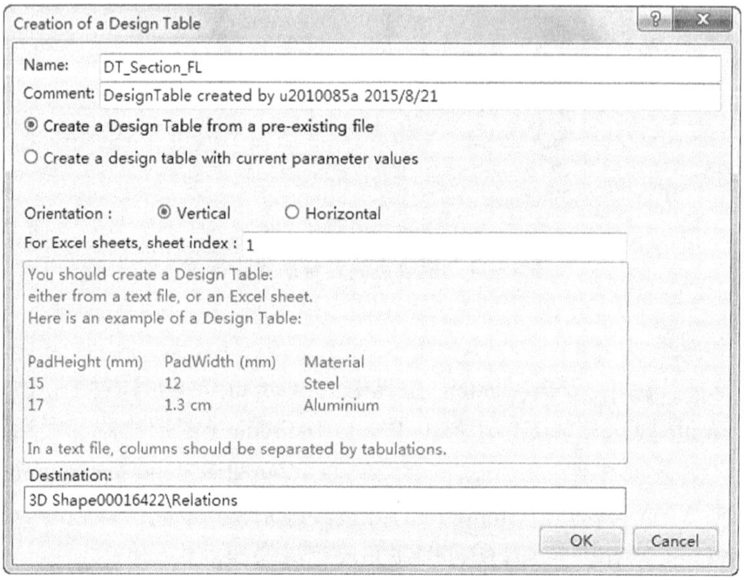

图 3－13　设计表创建对话框

对话框中，选择【Associations】栏，点击【Create parameters…】按钮（见图 3－18），随后弹出 OK Creates Parameters For Selected Lines 对话框，如图 3－19 所示，点击【OK】按钮，再次点击【OK】按钮完成。

进入视图区，双击自定义截面的矩形短边标注尺寸，按图 3－5 进行关联操作，在弹出的如图 3－20 示 Formula Editor（公式编辑器）对话框中，在【Members of All】一栏，双击参数 Bf，点击【OK】按钮，并在如图 3－21 示 Constraint Definition（约束定义）对话框中点击【OK】按钮，同样方法设置参数 D。完成自定义截面的几何参数化，整个特征树和视图如图3－22 所示，最后运用 <Ctrl> ＋S 组合键保存整个文件。

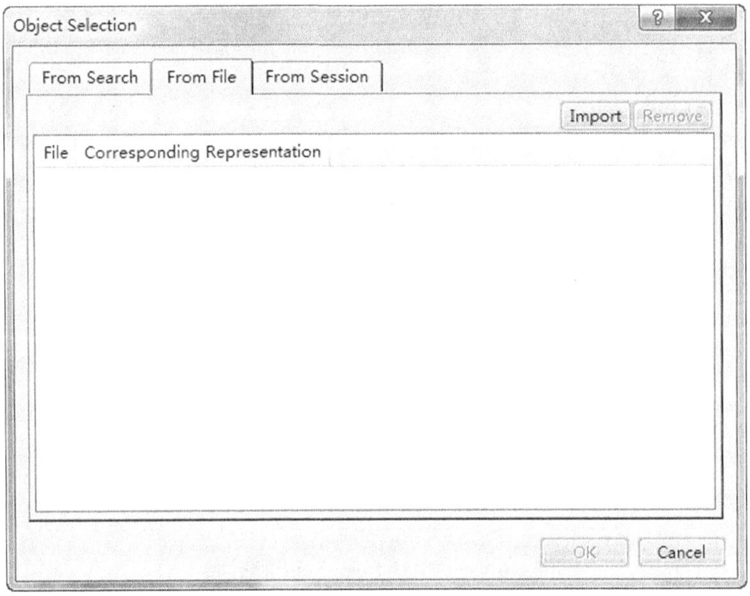

图 3 - 14　Object Selection 对话框

图 3 - 15　File Selection 对话框

提示　Bf 对应于矩形短边尺寸，D 对应于矩形长边尺寸。

8. 创建 Component Family 关联并解析截面

退出当前 CATIA V6 平台，下面由 Leader 角色设计人员进行操作，注意在选择凭证时点选 Leader 角色登陆 CATIA V6，选择相应功能模块，创建 Component Family 关联并解析截面。

提示　Owner 角色设计者具备资源库配置权限，Leader 角色设计者拥有解析、创建标准件库和数据导入导出权限。

点击界面右上角的【Add】按钮，在下拉菜单中选择【Component Family】栏下的按钮，如图 3 - 23 所示。系统弹出如图 3 - 24 所示的 Component Family 对话框，修改【Title】：CF_

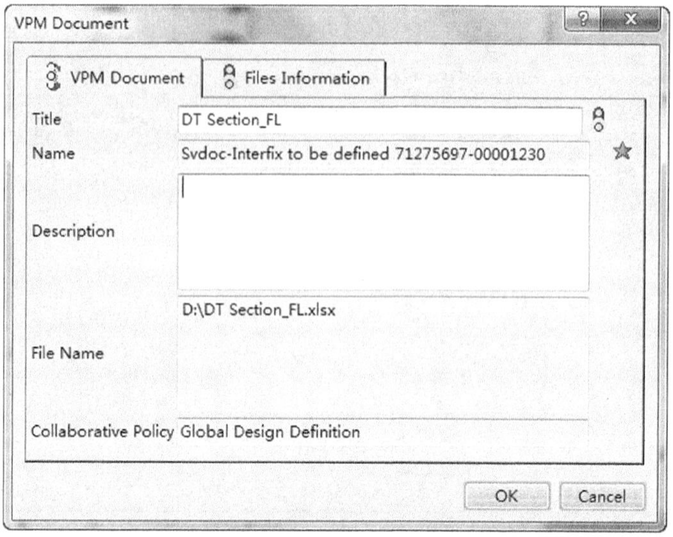

图 3－16　VPM Document 对话框

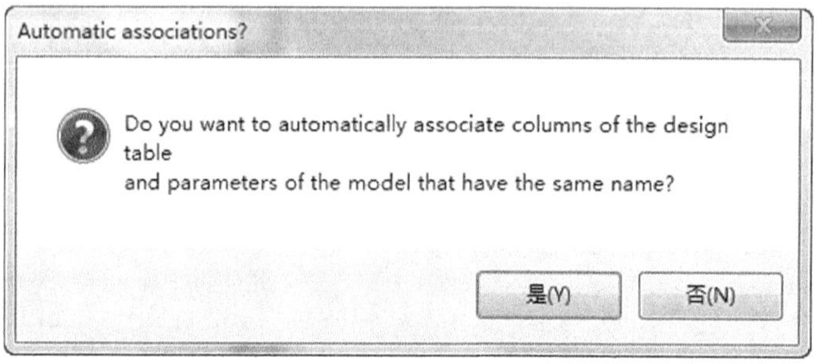

图 3－17　Automatic associations 对话框

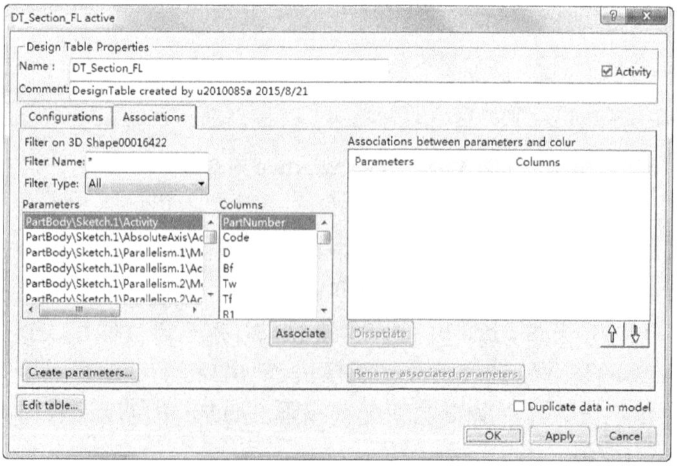

图 3－18　DT_Section_FL active 对话框

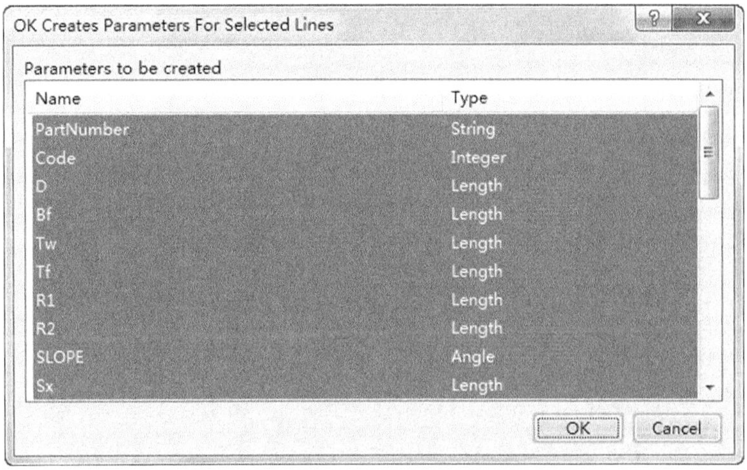

图 3 – 19　OK Creates Parameters For Selected Lines 对话框

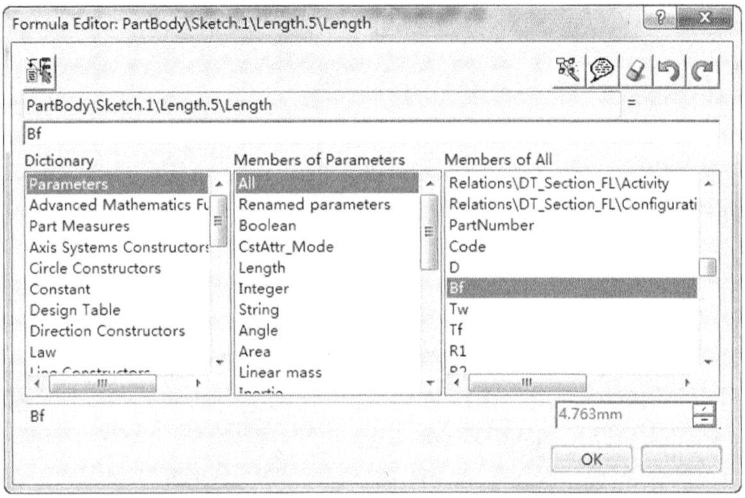

图 3 – 20　Formula Editor 对话框

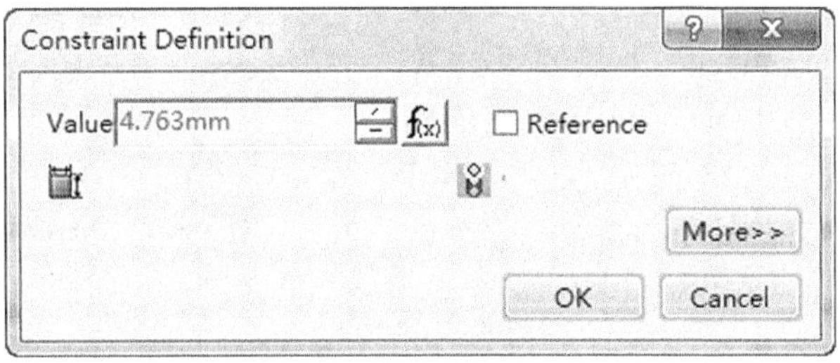

图 3 – 21　Constraint Definition 对话框

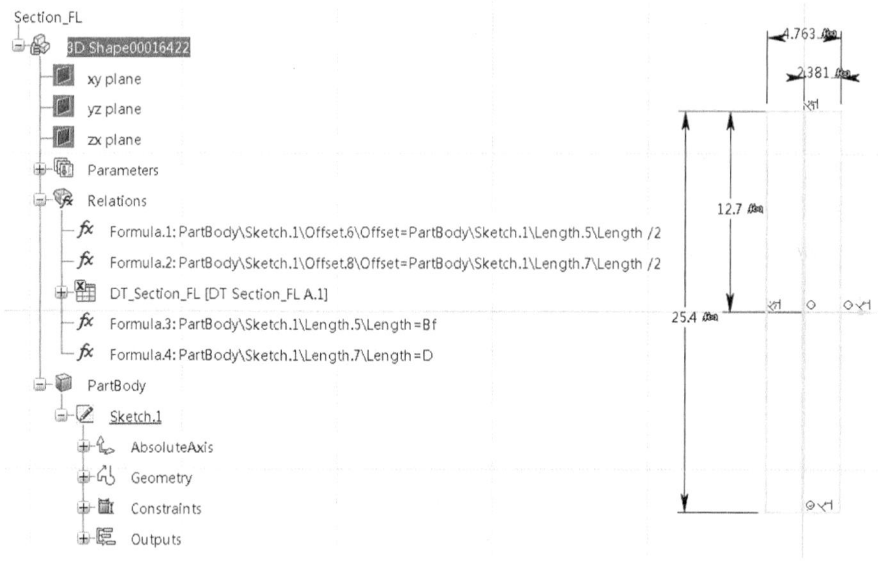

图 3－22　约束定义完成后的截面

Section_FL，点击【OK】按钮，完成命名后，自动进入内容更新的 Component Family 对话框，如图 3－25 所示，点击【Component Family Model】一栏，具体选择如下：【Family type】：Standard Family；【Maturity Management】：Automatic change；点击按钮，进入如图 3－26 所示的 Object Selection（对象选择）对话框，点击【From Search】一栏，点击【Search】按钮，软件将自动显示相关内容（见图 3－27），选择 Owner 角色设计人员建立的 Section_FL，点击【OK】按钮，返回至如图 3－25 所示对话框，点击【OK】按钮，实现 Component Family 关联。

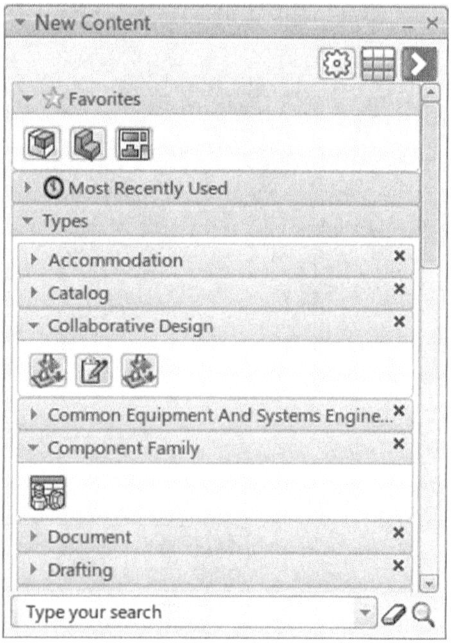

图 3－23　New Content 对话框

点击工具栏 Component Family 中的命令提升截面的生命周期状态，系统自动弹出 Change Maturity of the Generic Model（模型成熟度变更）对话框，如图 3－28 所示，点击【OK】按钮，然后保存整个 Component Family，整个软件界面如图 3－29 所示。

提示　提升截面的生命周期状态后务必保存整个 Component Family，否则无法进行后续操作，软件右上角将出现“Save the family before”提示内容。

在工具栏选择【Component Family】→【Test and Resolve Family Items】命令进行解析测试和解析工作。系统弹出 Test and Resolve Items（解析测试和正式解析）对话框（见图 3－30），在【Items Selection】栏选择 All；并点选【Test items】，点击【Execute】进行解析测试，整个软件

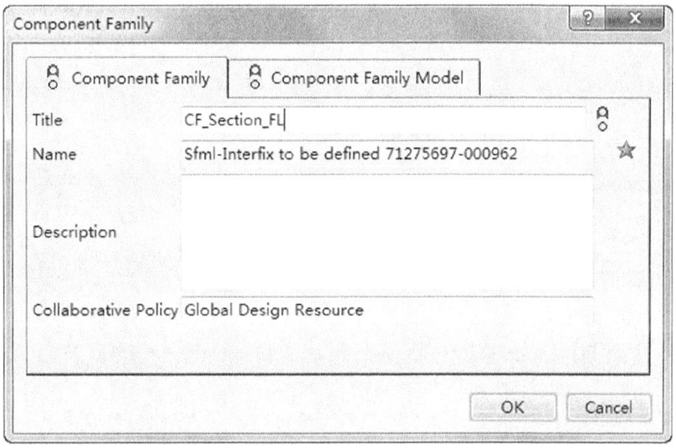

图 3－24　**Component Family** 对话框

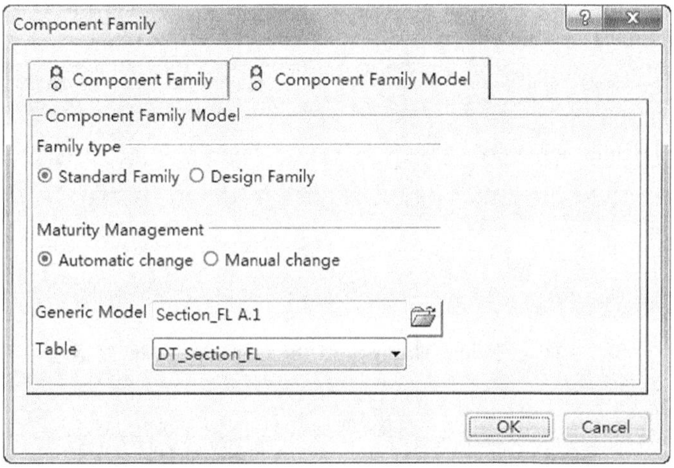

图 3－25　内容更新后的 **Component Family** 对话框

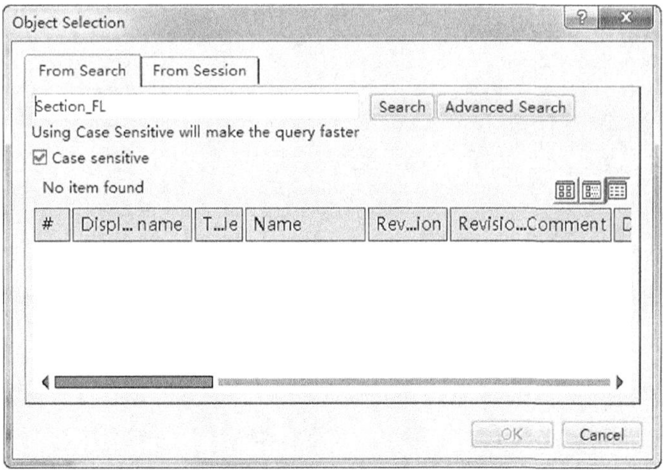

图 3－26　**Object Selection** 对话框

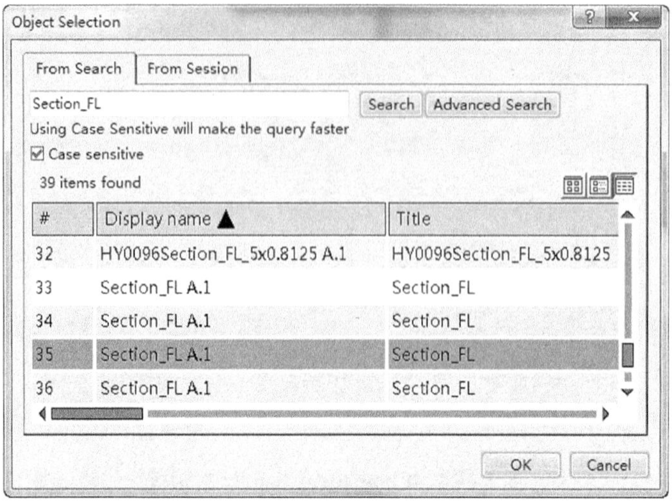

图 3－27　显示内容的 Object Selection 对话框

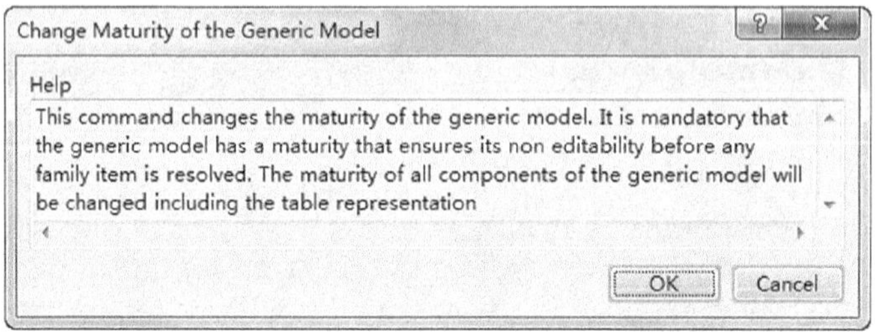

图 3－28　Change Maturity of the Generic Model 对话框

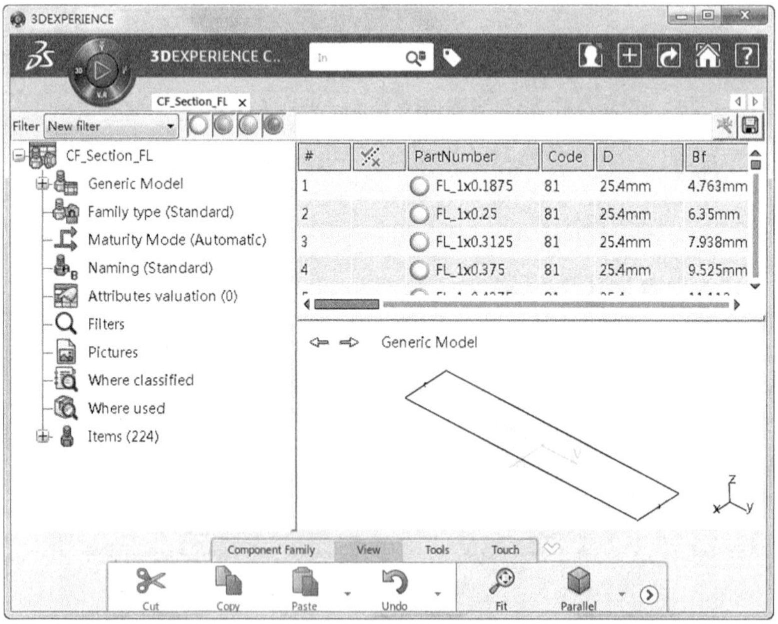

图 3－29　提升截面生命周期状态后的 CATIA 界面

运行后的界面如图 3－31 所示。

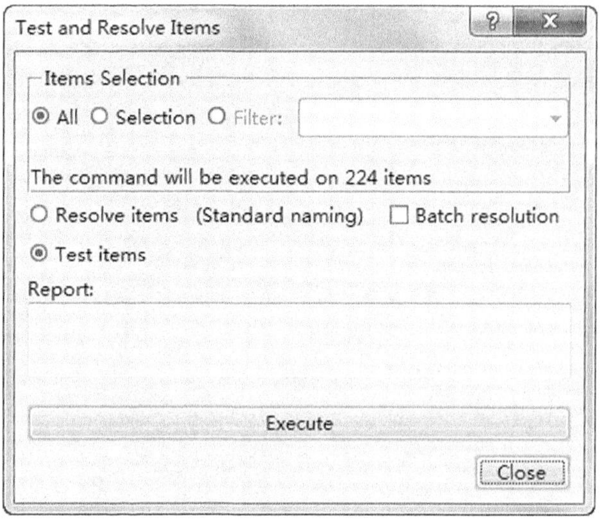

图 3－30　Test and Resolve Items 对话框

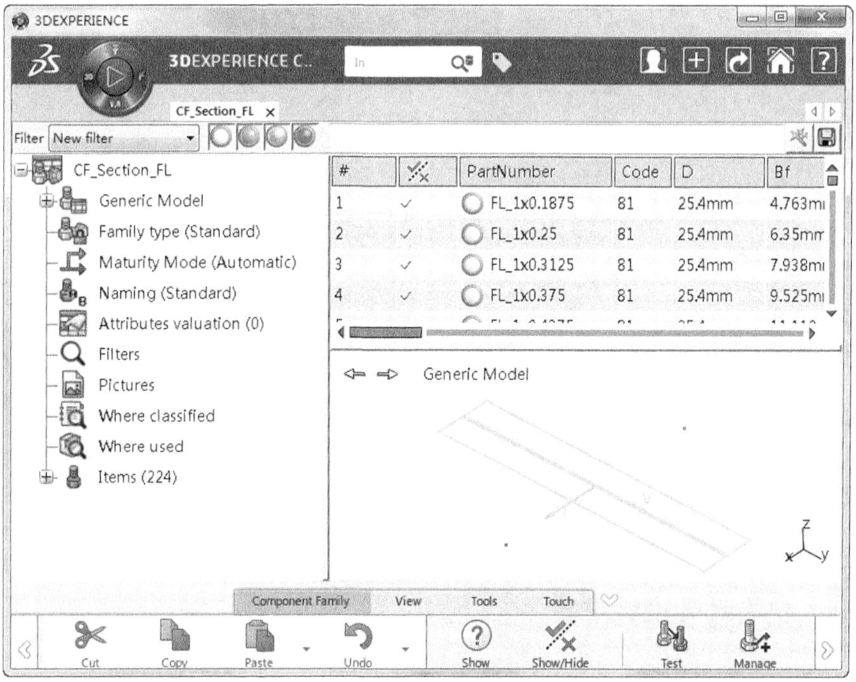

图 3－31　解析测试后的 CATIA 界面

点击【Component Family】工具栏中的  按钮，系统弹出 Test and Resolve Items（解析测试和正式解析）对话框（见图 3－30），在【Items Selection】栏选择 All；并点选【Resolve items (Standard naming)】，点击【Execute】进行正式解析，整个过程需要一段时间，已解析部件编号前面的按钮将变为绿色，对应截面自动存入数据库。所有部件解析完成后点击【Close】按

钮,整个软件运行后的界面如图 3-32 所示。

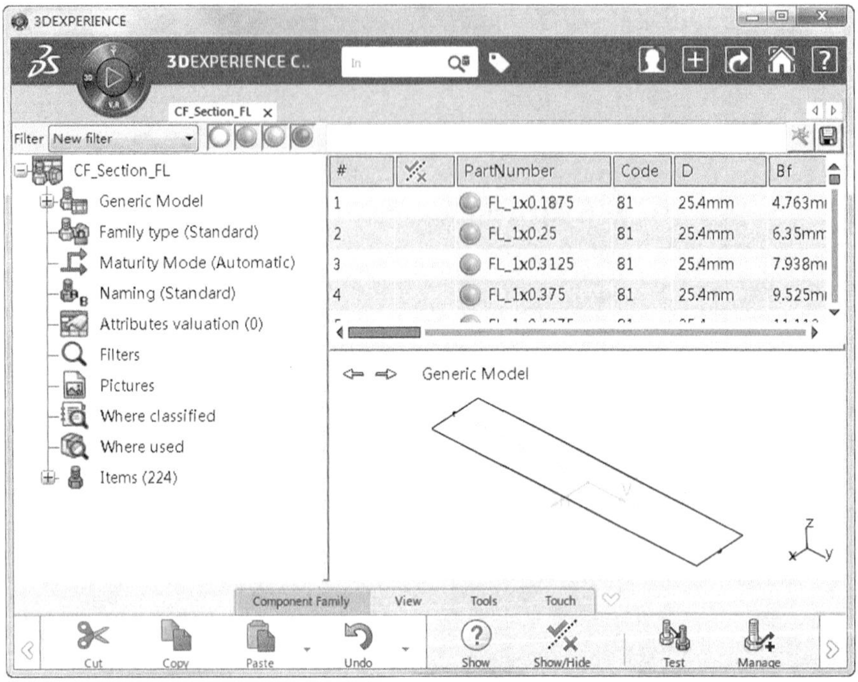

图 3-32 解析完成后的 CATIA 界面

3.2 结构基础设计

船体结构主要由主船体、上层建筑以及基座等其他结构组成,其中,主船体包括外板、底部骨架、舷部骨架、甲板和平台结构、舱壁结构等,指由船体最上一层纵通甲板(1 甲板)及其以下的外板和所有结构组成的空心建筑物,而主船体 1 甲板以上的各种围壁建筑物统称上层建筑。结构基础设计是船体结构设计的主要模块,重点设计主船体、上层建筑等总体结构,各层甲板、各舱壁、纵骨、舷侧纵桁等大型构件,同时可实现对大型构件属性赋值,如板厚、材料、截面形式等。该模块具有建模操作简单、效率高等特点。

3.2.1 结构基础设计准备

1. 基础结构参数设置

登录 CATIA V6 软件后,点击界面右上方的设置(My Roles/Profile)图标,在下拉菜单中选择【Preferences】,弹出 Preferences 对话框,点击 Infrastructure 栏下的 3D shape Infrastructure,在右侧 General 选项卡中勾选第一个 Keep link with selected object,如图 3-33 所示。设置完成后点击【OK】按钮退出。

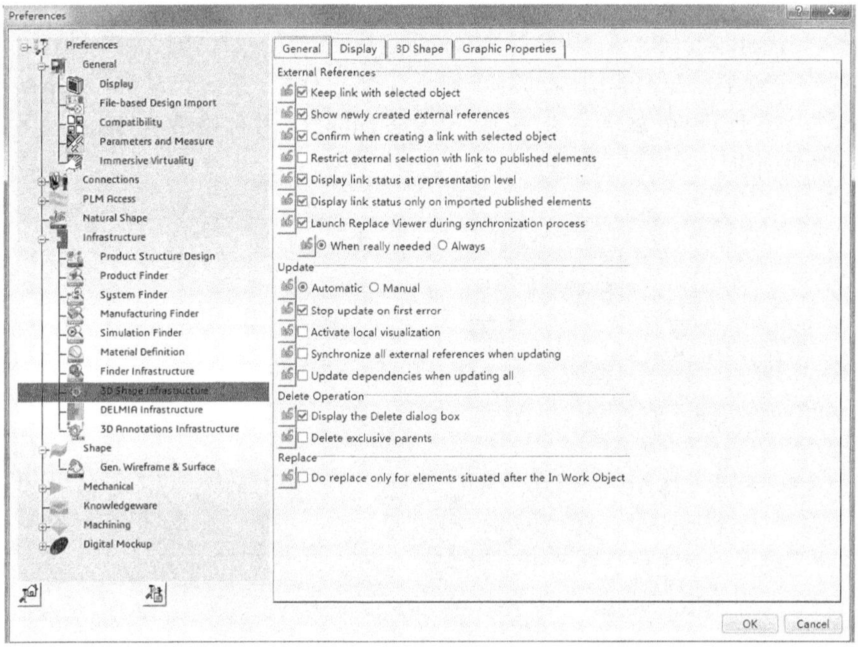

图 3－33　选中对象保持链接设置

2. 新建内容时自动弹出属性定义对话框设置

点击页面右上方的【Add】→【Content…】，弹出 New Content（新建内容）对话框，右键点击对话框右上角齿轮图标，勾选弹出的“Set attributes at creation for all types”项，如图 3－34 所示。本操作可实现创建 Physical Product 等新特征时自动弹出属性定义对话框。

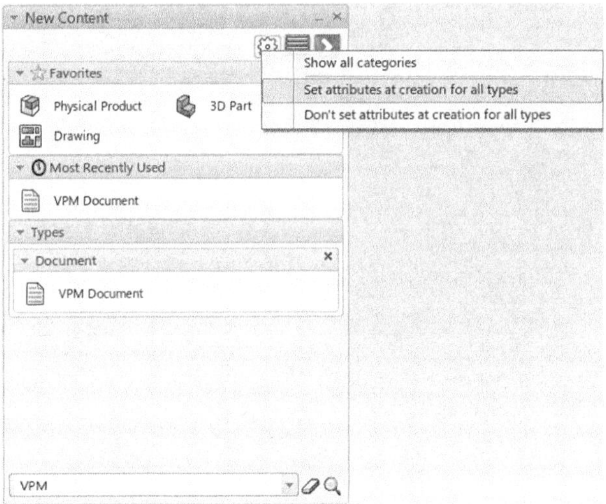

图 3－34　创建新特征时定义属性操作

3. 创建结构根节点特征

选择【Add】→【Content…】，弹出 New Content(新建内容)对话框，点击 Physical Product。由于上述操作设置了新建内容时自动弹出属性定义对话框，系统自动弹出 Physical Product(物理产品定义)对话框，如图 3－35 所示，将【Title】栏内容修改为 MyShip_STR。点击【OK】按钮完成创建。

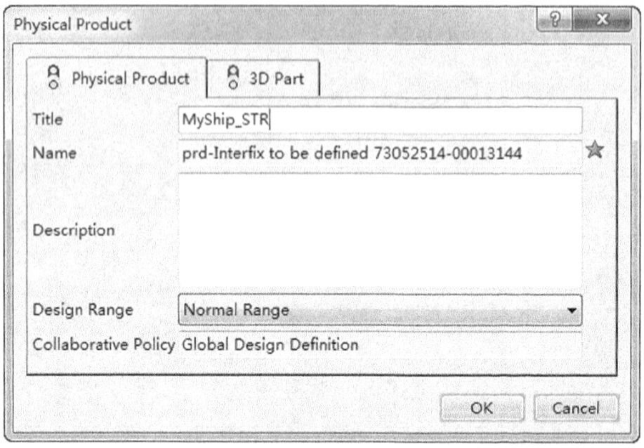

图 3－35　创建特征树节点特征

右键点击上一步创建的特征 MyShip_STR，在下拉菜单中选择【Insert】→【Product】添加下一级特征，如图 3－36 所示，在弹出的 Physical Product(物理产品定义)对话框，修改相关属性，点击【OK】确认创建。

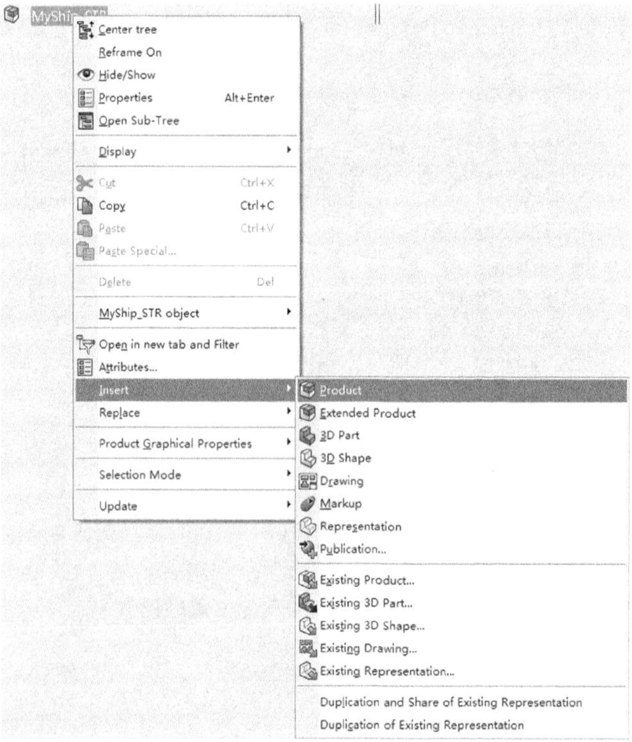

图 3－36　创建第二级特征

4. 创建结构系统

选择【Add】→【Content…】，弹出 New Content（新建内容）对话框，点选【Types】→【Structure】→【Structure System】，如图 3－37 所示。系统自动弹出 Structure System（结构系统）对话框（见图 3－38），可修改【Title】栏内容，点击【OK】完成操作。

图 3－37　新建 Structure System

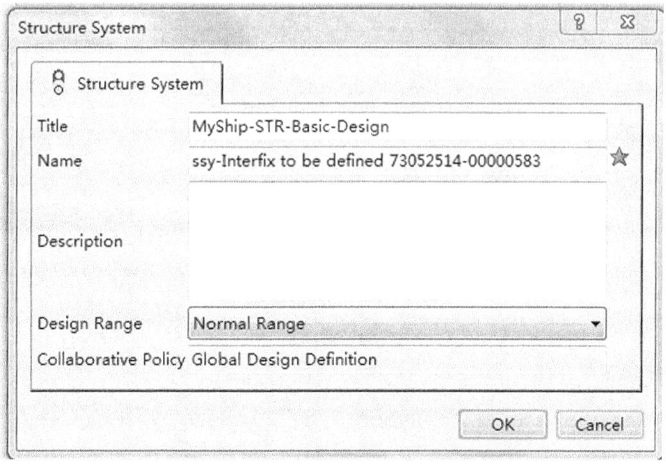

图 3－38　Structure System 属性设置界面

5. 添加项目数据

确保当前处于 Structure Function Design 模块，如果不在该模块下，点击软件左上角罗盘的 3D 区域，在弹出图框中选择 Structure Func. Design 模块，切换到结构基础设计（Structure Function Design）模块。在工具栏中，点击工具【Grid】→【Project Data】，一个项目数据 Project Data 特征将被添加到上一步创建的结构系统，如图 3－39 所示。该项目数据包含 DECK（甲板）、FRAME（肋位）、LONG（纵骨）等信息。

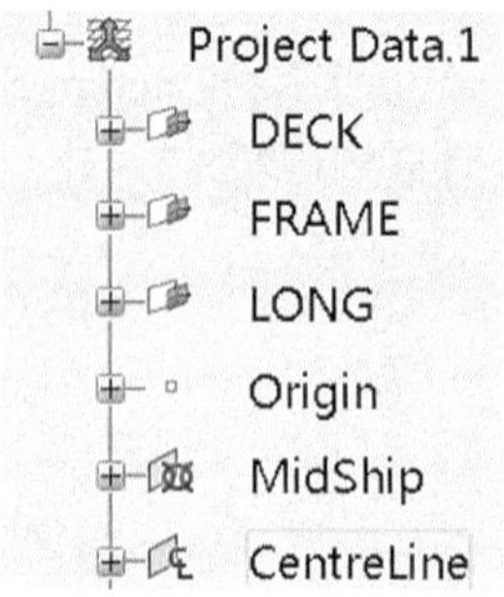

图 3－39　项目数据

6. 导入船体线型

在特征树中，右键单击上一步生成的 Project Data. 1，在弹出下拉菜单中点击【Project Data. 1 Object】→【AddRefSurfaceCmd】，如图 3－40 所示，船型信息将被添加到 Project Data. 1 中。

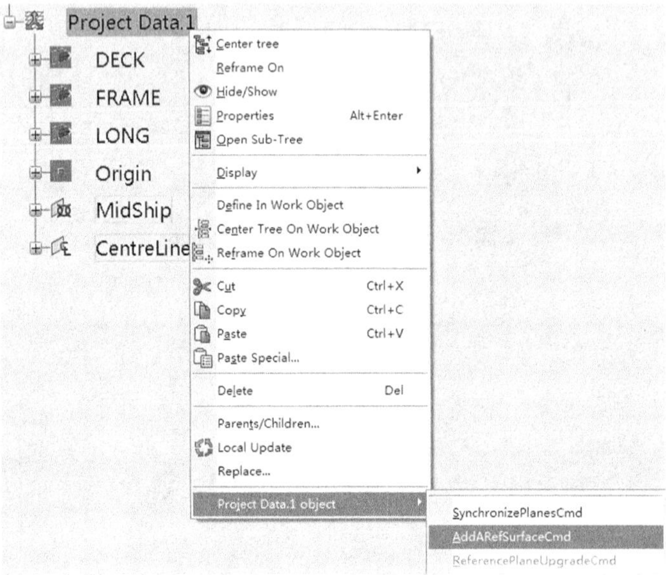

图 3－40　加载参考面

7. 拷贝结构系统

右键选择 Structure System 特征 MyShip－STR－Basic－Design 并在下拉菜单中选择【Copy】，如图 3－41 所示。切换到产品特征树所在的页面，如图 3－42 所示，右键点击 MyShip_STR 下的二级特征并在下拉菜单中选【Paste】按钮，则将结构系统特征拷贝至特征树上。

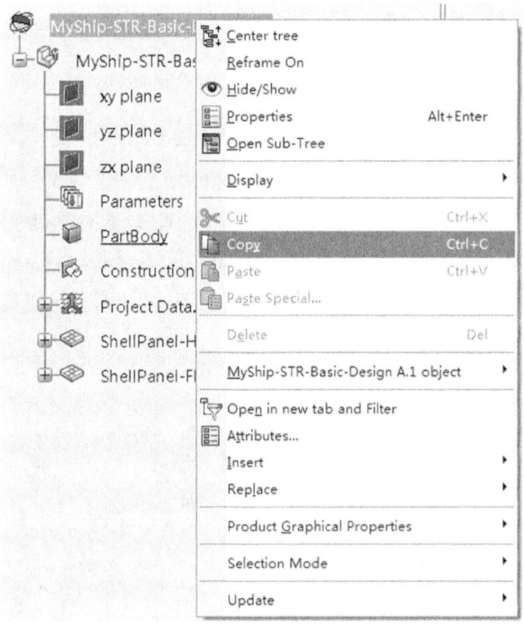

图 3 –41　复制 Structure System

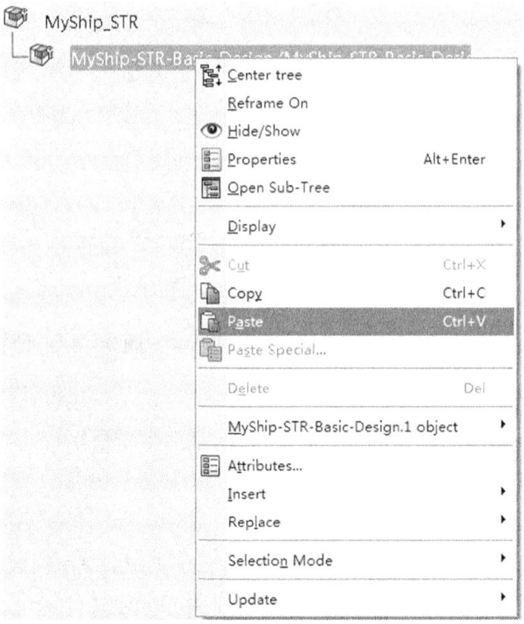

图 3 –42　粘贴 Structure System

3.2.2 创建船体外板

下面开始创建船体外板。

在 Structure Function Design 模块中,点击工具栏【Function】→【Panel】,弹出 Plate(板材定义)对话框,如图 3-43 所示。具体参数设置如下:【Category】项选择 Shell;【Material-Grade】项为 Steel_945;【Thickness】项设置为 12mm。回到 Geometry 选项卡,如图 3-44 所示,【Support】项选择上一步加载的外板曲面 Surface. 2,在 Limits 中进行外板边界设置,并通过右侧【Switch Side】按钮调整保留/裁剪区域,最后点击【OK】完成船体外板创建。

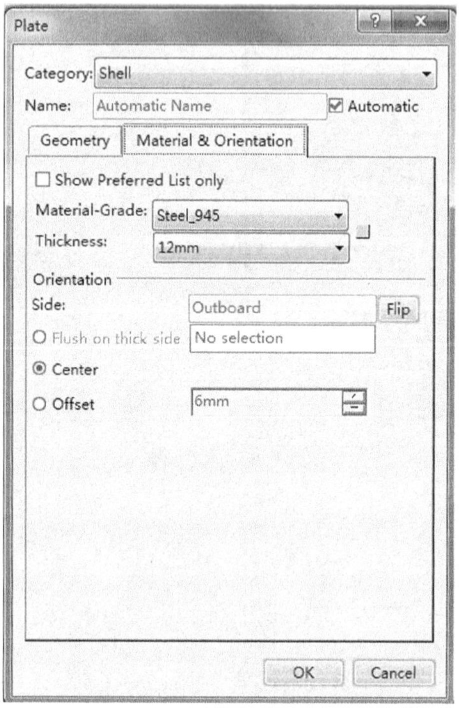

图 3-43 外板材料及方向设置

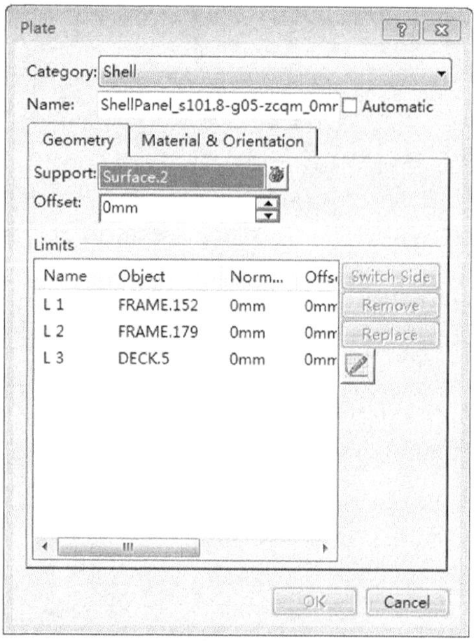

图 3-44 外板几何参数设置

3.2.3 创建内底甲板

1. 添加骨架模板

在搜索窗口,键入"prd:c120-g05"并按回车键(项目代号为 c120,下同),在结果列表中找到搜索目标对象,利用右键点击对象并在下拉菜单选择【Open】,"c120-g05"将会在新的页面打开,如图 3-45 所示,选择该产品特征树中的内底甲板、总船曲面、边板,采取拷贝结构系统的方式将其复制到第二级特征下,关闭"c120-g05"页面。

2. 创建内底甲板板材

下面根据发布模板创建内底甲板并编辑其边界约束。

确保特征 MyShip-STR-Basic-Design 的 3D Shape 处于当前激活状态,点击工具栏【Function】→【Panel】,系统弹出 Plate(板材定义)对话框,如图 3-46 所示,【Category】项选

择 Deck;【Material - Grade】项为 Steel_945;【Thickness】项设置为 12 mm。回到 Geometry 选项卡,【Support】项选择 Neidizhong。在 Limits 列表中选择 178 和 154 肋位作为内底甲板的边界约束,利用 Switch Side 进行保留/裁剪区域切换,确认设置后点击【OK】按钮,完成内底甲板属性及约束的设置。

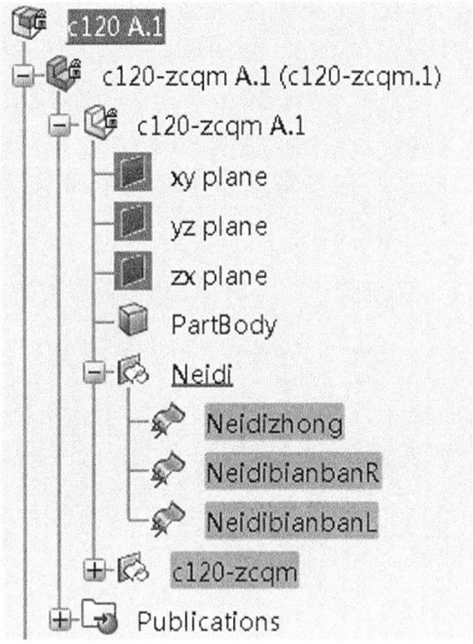

图 3-45　拷贝骨架模板

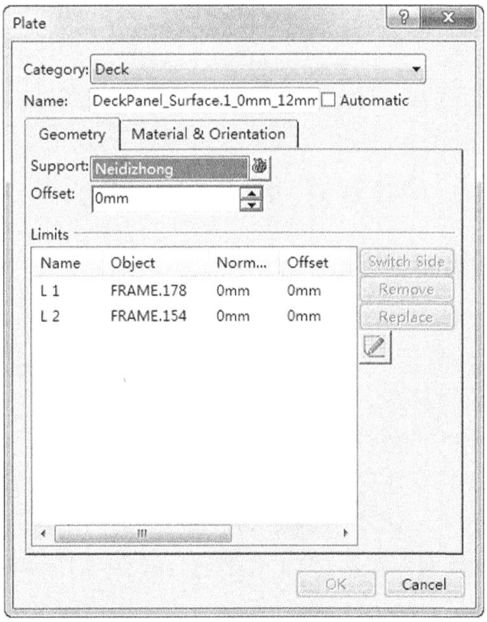

图 3-46　创建内底甲板

3.2.4 创建外板上龙骨

下面以创建中内龙骨为例说明创建龙骨步骤。

1. 创建中内龙骨板

点击工具【Function】→【Panel】,系统弹出 Plate(板材定义)对话框,如图 3 – 47 所示。参数设置如下【Category】项为 Longitudinal Bulkhead;【Material Grade】项为 Steel_945;【Thickness】为 8 mm。右键点击【Support】项 No selection 区域并在下拉菜单中选择 Select Reference Plane,系统将弹出 Plane Systems(基准平面系统)对话框如图 3 – 48 所示,进行参考平面选择,可通过 Select system 过滤参考面,选择 LONG.0 作为参考面。最后,点击【OK】完成参考面选择。

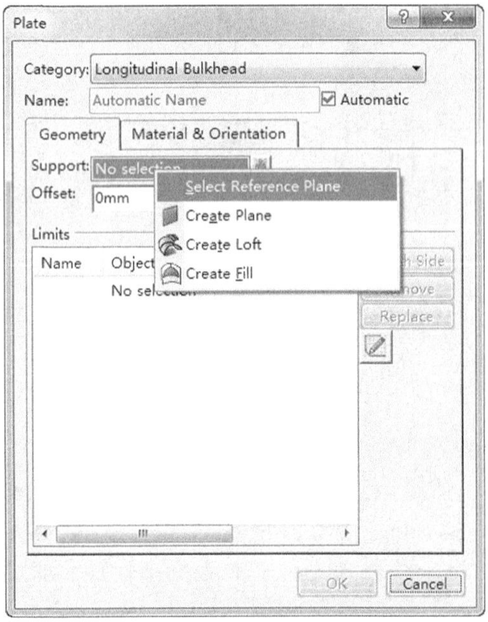

图 3 – 47 中内龙骨创建界面

按图 3 – 49 所示,在 Limits 列表中设置中内龙骨的边界约束,选择内底、外板、FRAME.154 及 FRAME.178 作为中内龙骨的边界约束,利用 Switch Side 进行保留/裁剪区域切换,确认设置后点击【OK】按钮,完成中内龙骨的创建。

2. 在中内龙骨上添加筋理论线

切换进入 Gen Wireframe&Surface 模块,在工具栏中,点击【Wireframe】→【Intersection】,弹出 Intersection Definition(相交定义)对话框,如图 3 – 50 所示,选择上一步创建的中内龙骨作为 First Element,选取 FRAME.178 作为 Second Element,点击【OK】按钮,形成 FRAME.178 与中内龙骨的相交线;类似方法在中内龙骨上再求出与 FRAME.164 及 FRAME.154 的相交线。

点击工具【Wireframe】→【Points and Planes Repetition】,系统弹出 Points&Planes Repetition(多重点定义)对话框,如图 3 – 51 所示,选中 First Point 右侧区域并在下拉菜单中依次点击【Insert Wireframe】→【Creat Endpoint】,选择第一条交线的一个端点。则完成 First

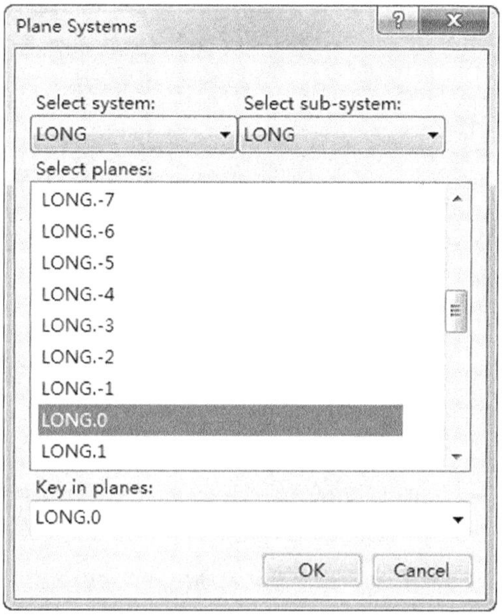

图 3 – 48　Plane Systems 对话框

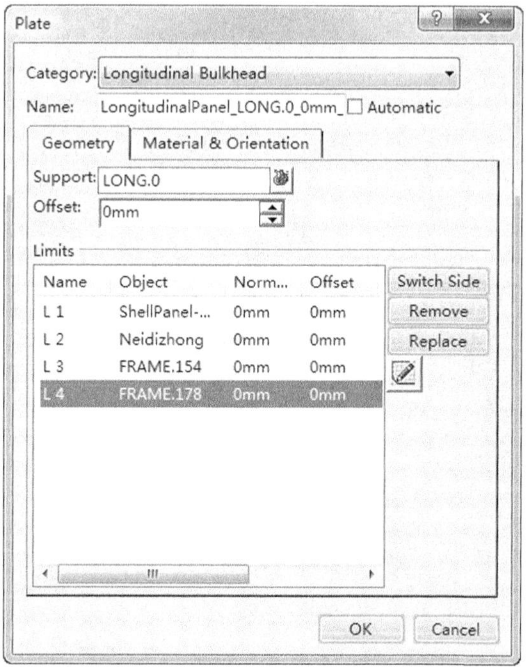

图 3 – 49　中内龙骨边界约束设置

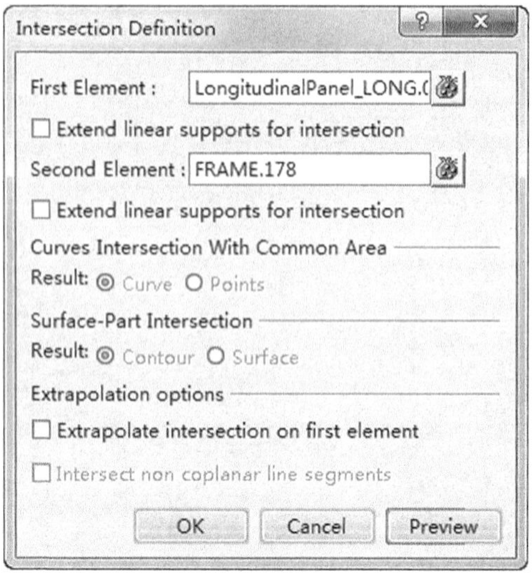

图 3－50　中内龙骨与肋位的交线创建

point，Curve 及 Second point 的设置，如图 3 －52 所示，【Instance(s)】项设置为 2，可通过【Reverse Direction】调整方向，确认后点击【OK】按钮完成第一条线的等分点创建。利用同样方法完成其他两条交线的等分点创建。

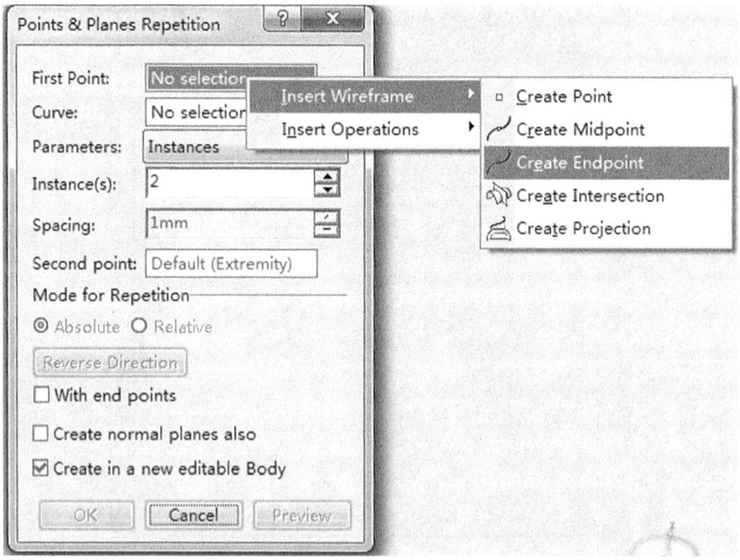

图 3－51　等分点上 First point 设置

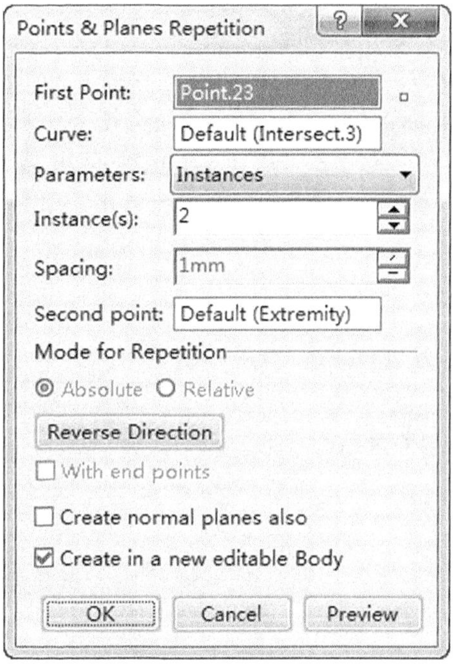

图 3－52　等分点创建

点击工具【Wireframe】→【Spline】,系统弹出 Spline Definition(创建样条曲线)对话框如图 3－53 所示,按顺序选择上一步形成的 3 条交线上的第一等分点。三点选择完成后,勾选对话框中的“Genmetry on support”并选择中内龙骨作为参考,点击【OK】按钮完成中内龙骨上第一条筋理论线的定义。采用同样的方法可以完成中内龙骨上第二条筋理论线的定义。

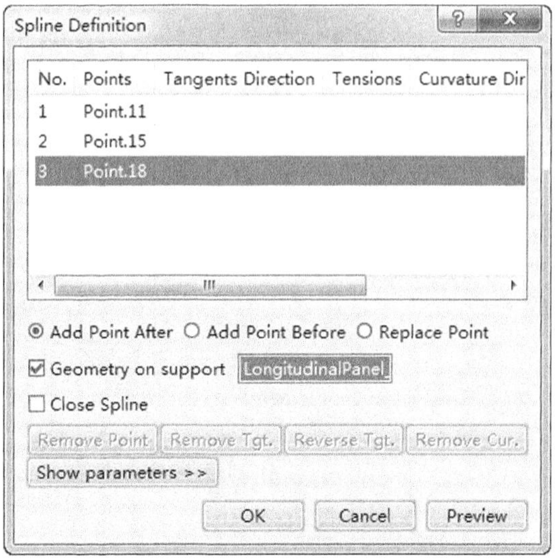

图 3－53　创建筋所在理论线

3. 在中内龙骨上添加筋

切换进入 Structure Function Design 模块，在工具栏中，点击工具【Operation】→【Stiffner】，弹出 Stiffner Definition（定义筋）对话框，如图 3－54 所示，在【Category】项设置为 Longitudinal Bulkhead Horizontal Stiffner；【Support】项选择上一步形成的两条线，Limits 列表中分别选择 FRAME. 154 和 FRAME. 178 作为筋的起止端约束。切换至 Material & Orientation 选项卡设置筋的材料及方向，如图 3－55 所示。采用同样的方法可以完成外板上其他龙骨创建。

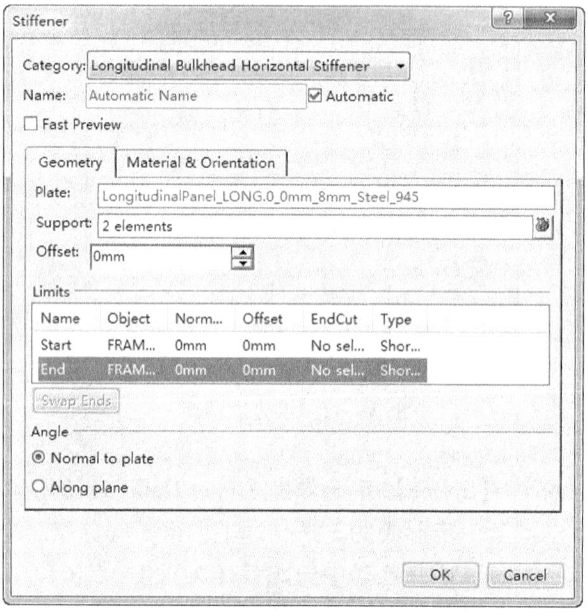

图 3－54　中内龙骨上筋的几何参数设置

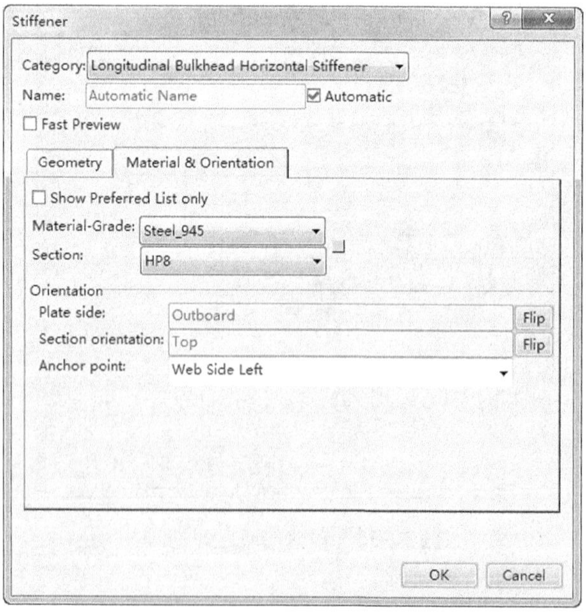

图 3－55　中内龙骨上筋的材料及方向设置

提示　利用 Plate side 右侧的【Flip】按钮调整筋在板的哪一侧，通过 Anchor point 右侧选项调整球头朝向。

3.2.5　创建主横舱壁

1. 创建主横舱壁板材

隐藏船体外板，开始创建主横舱壁板材。在工具栏中，点击工具【Function】→【Panel】，系统弹出 Plate（板材定义）对话框，如图 3-56 所示。具体参数设置如下：【Category】项选取 Transverse Bulkhead；【Support】项为 FRAME. 155；【Material - Grade】项为 Steel - 945；【Thickness】项输入 10 mm，分别选择内底、外板及边板作为主横舱壁的边界约束。设置完成后，点击【OK】按钮完成操作。

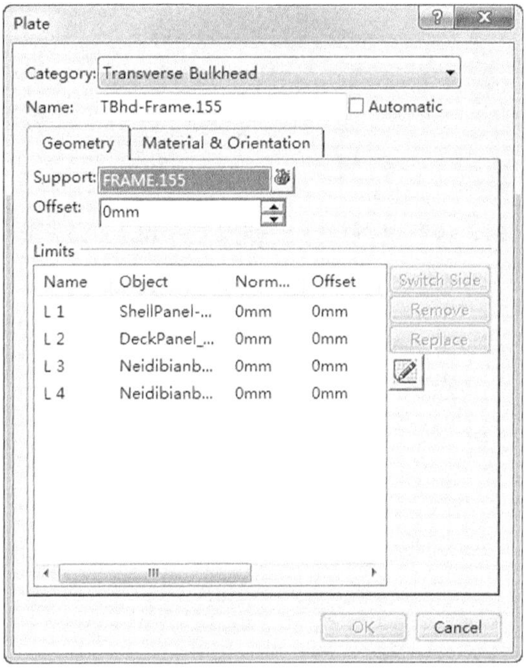

图 3-56　创建主横舱壁

2. 在主横舱壁板材上添加垂向筋

在工具栏中，点击工具【Function】→【Stiffener】，系统弹出 Stiffener（定义筋）对话框如图 3-57 所示。具体参数设置如下：【Category】项选取为 Transverse Bulkhead Vertical Stiffener；【Material - Grade】项为 Steel_945；【Section】项为 HP8。

切换至 Geometry 选项卡，【Plate】项选取上一步创建的主横舱壁板材 TBhd - Frame. 155（见图 3-58），在【Support】项右侧选取【Select Reference Plane】，系统将弹出 Plane Systems（基准平面系统）对话框，如图 3-59 所示。从 Select system 下拉列表中选择 LONG，在 Select planes 列表中，先点选 LONG. -8，滚动中键使内容显示 LONG. 8，按住 <Shift> 组合键并选中 LONG. 8，点击【OK】按钮，退出 Plane Systems（基准平面系统）对话框。点击 Stiffner 对话框右下角的【OK】按钮，完成横舱壁板材上垂向筋的添加。

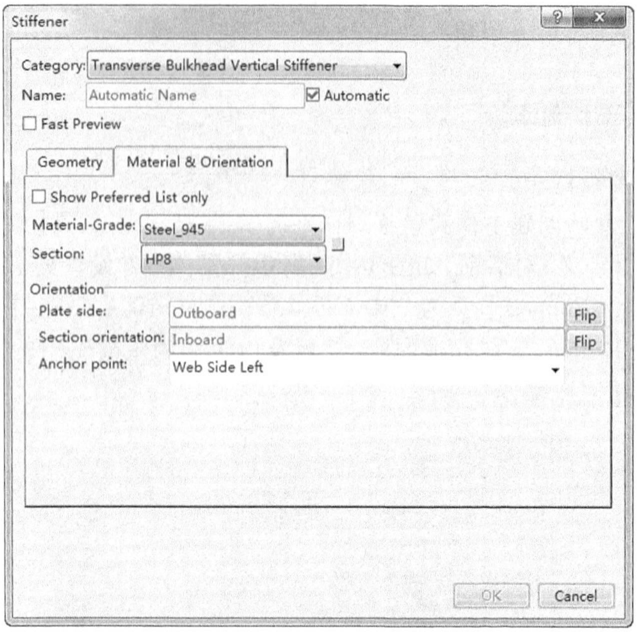

图 3－57　主横舱壁上垂向筋的材料及方向设置

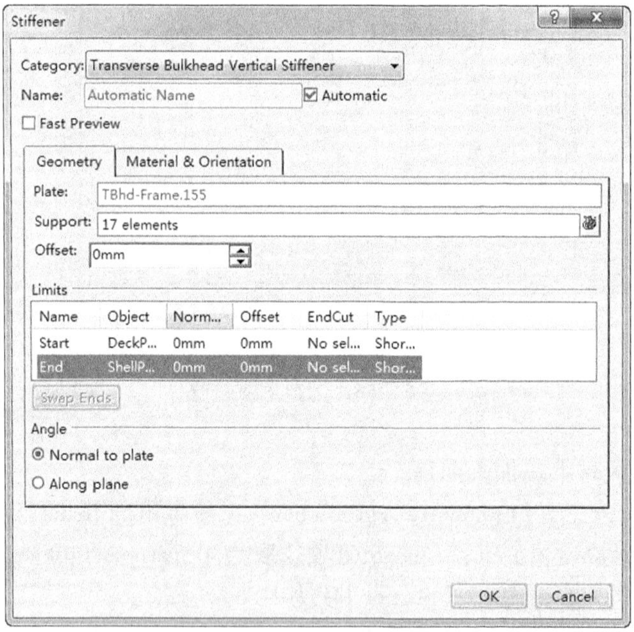

图 3－58　主横舱壁垂向筋几何参数及起止端设置

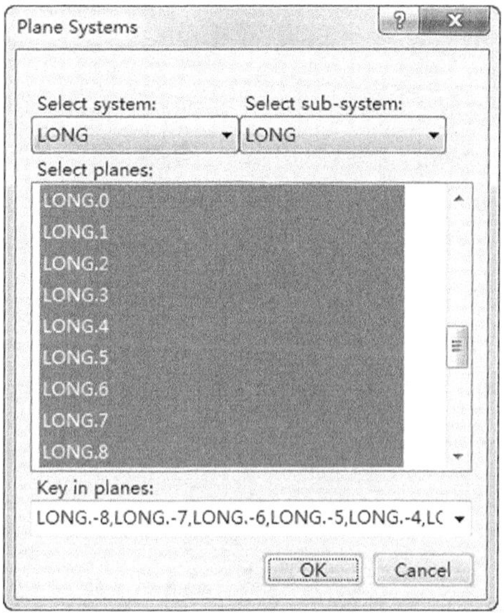

图 3-59　主横舱壁上垂向筋参考选择

3.2.6　拷贝方式创建其他主横舱壁

右键选择主横舱壁特征并在下拉菜单中点击【Copy】命令，然后右键点击几何图形 Frame.165 在下拉菜单中点击【Paste】命令，实现 Frame.165 上主横舱壁的创建，生成的主横舱壁如图 3-60 所示。

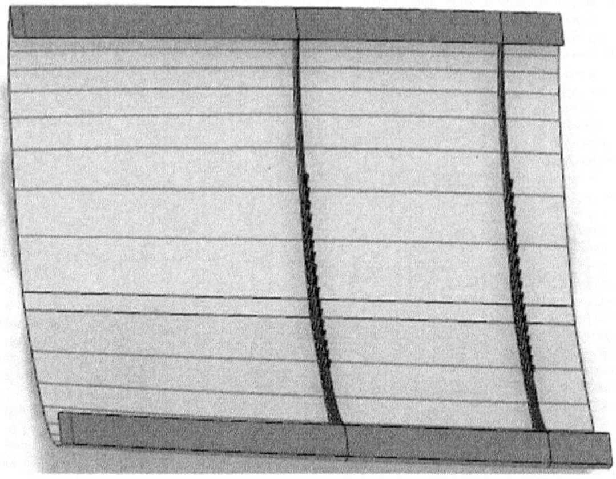

图 3-60　使用拷贝创建其他主横舱壁

如果筋的方向不一致，参照 3.2.5 节设置筋起止端方式点击【Selected objects】→【Stiffener】，系统弹出 Stiffener(定义筋)对话框，切换到 Materials & Orientation 选项卡设置筋的方向。

3.2.7 添加开孔

下面以中内龙骨上的筋穿过主横舱壁的开孔为例,详细介绍开孔操作。

点击工具栏【Detail】→【Slot】,系统弹出 Slot(创建开口)对话框,选择筋经过的主横舱壁 TBhd - Frame. 155 及 TBhd - Frame. 165 为 Penetrated Element,选中中内龙骨上筋作为 Penetrating Element,如图 3 - 61 所示,选中列表中所有元素在弹出菜单中点击【Define/Edit Slot】命令,系统将弹出 Define Feature and Parameters(定义特征和参数)对话框,如图 3 - 62 所示。具体参数设置如下:【Slot Type】项选取 K11;【Slot Name】项选择 K11 - HP8,点击【OK】按钮退出 Define Feature and Parameters 对话框,确认后点击【OK】按钮完成开孔。

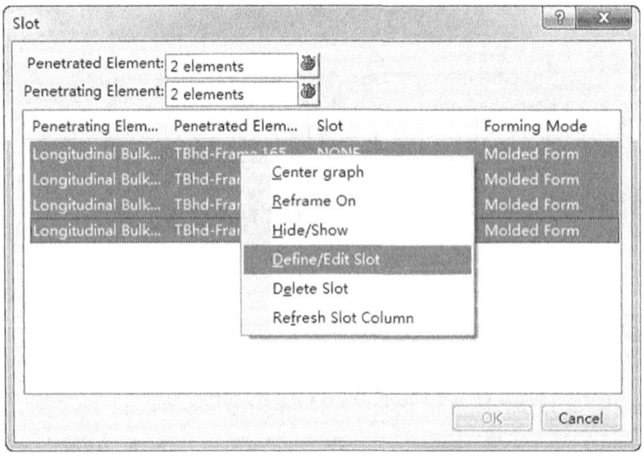

图 3 - 61 Slot 对话框

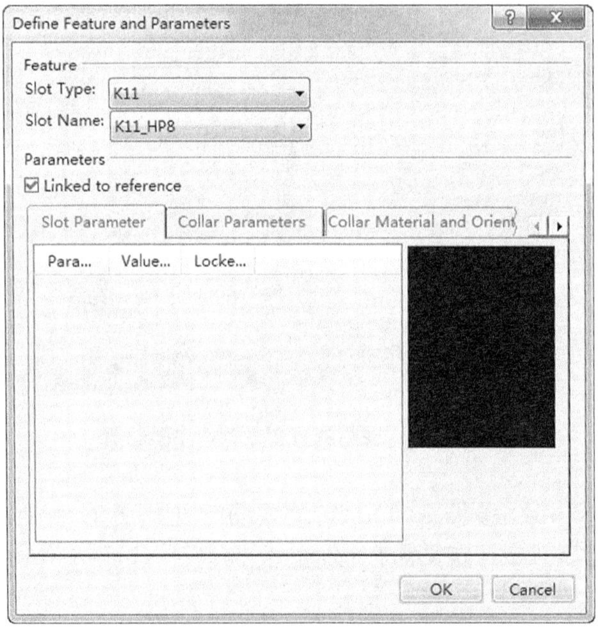

图 3 - 62 孔特征和参数设置界面

3.3　结构详细设计

结构详细设计可以根据基础设计成果，进行船体分段设计，主要创建肘板、型材贯穿孔、补板等小构件。设计人员也可直接进入结构详细设计模块开展设计工作。船体结构详细设计成果是具有厚度的实体结构。

3.3.1　结构详细设计准备

1. 创建详细设计特征

按图 3－63 所示，激活产品特征 MyShip－STR，右键点击该特征并在下拉菜单中选择【Insert】→【Product】。系统弹出 Physical Product（物理产品定义）对话框，如图 3－64 所示，修改【Title】内容为 MyShip－STR－Detail－Design，点击【OK】完成结构详细设计特征创建。

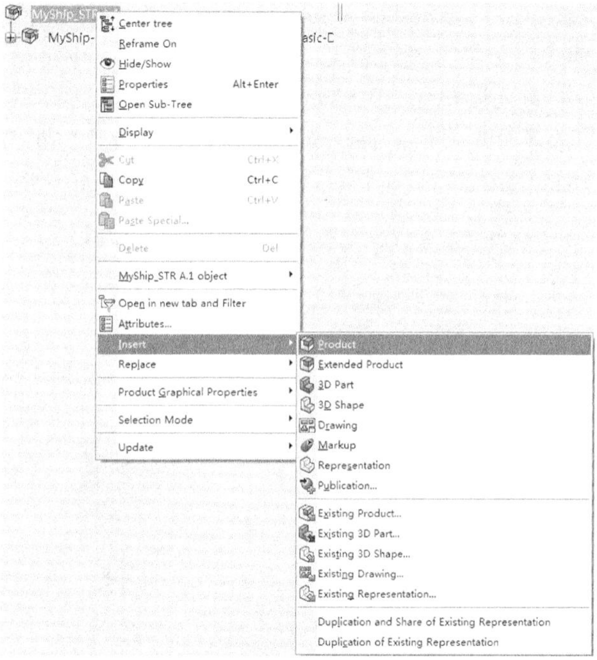

图 3－63　创建结构详细设计特征

2. 插入船体参考系统

右键点击特征 MyShip－STR－Detail－Design 并在下拉菜单中选择【Insert】→【Existing 3D Part】，在搜索窗输入“3dp：XX”（XX 为具体船体参考系统名称）并按回车键后，在筛选列表中选择 XX 插入。

3. 插入 Block Plan 骨架

右键点击特征 MyShip－STR－Detail－Design 并在下拉菜单中选择【Insert】→【Existing 3D Part】，在搜索窗输入“3dp：XX”（XX 为具体骨架名称）并按回车键后，在筛选列表中选择 XX 插入。

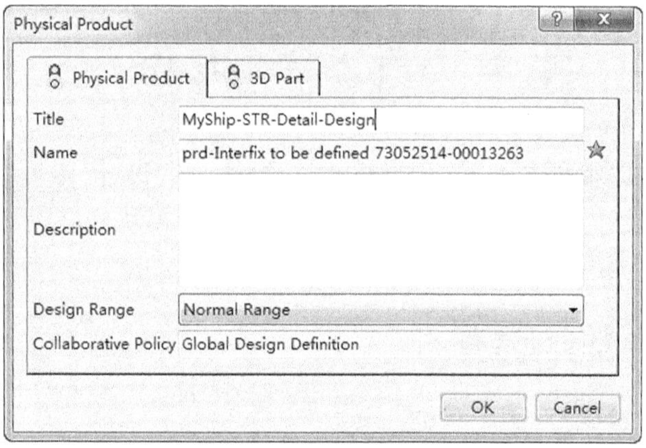

图 3-64　修改特征名称

4. 插入结构设计单元

选择【Add】→【Content…】,弹出 New Content(新建内容)对话框,如图 3-65 所示,选择 Structure Design Unit 插入一个结构设计单元。将【Title】修改为 MyShip-STR-Detail-DU。使用同样的方法,修改结构设计单元 3D Shape 对应的【Title】。右键选择 3D Shape 下的参考平面,在下拉菜单中选择 Hide/Show 命令隐藏。利用前述拷贝 Structure System 的方法,将特征 MyShip-STR-Detail-DU 拷贝至特征 MyShip-STR-Detail-Design 下。

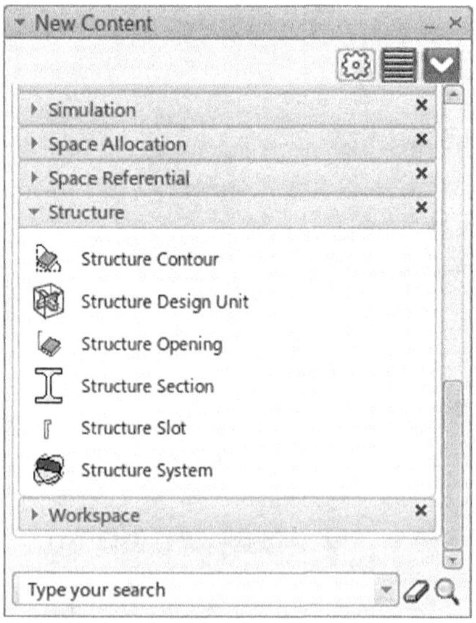

图 3-65　新建 Structure Design Unit

5. 创建切割实体

双击 MyShip - STR - Detail - DU 特征将其激活，点击工具【Wireframe】→【Positioned Sketch】，弹出草绘平面选择对话框如图 3 - 66 所示，选取 yz 平面作为草绘平面，进入草绘模式。点选命令【Rectangle】绘制一个矩形，确认后点击【Exit app】退出草绘（见图 3 - 67）。

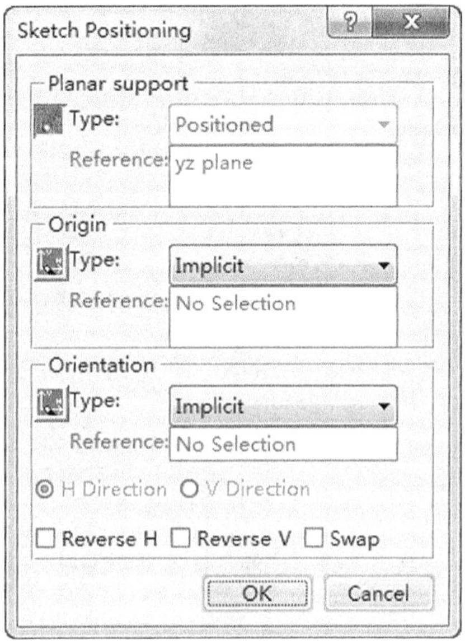

图 3 - 66　草绘平面选择对话框

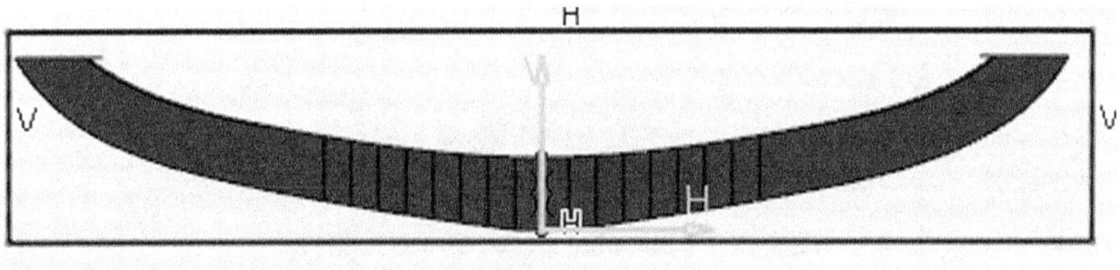

图 3 - 67　绘制矩形

点击工具栏【Volume】→【Volume Extrude】，系统弹出 Extruded Volume Definition（拉伸体）对话框，如图 3 - 68 所示，将【Profile】项设置为上一步草绘的矩形，在【Dimension】项输入拉伸长度 20 000 mm，可通过【Reverse Direction】更改拉伸的方向，确认后点击【OK】完成实体拉伸。通过属性修改方式将拉伸实体的 Feature Property 命名为 Break Body。

3.3.2　生成实体模型

1. 计划切割管理

双击激活 3D Shape"MyShip - STR - Detail - DU"，确保目前设计模块为 Structure Function Design，点击工具栏【Operation】→【Planning break】，系统将弹出 Planning Break Management 对话框，同时弹出 Planning Break Status 提醒，如图 3 - 69 所示，点击对话框的【确定】按钮忽略提醒。按图 3 - 70 所示，在 Planning Break Management（切割管理）对话框

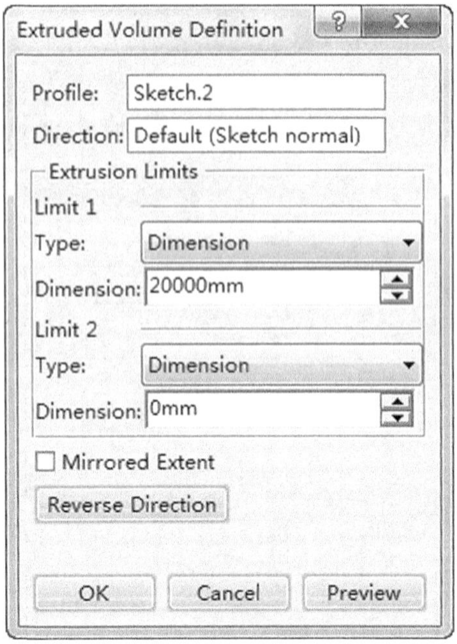

图 3－68　拉伸实体定义对话框

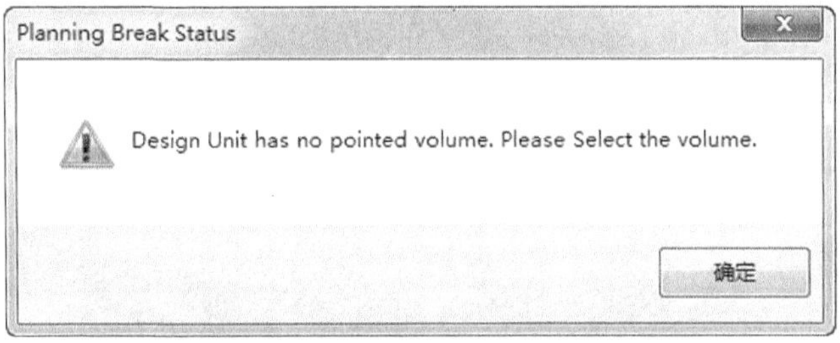

图 3－69　Planning Break Status 对话框

中,【Geometry】项选择上一步创建的拉伸实体,则 Status 列表中显示 SFG 模型元素。

提示　图 3－70 中 System Status 代表 SFG 模型元素与拉伸实体的关系,主要分三类:IN 代表在实体以内,OUT 代表在实体以外,ACROSS 代表与实体相交。

2. 计算材料和重量

在 Planning Break Management(切割管理)对话框,切换至 Estimate 选项卡,点击 Compute Report,下方将显示重量及 BOM 等信息,如图 3－71 所示,点击【OK】退出 Planning Break Management 窗口。

3. 用实体切割 SFD 模型

双击特征 MyShip－STR－Detail－DU 将其激活,切换至 Structure Design 模块,在工具栏中,点击工具【Operation】→【Split By Volume】,系统将弹出 SDD Synchronization with SFD Reference(SDD 与 SFD 同步)对话框,如图 3－72 所示,全选所有内容,点击【Compute Status】计算完成后点击【Synchronize】,如图 3－73 所示,系统将弹出 Synchronization Progress 显示,当进度显示达到 100%,点击【Close】关闭进度显示窗口,点击【Close】关闭 SDD

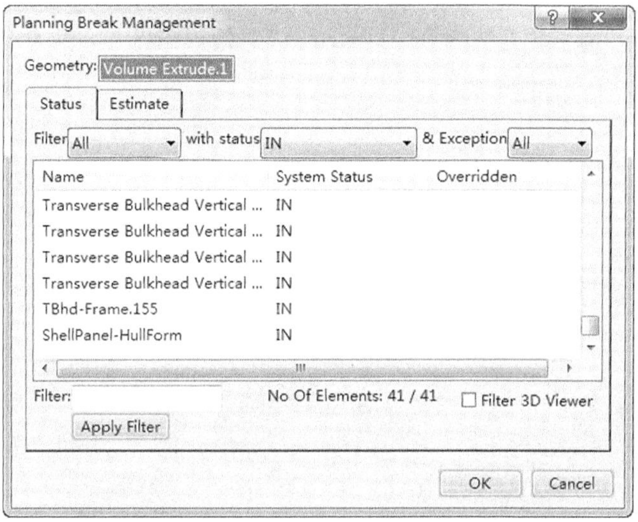

图 3－70　Planning Break Management 界面

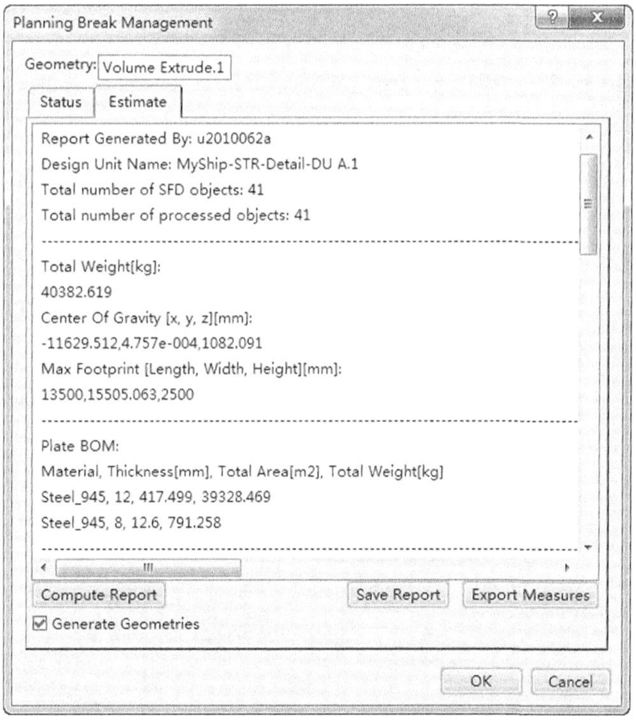

图 3－71　材料清单及重量计算

Synchronization with SFD Reference(SDD 与 SFD 同步)对话框,则完成 SFD 被实体切割,生成实体模型。隐藏 MyShip – STR – Basic – Design 模型,则视图区显示为生成的实体模型,如图 3 – 74 所示。

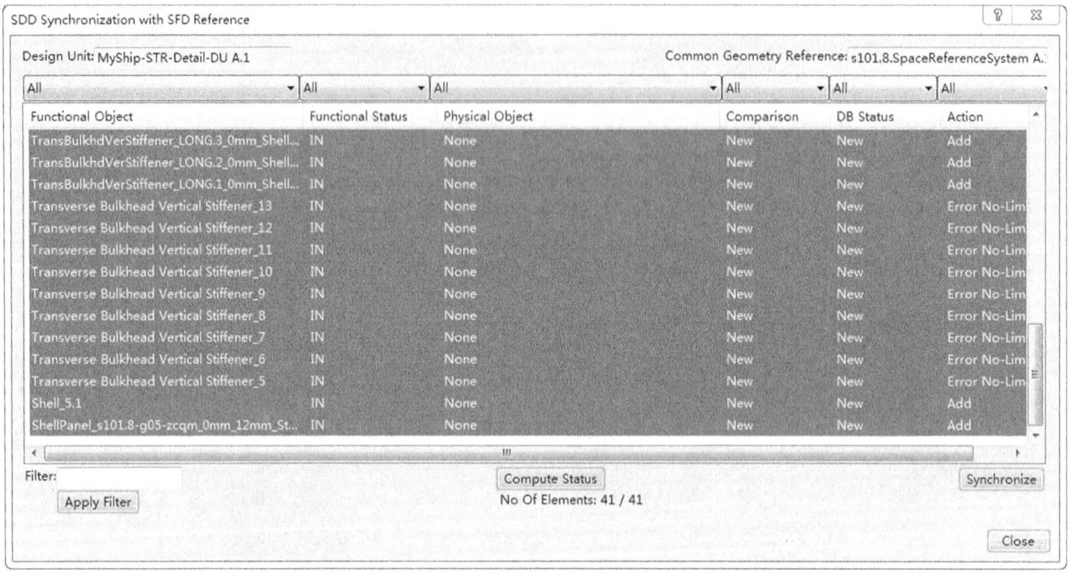

图 3 – 72　SDD Synchronization with SFD Reference 对话框

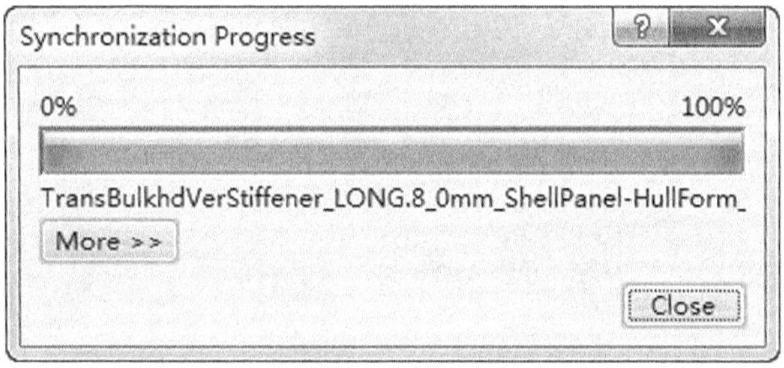

图 3 – 73　Synchronization Progress 对话框

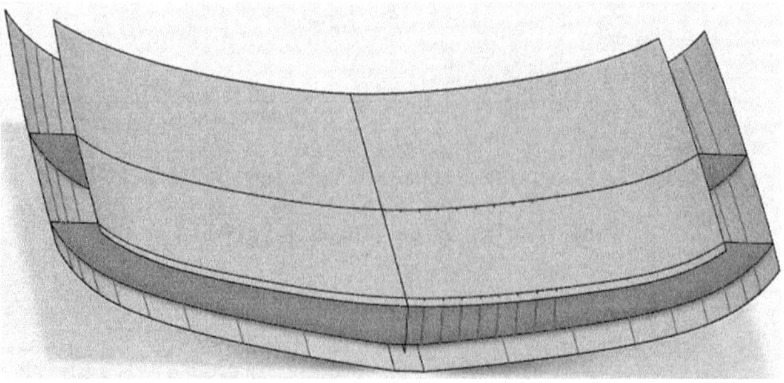

图 3 – 74　生成的实体模型

3.3.3　添加焊缝

确保特征 MyShip - STR - Basic - Design 处于隐藏状态，而 MyShip - STR - Detail - Design 特征处于显示状态，隐藏切割实体 Break Body，双击并激活 MyShip - STR - Detail - DU 特征，进入 Structure Design 模块，点击工具栏【Operation】→【Weld】，系统将弹出 Weld Management（焊缝管理）对话框，在特征树上点击 MyShip - STR - Detail - DU，如图 3 - 75 所示，将“Connection Type”设置为“All”，通过 <Shift> 键多选功能选中列表中所有元素，点击对话框下方的按钮，计算出焊缝类型。点击对话框下方的按钮，自动计算焊缝，如图 3 - 76所示，同时对话框下方显示计算进度条信息，当进度条显示为完成所有焊缝计算后，点击对话框右上方的按钮退出界面，完成焊缝添加。

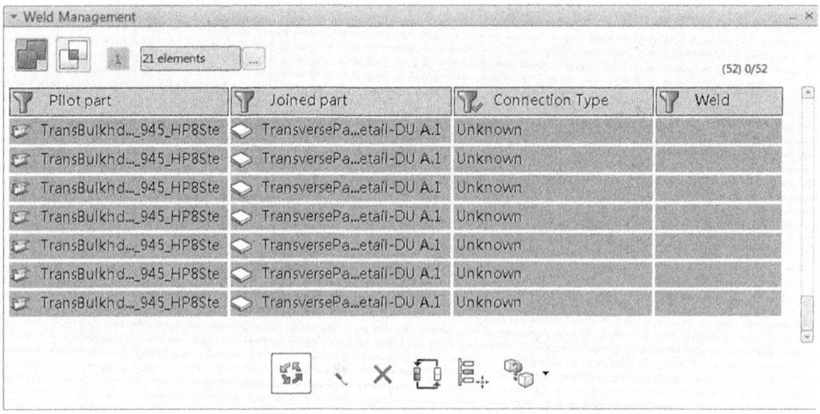

图 3 - 75　Weld Management 对话框

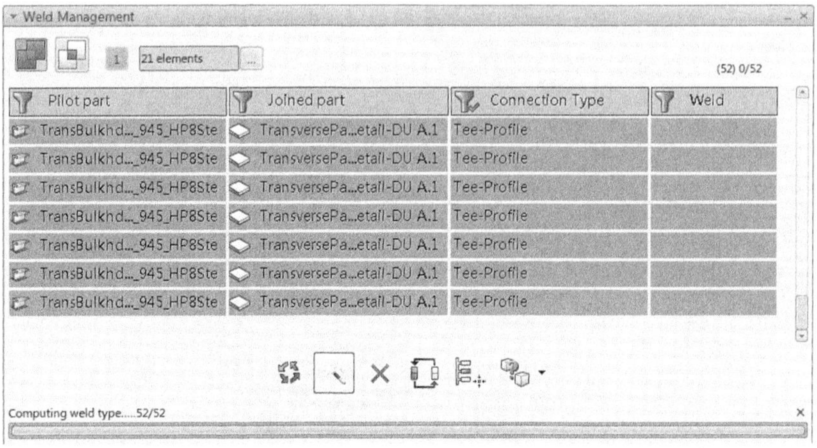

图 3 - 76　完成焊缝添加

3.3.4 创建甲板上的筋

双击并激活 MyShip－STR－Detail－DU 特征，点击工具栏【Operation】→【Stiffener】，系统将弹出 Stiffener(定义筋)对话框，如图 3－77 所示。在【Category】项选择 Deck Transverse Stiffener；在【Plate】项通过特征树选择内底甲板；在【Support】项选取 Frame. 157；在特征树上选择左右边板作为筋的起止端边界约束。进入 Material & Orientation 选项卡设置材料和方向，操作完成后在内底甲板上生成横向筋。

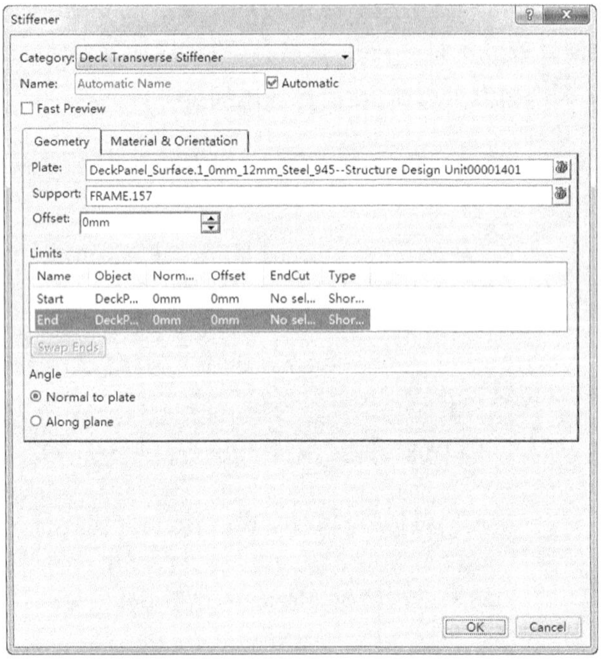

图 3－77　创建主横舱壁上的横向筋

3.3.5 打断筋

在工具栏中，点击工具【Operation】→【CATSpdBreak】，弹出 Break Stiffener(打断筋)对话框，在【Stiffener】项选取 3.2.4 节创建的内底甲板上的横向筋，在【Splitting Object】项通过 Plane System 窗口选取从 LONG. －8 到 LONG. 8 的 17 个元素，如图 3－78 所示，确认后点击【OK】按钮完成断筋操作。

图 3－78　创建主横舱壁上的横向筋

3.4　本 章 小 结

本章首先介绍了船体结构资源数据配置内容，并以型材截面为例给出了具体操作步骤。同时，结合软件 SFD 及 SDD 模块系统介绍了船体结构三维建模功能，包括结构基础设计和详细结构设计功能，并结合实例对相关功能进行了说明。相信读者通过本章的学习，能够熟练掌握 CATIA V6 结构建库和船体结构三维建模操作方法，为具体工程实际应用奠定坚实的基础。

第4章　设备建模设计

总布置设计是船舶设计中极为重要的环节。而设备建模作为总布置的基础,需要设计人员对船舶所有舱室设备进行建模,包括主机、电机、油泵及各类门窗、家具、舾装配件等。然后将所需布置设备统一编码后存入设备库,便于舱室布置时有效检索,从设备库中调出并利用旋转、移动等功能进行设备定位。

4.1　建模准备工作

4.1.1　建模准备工作的具体内容

在进行船舶设备建模前,需要开展以下内容的准备工作:

(1)收集和整理设备的相关图纸资料;

(2)整理设备的接口信息,如与船体、管路、电气的接口要素等;

(3)确定设备的质量及重心位置;

(4)确定设备的所属系统和名称;

(5)明确设备模型的用途,采用装配类型管理多态模型,对于不同用途采用不同的建模方式。

4.1.2　模型分类

模型主要分为三类:

1. 主模型

用于占位和出图。其中主模型可以适当简化,采用基本几何特征结合变换命令的思路进行构建,同时需保证设备基本外形、重要凸出体和最大外形尺寸等因素,不可影响模型布置和干涉检查。

2. 操作和维修空间模型

用于维修性设计检查。操作和维修空间模型将主模型中的几何元素采用带链接拷贝,再建立操作、维修空间模型,便于后期开展干涉检查从而判断是否符合维修性设计。

3. 维修模型

用于维修和拆装等虚拟验证。维修模型适用于后期维修及拆装的功能要求,需要将运动、操作或更换的零部件单独建立。

4.2　常用建模方法

CATIA V6 创建模型的方法灵活多样，主要有以下四种：

1. 特征建模方法

创建反映设备主要形状的基础特征，在此基础上添加其他特征，如拉伸、挖槽、倒角、圆角等。

2. 由曲面生成实体模型的建模方法

先创建曲面特征，再把曲面转换成实体模型。

3. 从装配中生成实体模型的建模方法

先定义装配体，再在装配体中逐步创建三维模型。

4. 其他格式 CAD 模型导入的建模方法

将其他 CAD 软件建立的设备模型转换为 CATIA V6 模型，与其他软件的接口形式有 3D XML，CATIA File，中间数据格式为 STEP，Proe，VRML，IGES 等。

提示　将其他 CAD 模型通过中间格式转换为 CATIA V6 模型时，建议经过简化处理，保留设备最大外形尺寸，删除内部细节，否则在装配环境下调用会出现因数据量太大导致软件缓慢甚至卡死。与其他软件的接口形式为 CATIA File，建议由 CATIA V5R20 以上版本生成。

4.3　常用建模工具介绍

三维建模主要在 Part Design Essentials 模块操作完成，可直接登录软件或在其他模块运行条件下，通过在 3D Modeling apps 中选择 Part Design Essentials 模块，进入设备建模环境。

提示　在工具栏中，若某些菜单命令和按钮是灰色的，即处于不可用状态，原因是目前尚未激活；当它们处于激活状态，便会加亮显示。

进入设备建模环境后，屏幕上会出现建模所需的各种工具按钮，其中常用的工具按钮及功能注释如图 4－1 ~ 图 4－3 所示。

4.3.1　草图特征工具按钮

在图 4－1 中，不同按钮功能如下：

A：草绘命令。

B：通过输入 X，Y，Z 三个坐标值在空间中创建点；也可通过多种模式创建，如面上的点，圆上的点等。

B1：实体模块中的点可采用多种方式创建。

B2：线。

B3：面，通过偏移面创建。

B4：坐标系，可进行坐标的位置调换。

C：拉伸命令。

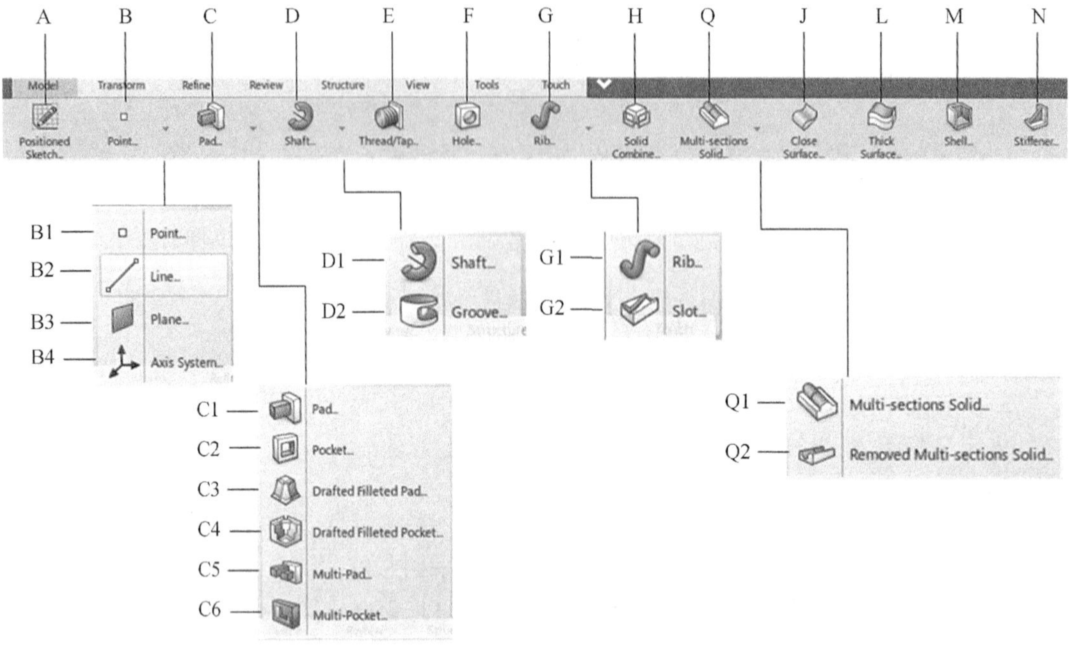

图 4－1 基于草图特征工具按钮

C1：拉伸，将指定的封闭轮廓沿某一方向进行拉伸操作，建立三维实体。

C2：挖槽，与拉伸相反。其特点是可以在实心物体上挖去槽、孔或其他形状的材料。

C3：拔模圆角凸台，可使用户在对实体进行拔模的过程中，同时完成拔模斜角和倒圆角。

C4：拔模圆角挖槽，在去除材料的过程中，可同时完成拔模和倒圆角的功能，不需要额外的操作。

C5：多体拉伸，与拉伸功能相似，其特点在于可同时对多个封闭轮廓进行拉伸。

C6：多个挖槽，与挖槽功能相似，其特点在于可同时对多个封闭轮廓进行除料操作。

D：旋转命令。

D1：旋转体，将一组轮廓线绕轴旋转，形成实体。

D2：旋转槽，与旋转体相似，即将轮廓绕轴旋转生成体，不同在于旋转时进行除料操作。

E：螺纹命令。

F：孔，可在实体上创建多种不同形状的孔。

G：扫掠命令。

G1：肋，将平面轮廓沿着中心曲线进行扫掠，形成三维实体。

G2：开槽，使轮廓沿中心曲线扫描，形成一个槽，与肋的成形方式相反。

H：实体混合，将两个轮廓沿一定方向拉伸并进行求交运算即可形成三维实体。

Q：多截面。

Q1：多截面实体，利用两个以上不同的轮廓，以渐变的方式产生实体，并可以使用引导线生成实体。

Q2：已移除的多截面实体，可在实体零件上切除两个以上轮廓所连接的空间与多截面实体功能相反。

J:封闭曲面,可将曲面构成的封闭体积转换为实体,若为非封闭体积也可自动以线性方式封闭。

L:曲面增厚,使曲面沿其法向(或相反方向)增加一定的厚度。

M:腔体,将实体中多余的部分挖去,形成空腔薄壁实体。

N:加强肋,其成形方式与拉伸特征相似,但截面不封闭。

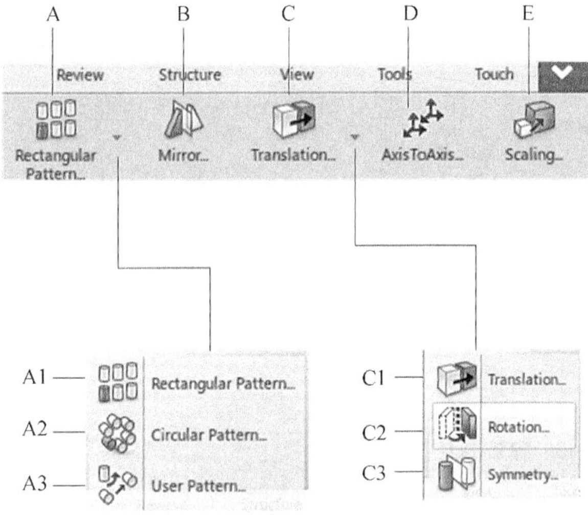

图 4－2　变换特征工具按钮

4.3.2　变换特征工具按钮

在图 4－2 中,不同按钮功能如下:

A:阵列命令。

A1:矩形阵列,以矩形排列方式复制所选定的实体特征,形成新的实体特征。

A2:圆形阵列,以圆形排列方式复制所选定的实体特征,形成新的实体特征。

A3:用户阵列,按照用户指定的实例排布规则复制实体。

B:镜像命令,让实体通过指定的对称面,生成对称实体,保留原有实体。

C:变换命令。

C1:平移,将实体沿着指定方向移动到坐标系中新的位置。

C2:旋转,将实体绕轴旋转到新的位置。

C3:对称,将实体相对于某个选定平面进行移动,删除原有几何实体。

D:定位命令,将实体相对于某个选定的轴系移动至另一个轴系。

E:缩放命令,对实体进行等比例放大或缩小。

F:轴向缩放,沿 X。Y。Z 某一轴进行单独等比例缩放。

G:分割命令,通过平面或曲面切除相交实体的某一部分。

H:草图约束。

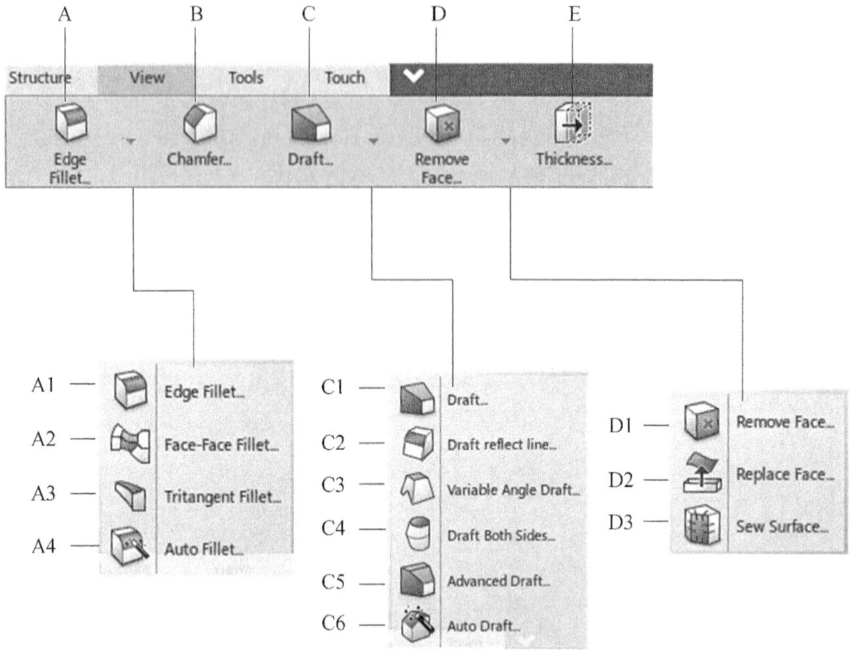

图 4-3 修饰特征工具按钮

4.3.3 修饰特征工具按钮

在图 4-3 中,不同按钮功能如下:

A:倒圆角命令。

A1:边线倒圆角,可沿实体边线进行倒圆角操作。

A2:面与面之间倒圆角,在两个面之间进行倒圆角操作。

A3:三面相切倒圆角,可创建与三个指定面相切的圆角。

A4:自动倒圆角,选择实体可自动倒圆角,也可选取面自动生成倒圆角。

B:倒角,将尖锐的边切成比较平滑的斜边。

C:拔模命令。

C1:拔模斜度,把零件中待拔模部位向上或向下生成拔模斜角。

C2:反射线拔模,将零件中的曲面以一条反射线为基础拔模。

C3:变角度拔模,在实体上形成斜度变化的拔模特征。

C4:双侧拔模,中间向两侧拔模。

C5:高级拔模,可以在多种拔模类型中自由切换。

C6:自动拔模,选择零件自动拔模。

D:面操作命令。

D1:移除面,通过定义要移除的面和要保留的面形成实体。

D2:替换面,通过定义要移除的面和可替换的曲面形成实体。

D3:缝合曲面,将实体零件与曲面连接在一起。

E:厚度,在不改变实体基本形状的情况下,增加或减少厚度。

4.4　特征建模方法

4.4.1　拉伸特征

拉伸特征作为最基本的常用建模命令，是通过对截面轮廓进行单向或双向拉伸建立三维实体特征。

点击工具栏中的【Model】→【Positioned Sketch…】，弹出 Sketch Positioning 对话框，如图 4－4 所示。选择某一工作平面后，点击【OK】按钮，进入草图绘制模式。

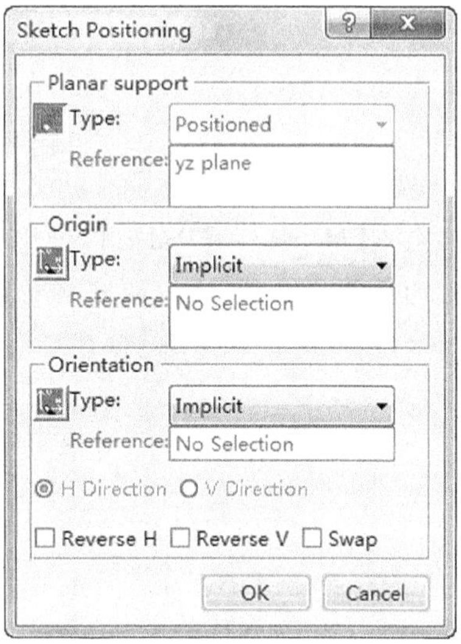

图 4－4　Sketch Positioning 对话框

提示　进入草绘模式时，所选工作面可为坐标系 xy，yz，zx 平面中的任意一个，也可新建一个平面作为草图平面，还可以选择已有模型的某个表面作为草图平面。同时，草绘前可点击工具栏【View】→【Grid】按钮，使草图绘制更方便。

绘制草图，点击【Sketch】→【Constraint】按钮，添加约束尺寸，如图 4－5 所示，点击【Sketch】→【Exit app】退出草绘模式，生成草图如图 4－6 所示。

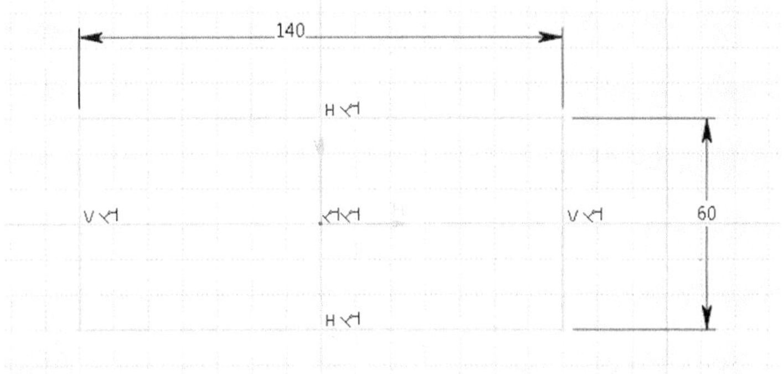

图 4－5　绘制草图并添加约束尺寸

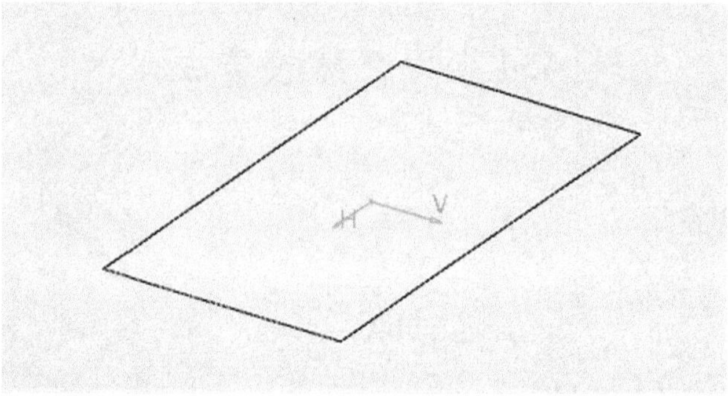

图 4 -6　操作完成后生成的草图

点击【Model】→【Pad…】,弹出 Pad Definition 对话框(见图 4 -7),可在 Length 栏设置具体拉伸长度,系统默认生成实体模型,如图 4 -8 所示。若在 Pad Definition 对话框中勾选【Thick】,点击【More > >】按钮,定义具体厚度,可生成薄壁类几何模型,如图 4 -9 所示。

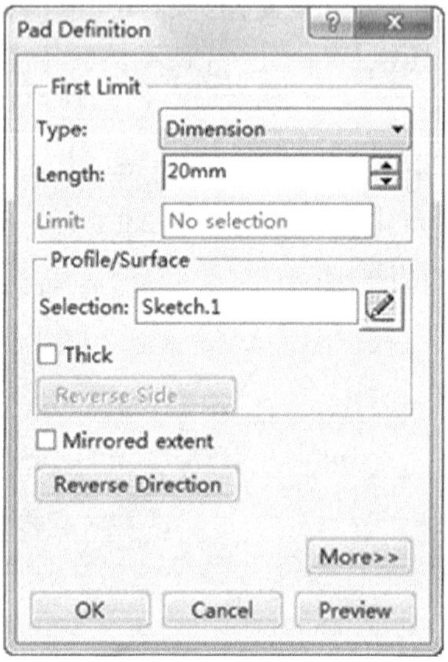

图 4 -7　Pad Definition 对话框

图 4 -8　实体类型

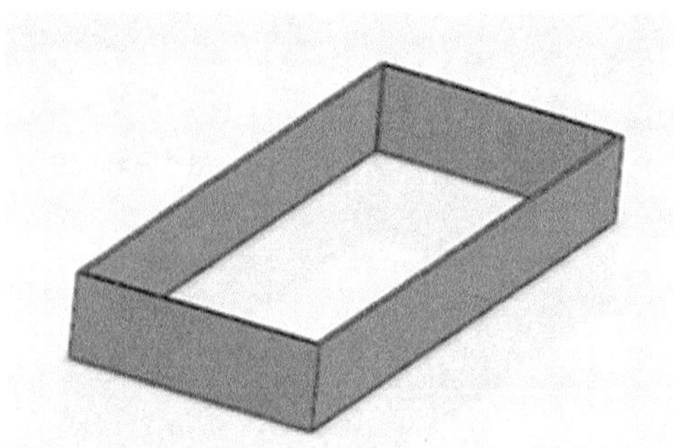

图 4 -9　薄壁类型

4.4.2　旋转体特征

旋转体特征是将几何图形围绕某一条轴线旋转，从而形成三维实体。旋转图形可由多个不相交的封闭曲线所组成。

提示　旋转类特征必须有一条参考轴线，要么为封闭旋转图形上的一条线，要么为自定义轴线，但旋转图形的首尾两点必须在同一轴线上。

在草图模式下，绘制几何图形的大致轮廓，按图纸要求，建立几何约束和尺寸约束，如图 4－10 所示。

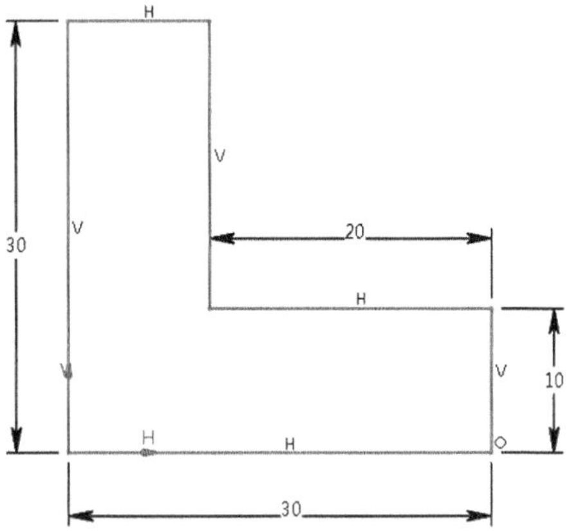

图 4－10　绘制截面草图

完成草图绘制后，退出草绘工作界面，点击【Model】→【Shaft…】，弹出 Shaft Definition 对话框，如图 4－11 所示；选择 H 轴上的线段，作为旋转轴，点击【OK】按钮，生成旋转几何模型，如图 4－12 所示。

图 4－11　Shaft Definition 对话框

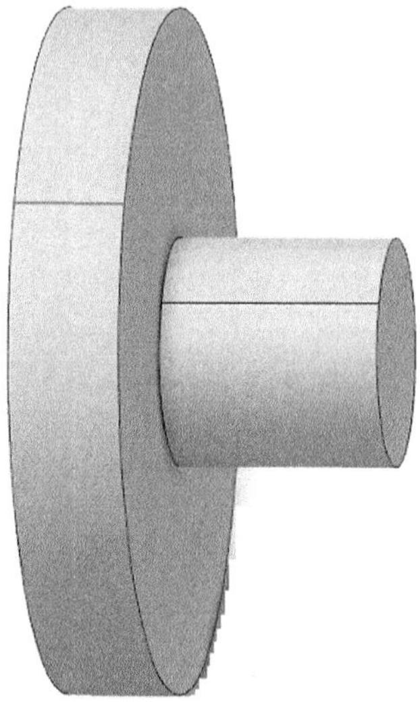

图 4－12　旋转生成实体模型

4.4.3 加强肋特征

加强肋特征与拉伸特征相似，但几何草图不要求封闭。在由两块板组成的三维实体上，选择两块板的共同垂直面作为工作平面，利用草图模式绘制任意一条线，使之与两块板成某个角度，如图 4 - 13 所示。

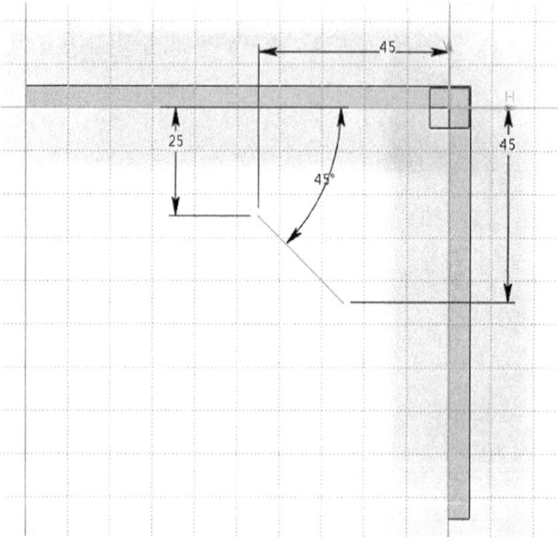

图 4 - 13　加强肋二维直线

完成草图绘制后退出，点击【Model】→【Stiffener…】，弹出如图 4 - 14 所示 Stiffener Definition 对话框，输入加强肋厚度，在【Thickness1】一栏填写：1 mm，在【Selection】中选择草图点击【OK】按钮，生成加强肋板如图 4 - 15 所示。

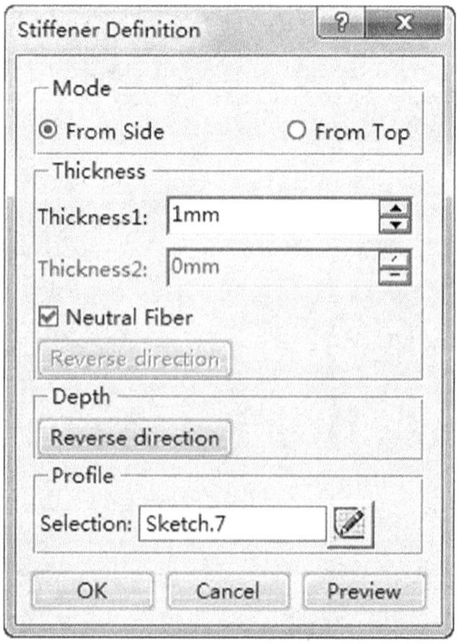

图 4 - 14　Stiffener Definition 对话框

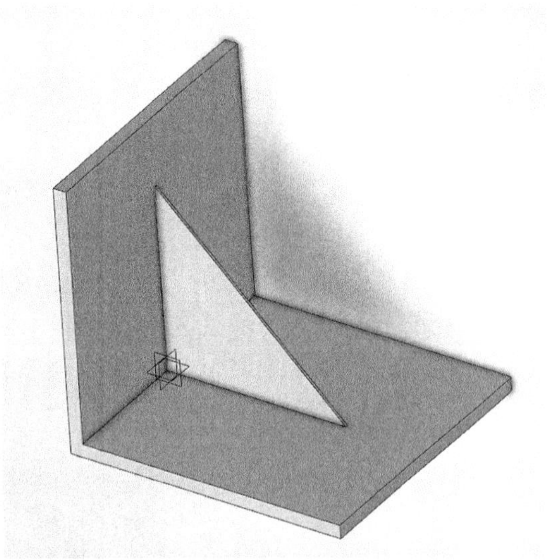

图 4－15　加强肋几何模型

4.4.4　挖槽特征

挖槽功能与拉伸相反，其功能是在实体上挖去二维草图所示形状的材料。

完成草图截面绘制后，退出草绘模式。点击【Model】→【Pocket…】，弹出 Pocket Definition（挖槽定义）对话框，如图 4－16 所示，输入挖槽深度【Depth】：15 mm，点击【OK】按钮，生成如图 4－17 所示模型。

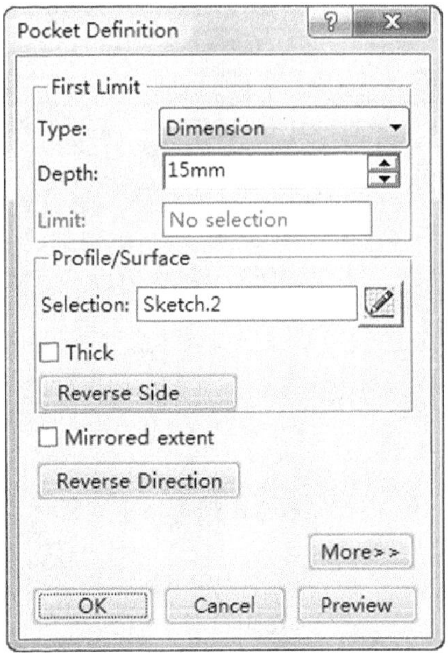

图 4－16　Pocket Definition 对话框

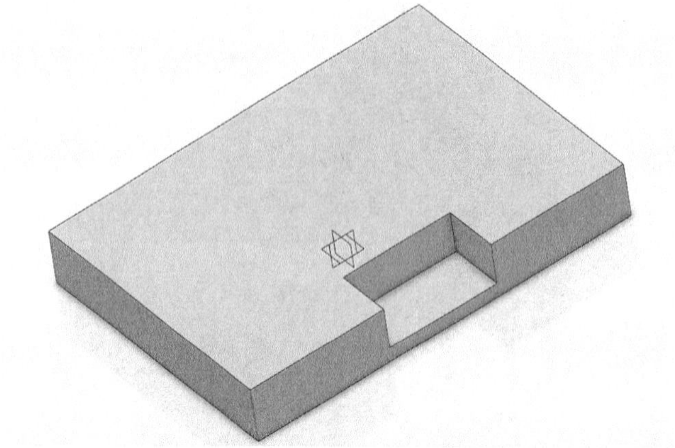

图 4-17　挖槽后的几何模型

提示　在挖槽操作中，点击白色小箭头可选择操作方向，挖除多余部分。

软件提供五种挖槽类型，详见 Pocket Definition 对话框中【Type】栏下拉内容（见图 4-18），具体为 Dimension，Up to next，Up to last，Up to plane，Up to surface 方式，依次对应图 4-19 中从左到右五种挖槽。其中，Dimension 表示给指定深度挖槽；Up to next 表示挖除至离曲线最近的一个实体表面；Up to last 表示贯穿挖槽；Up to plane 表示挖除到最近的工作平面；Up to surface 表示挖除到最近的曲面。

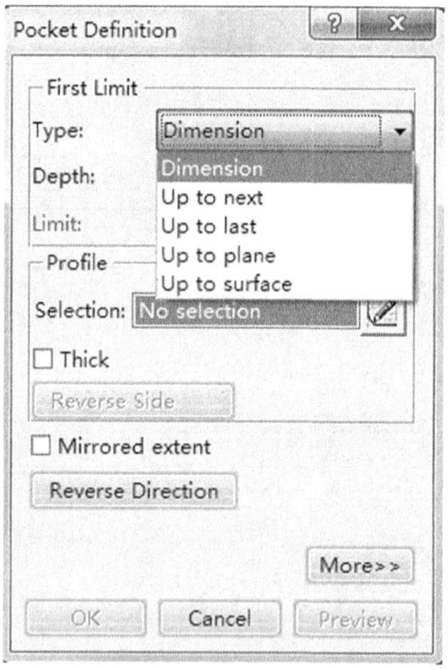

图 4-18　Pocket Definition 对话框

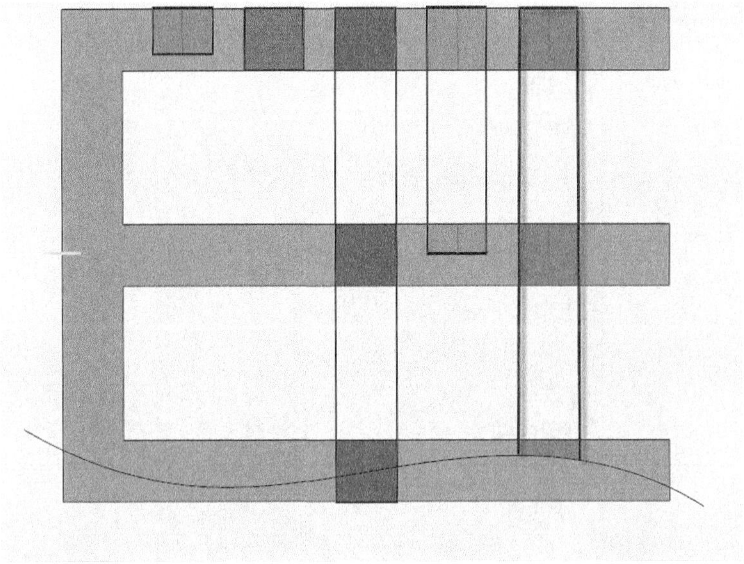

图 4－19　挖槽类型特征

4.4.5　旋转槽特征

旋转槽与旋转体相似，将轮廓绕轴旋转成实体，不同点在于旋转时进行除料操作。

完成如图 4－20 的草图截面绘制后，退出草绘工作台。点击【Model】→【Groove...】，弹出 Groove Definition 对话框，如图 4－21 所示，在 Axis 选项的 Selection 栏中，点击右键选择【Insert Wireframe】对应轴线，旋转槽特征模型，点击【OK】，旋转槽实体模型如图 4－22 所示。

提示　旋转槽操作时，草图必须是封闭的，选择旋转轴时，可手动选择对应轴线进行挖槽。

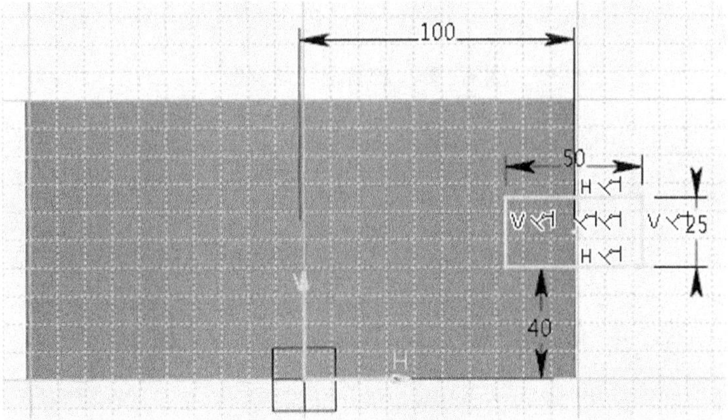

图 4－20　旋转槽草图

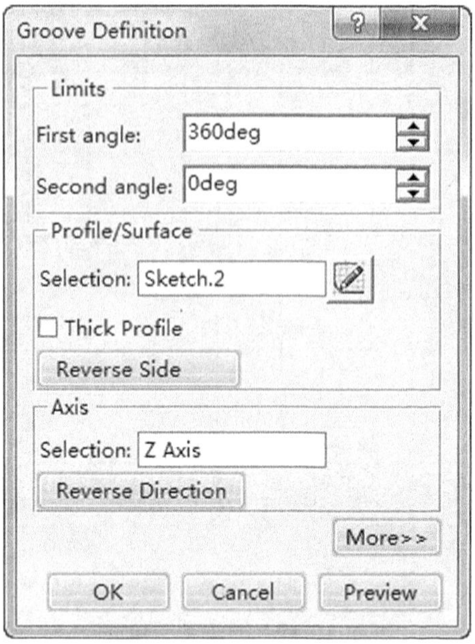

图 4-21 Groove Definition 对话框

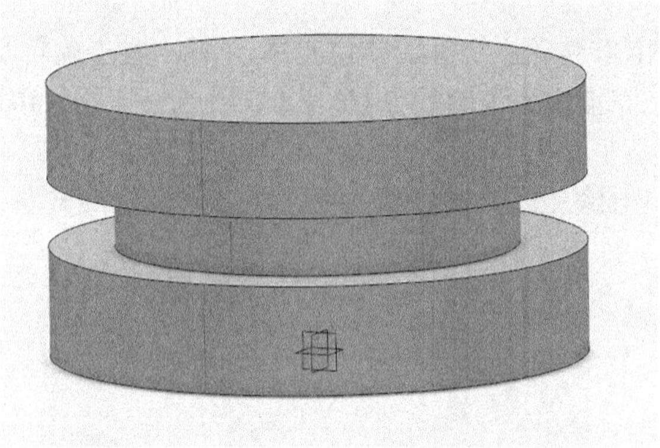

图 4-22 旋转槽实体模型

4.4.6 孔特征

孔特征操作可在实体上开出多种不同形状的孔，其类型分直通孔、垂头孔、锥形孔等多种。

完成矩形草图绘制后，退出草绘模式，生成长方体。点击【Model】→【Hole…】，弹出如图 4-23 所示的 Hole Definition 对话框，点击【Positioning Sketch】草图的图标，进行孔定位，如图 4-24 所示，确认后选择对话框中的【OK】按钮，获得开孔实体模型，如图 4-25 所示。

孔的类型分为多种，比较常用的有五种，在 Hole Definition 对话框中，点击【Type】下拉菜单可选择具体类型，具体如下：Simple，Tapered，Counter bored，Counter sunk，Counter drilld。Simple 表示直孔，无特殊形状；Tapered 表示锥孔；Counterbored 表示沉头孔；Countersunk 表

示埋头孔;Counterdrilld 表示菊花钻孔;

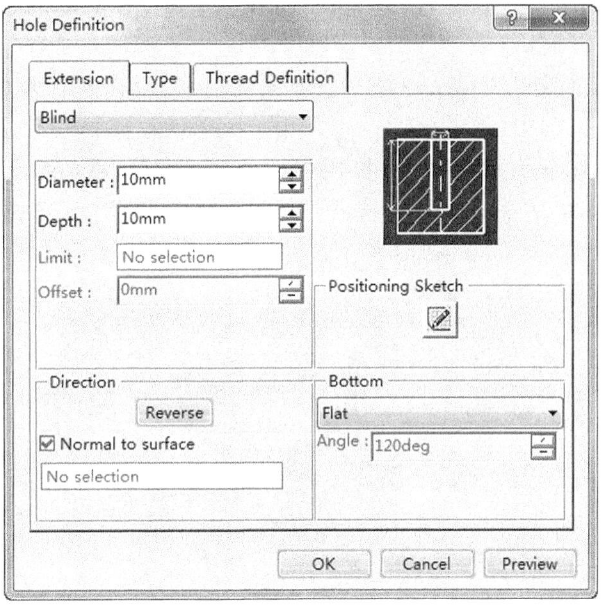

图 4 – 23　Hole Definition 对话框

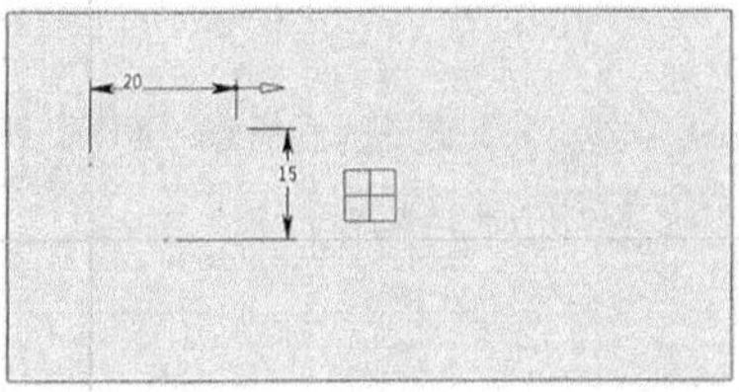

图 4 – 24　孔的定位草图

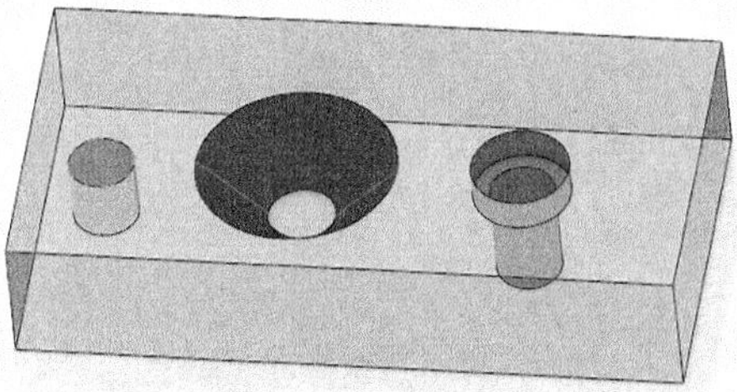

图 4 – 25　开孔实体模型

4.4.7 倒角特征

1. 倒角

倒角特征是在选定交线处截去一块平直剖面的材料，以在共有该边线的两个平面之间创建平面的特征。

通过拉伸方式生成长方体后，在工具栏中点击【Refine】→【Chamfer...】，弹出 Chamfer Definition（倒角定义）对话框，选择边线，可以输入倒角的角度，点击【OK】，如图 4－26 所示。

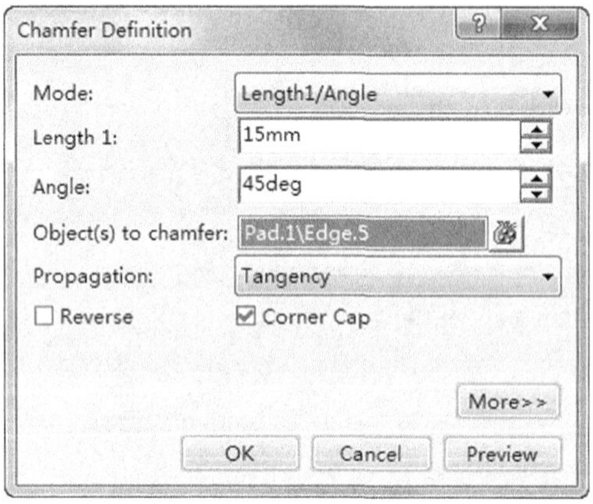

图 4－26　Chamfer Definition 对话框

可选择单条边进行倒角，也可选多条边进行倒角，如图 4－27 所示。也可选择整个面进行倒角，也可选多个面进行倒角，如图 4－28 所示。

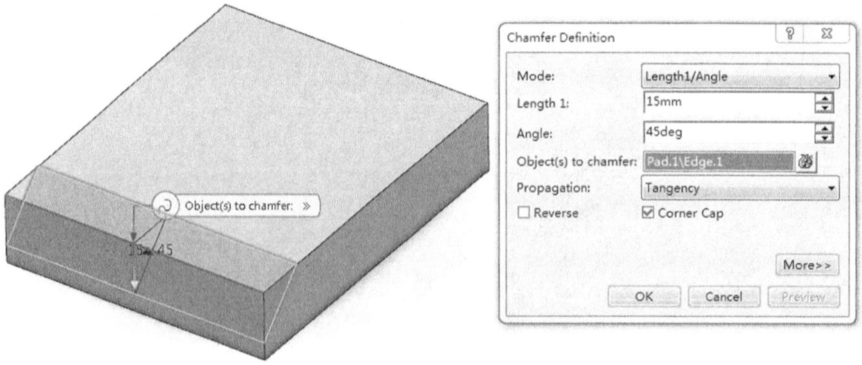

图 4－27　边倒角模型特征

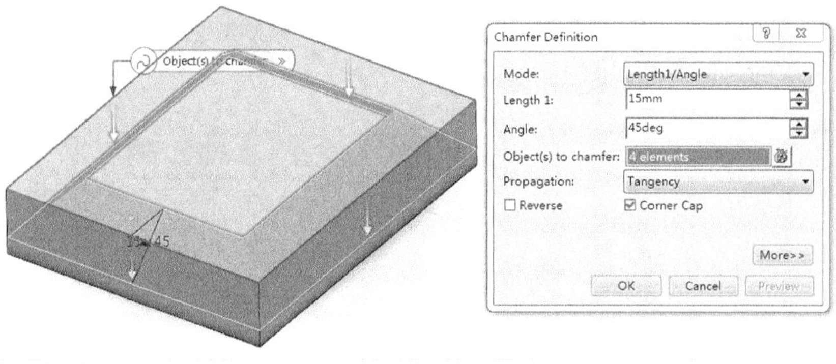

图 4－28　面倒角模型特征

2. 倒圆

倒圆命令可创建曲面间的圆角或中间曲面位置的圆角，使实体曲面实现圆滑过渡，如图 4－29 所示。

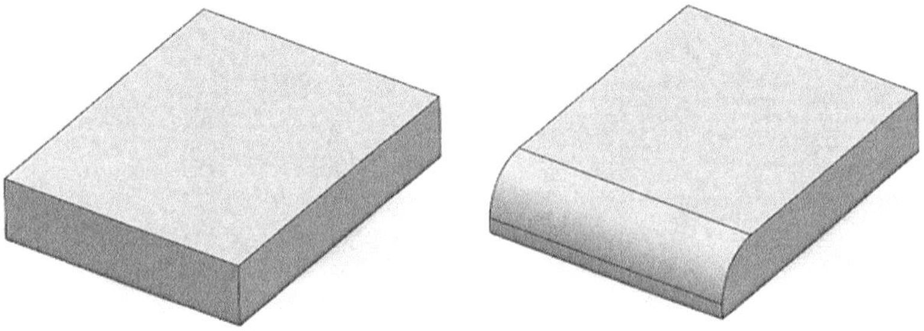

图 4－29　倒圆角模型特征

在工具栏点击【Refine】→【Edge Fillet…】，弹出 Edge Fillet Definition（倒圆角定义）对话框，选择边线，点击【OK】，如图 4－30 所示。

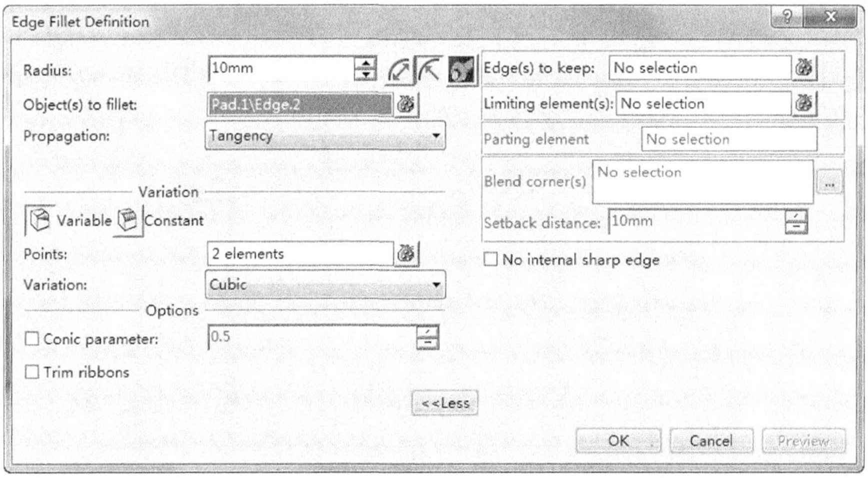

图 4－30　Edge Fillet Definition 对话框

还可根据需求进行可变半径倒圆角。在 Edge Fillet Definition 对话框中,选中【Variable】,在边线上点击多个 Points 点,分别单击边线上的半径,可依次更改半径,点击【OK】,如图 4－31所示,生成的几何模型如图 4－32 所示。

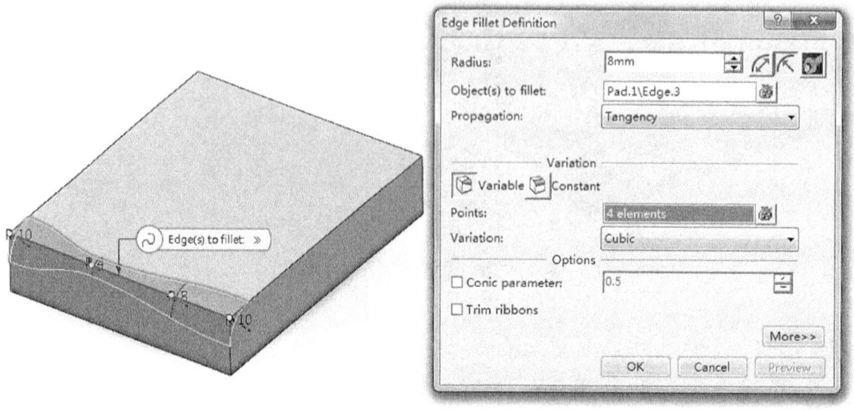

图 4－31　可变半径倒圆角操作

图 4－32　可变半径倒圆角实体模型

3. 三面相切倒圆角

三面相切倒圆角命令是创建与三个指定面相切的圆角。在工具栏点击【Refine】→【Edge Fillet】的下拉菜单→【Tritangent Fillet】,弹出 Tritangent Fillet Definition(三面相切倒圆角定义)对话框(见图 4－33),生成实体模型如图 4－34 所示。

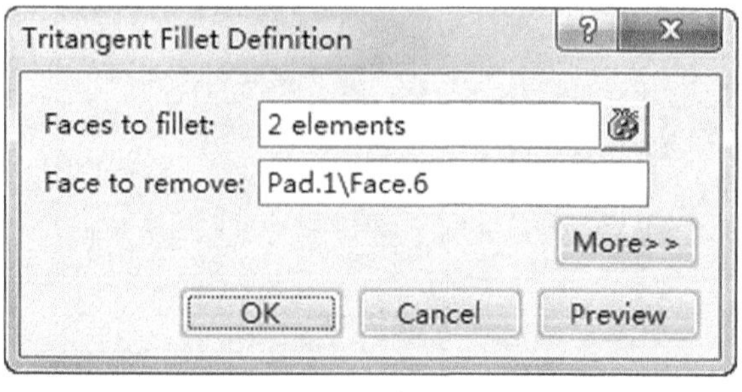

图 4－33　Tritangent Fillet Definition 对话框

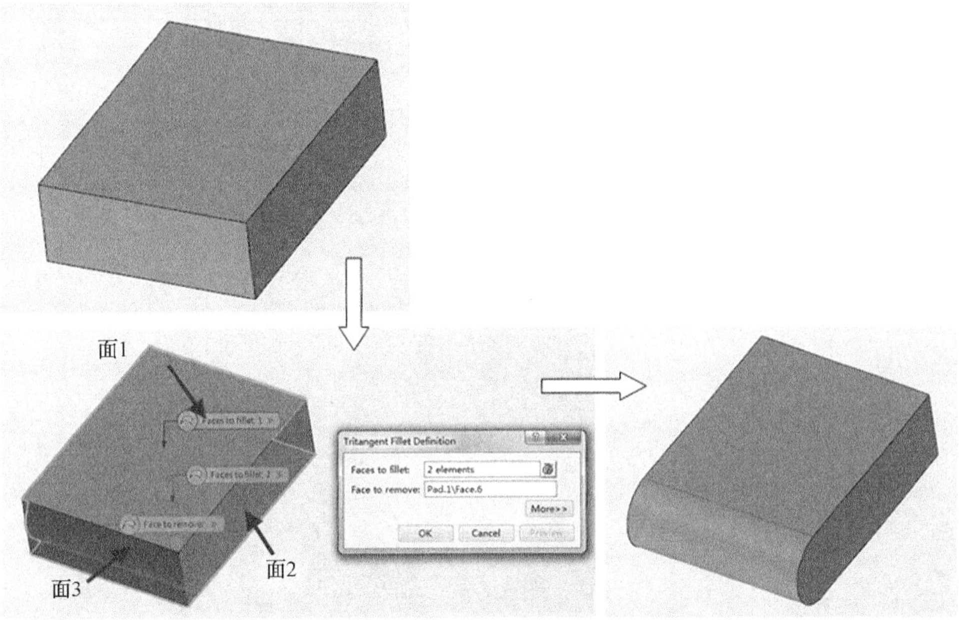

图 4－34　三面相切倒圆角实体模型

提示　faces to fillet 为倒圆角对象面 1 和面 2，face to remove 为移除面 3。

4.4.8　变换特征

变换特征命令用于创建一个或多个特征的副本，常用的变换特征包括镜像特征、矩形阵列、圆形阵列。

1. 镜像特征

镜像特征就是将实体特征相对某一平面进行镜像，从而得到实体特征的一个副本。

在工具栏点击【Transform】→【Mirror】，弹出 Mirror Definition（镜像定义）对话框，如图 4－35所示。

2. 矩形阵列

矩形阵列就是将实体特征以矩形排列方式进行复制，生成一系列的实体。

在工具栏点击【Transform】→【Rectangular Pattern】，弹出 Rectangular Pattern Definition（矩形阵列定义）对话框，先选择对象圆柱体，再选择阵列面，输入阵列的数量、长度距离，设置方向 1 和方向 2 选项卡中参数，进行阵列变换操作，可得如图 4－36 所示结果。

提示　若希望通过阵列变换得到的实体特征不包含某些元素，可在变换前点击该元素进行消隐，操作完成后将不会生成该元素，如图 4－37 所示。

3. 圆形阵列

圆形阵列特征是将实体特征通过轴向旋转或径向偏移，以圆周排列方式进行复制。

在工具栏点击【Transform】→【Circular Pattern】，弹出 Circular Pattern Definition（圆形阵列定义）对话框，Axial Reference 选项卡为轴向参考设置，Crown Definition 选项卡为径向定义设置，如图 4－38 所示。

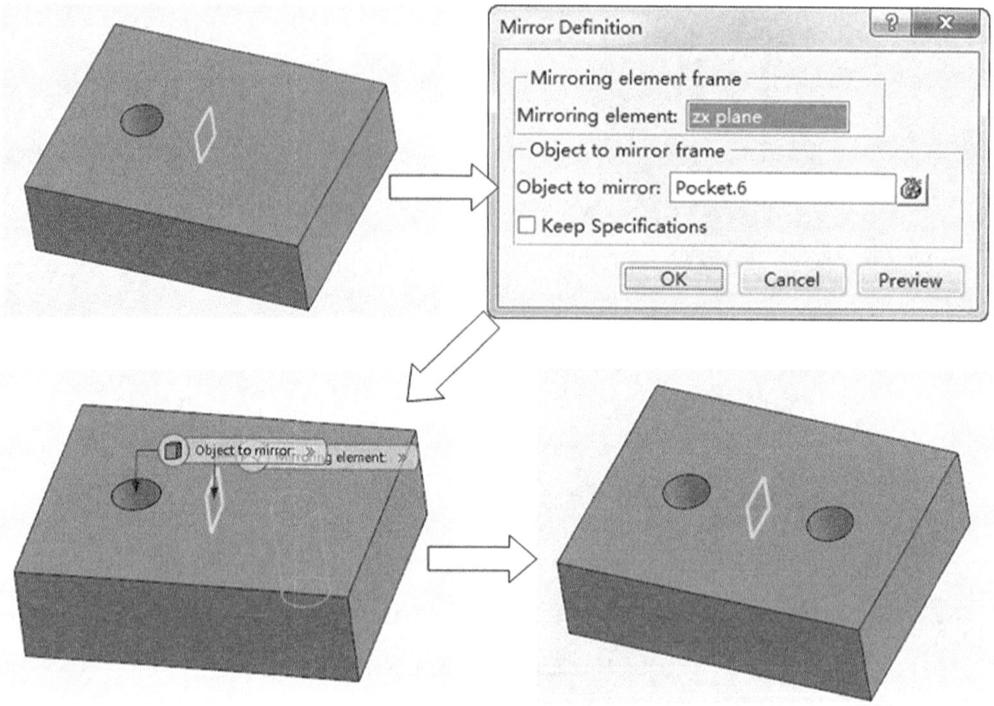

图 4－35　镜像变换特征

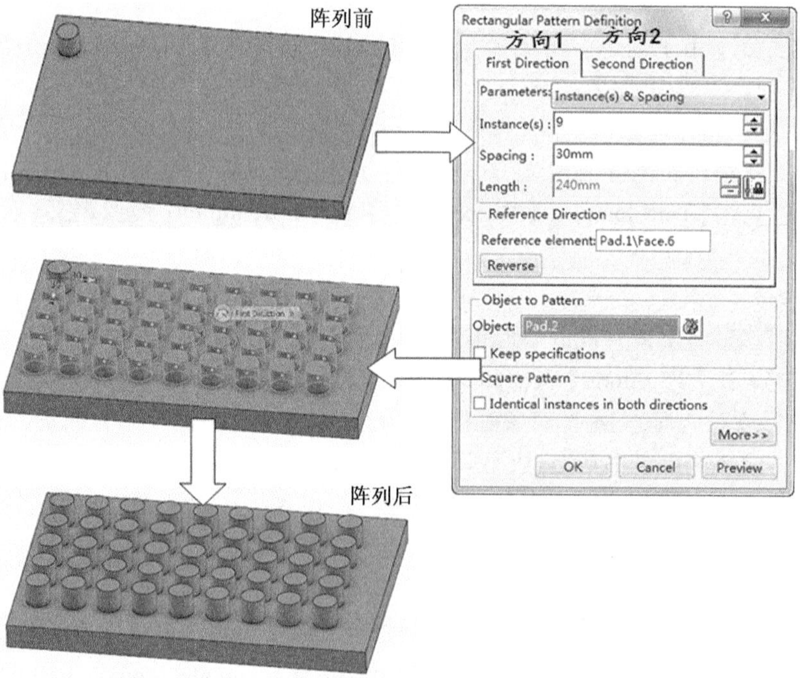

图 4－36　矩形阵列变换特征

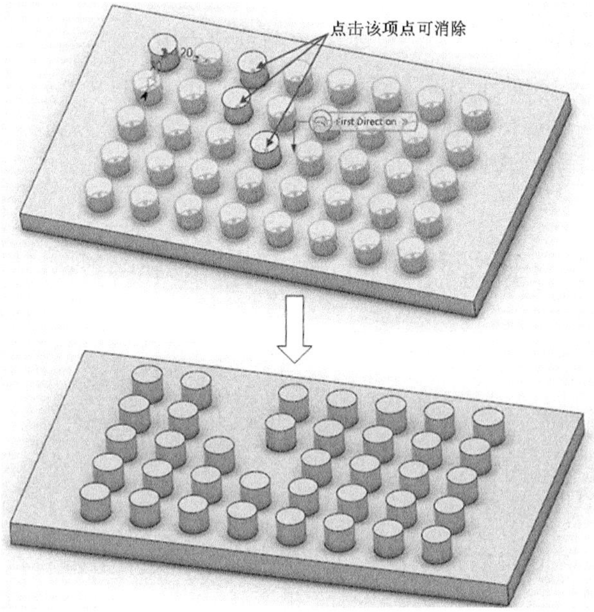

图 4-37　消隐处理后的矩形阵列变换

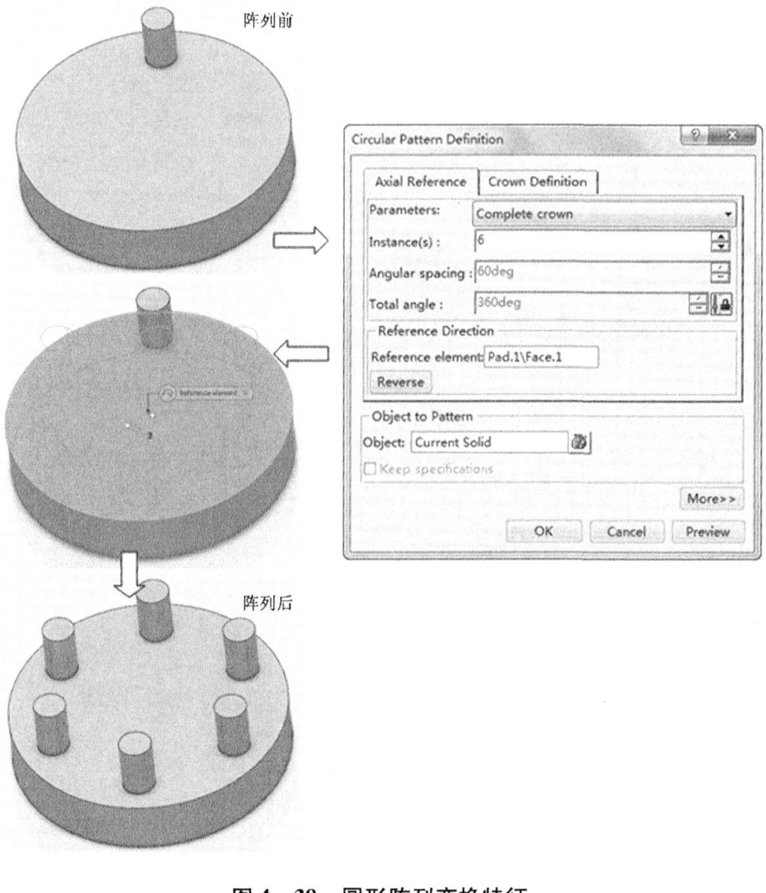

图 4-38　圆形阵列变换特征

提示 Circular Pattern Definition 对话框中,【Parameters】下拉列表提供五种阵列方式,分别为:Instance(s) & total angle 为设置实例数和总角度方式;Instance(s) & angular spacing 为设置实例数和相邻实例间等角度方式;Angular spacing & total angle 为设置相邻实例间等角度和总角度方式;Complete crown 为设置实例数的完整径向方式;Instance(s) & unequal angular spacing 为设置实例数和相邻实例间不同角度方式。

4.5 由曲面生成实体模型的建模方法

在 CATIA V6 中,通常将在三维空间创建的点、线(包括直线和曲线)、平面称为线框;在三维空间中建立的各种面,称为曲面;将一个曲面或几个曲面的组合称为面组。

4.5.1 封闭曲面

可将封闭曲面构成的曲面特征转换为实体特征,若所选对象是不封闭的,且不封闭的边界部分在同一平面内,也可转换成实体。进入 Part Design 基础模块,选择工具栏中的【Model】→【Close Surface】,弹出 CloseSurface Definition(封闭曲面定义)对话框,点击【Object to close】选择曲面生成实体(见图 4-39),生成实体模型如图 4-40 所示。

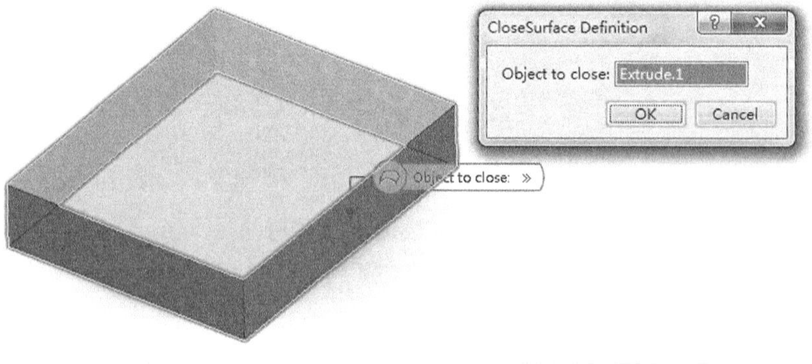

图 4-39 CloseSurface Definition 对话框

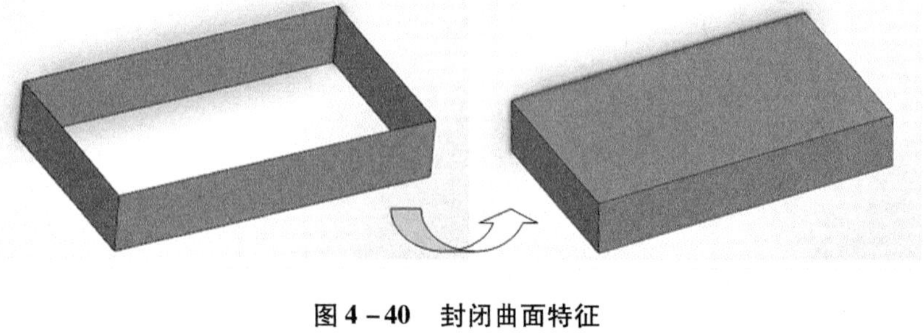

图 4-40 封闭曲面特征

4.5.2　曲面增厚

曲面增厚功能是基于曲面并沿法向增加一定厚度从而生成实体模型。在工具栏选择【Model】→【Thick surface】,弹出 ThickSurface Definition(曲面增厚定义)对话框,如图 4－41 所示。在【First Offset】或者【Second Offset】栏输入具体数值,选择增厚对象,可通过点选沿曲面法线的白色小箭头调整增厚方向,生成实体模型如图 4－42 所示。

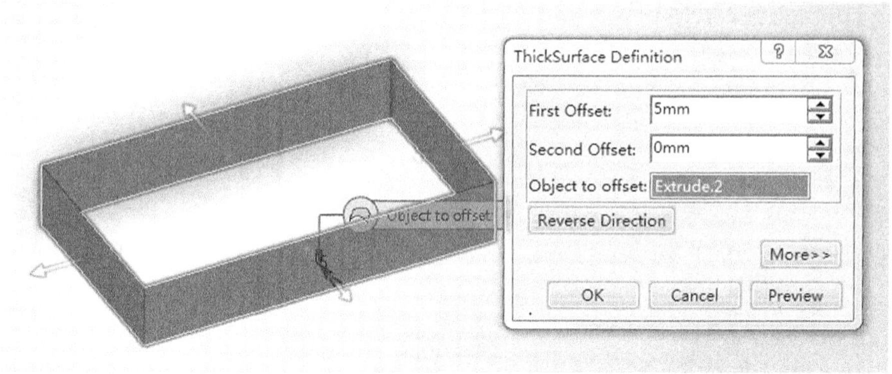

图 4－41　ThickSurface Definition 对话框

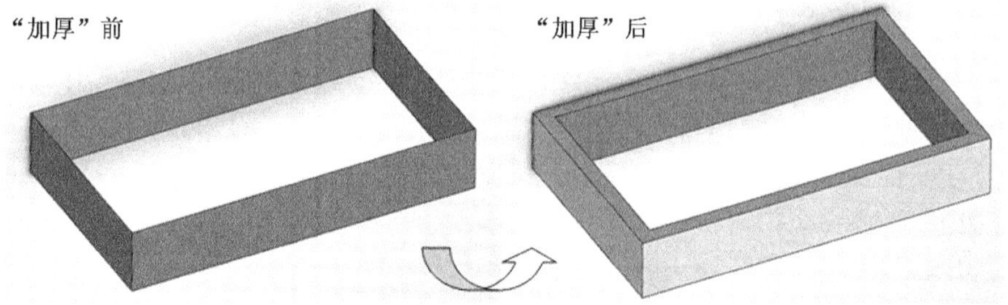

图 4－42　曲面增厚操作生成实体

4.6　从装配中生成实体模型的建模方法

在装配中生成实体模型时,一个装配节点下会有多个零件(3D Part)。根据六性设计及综合保障要求,在开展维修性设计与虚拟仿真过程中,设备建模精度需达到零件级。因此,首先完成设备中所有零件的建模,然后集成到特征树装配节点下,从而生成一个 3D Shape 实体,具体包含带链接和不带链接两种创建方法。带链接关系的装配体受零件更改影响;而不带链接关系的装配体,若相关零件发生设计变更,装配体不会改变。在工程应用中,建议采用带链接创建方式。

进入 Assembly Design 装配模块,点击右键【Insert】→【3D Part】,插入 3D Part,创建基础零件模型,如图 4－43 所示。

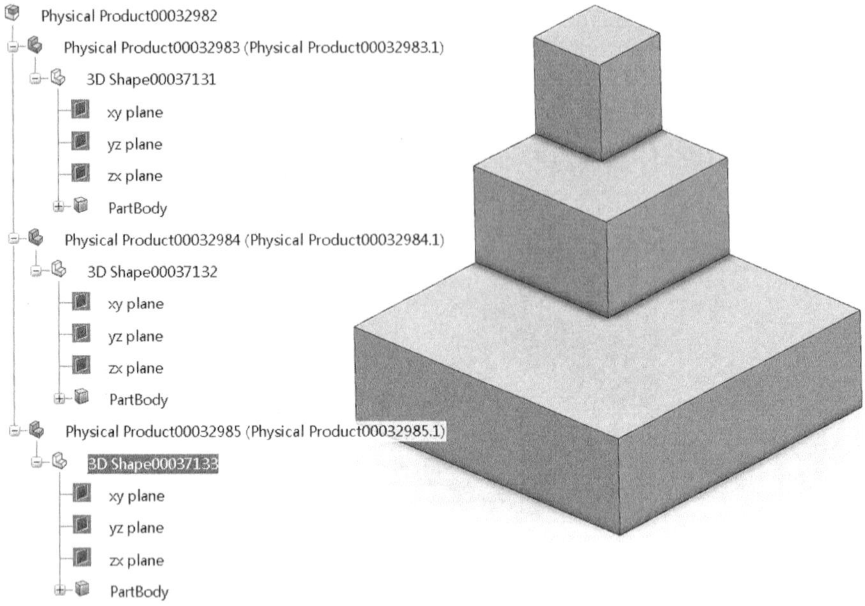

图 4 – 43　装配下插入零件模型

4.6.1　带链接创建

选择【Assembly Design】→【Derived Representation】，弹出 Derived Representation Definition 对话框，默认勾选【Keep Link】，点击勾选【New 3D Shape】，弹出 3D Shape 对话框，点击【OK】，返回 Derived Representation Definition 对话框，如图 4 – 44 所示，再次点击【OK】，左侧特征树上，生成一个带链接关系的 3D Shape，将该节点下插入的零件合成在一起，生成一个新的实体，如图 4 – 45 所示。

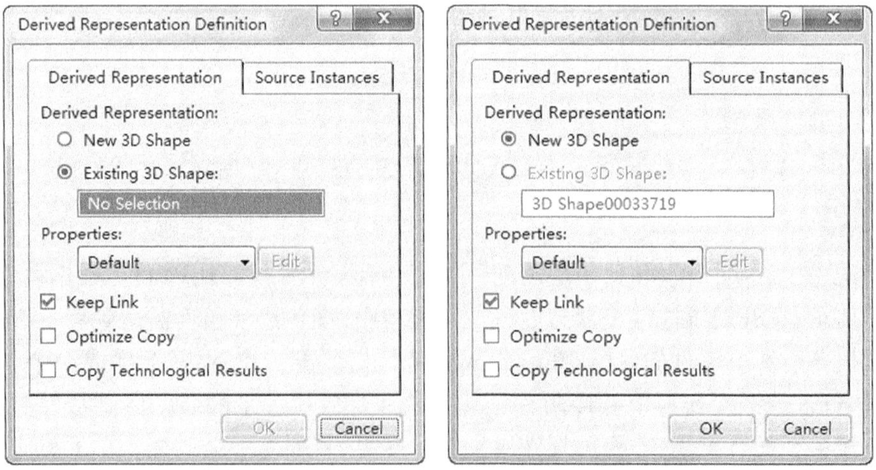

图 4 – 44　Derived Representation Definition 对话框

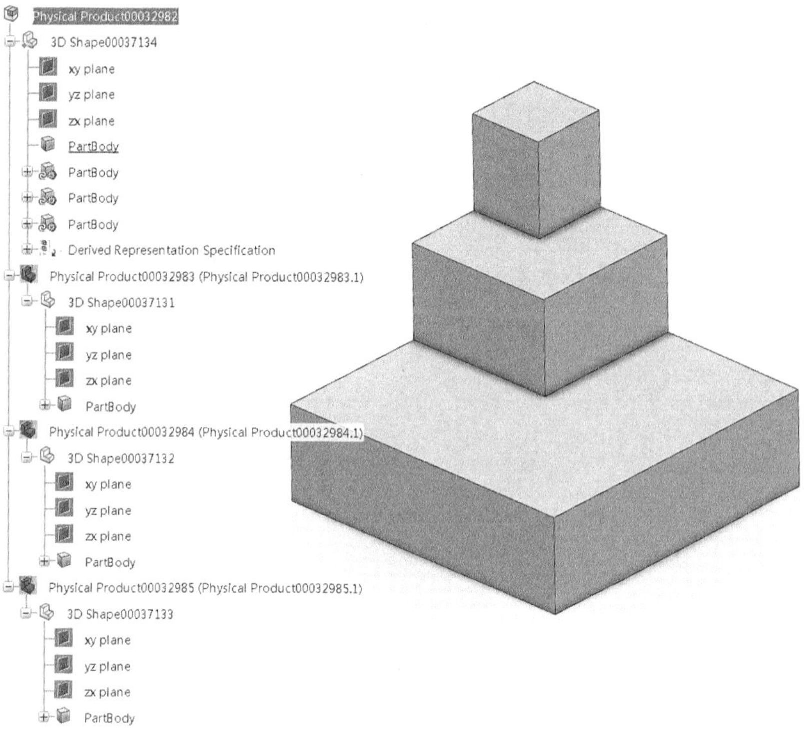

图 4 -45　带链接创建的新模型

4.6.2　不带链接创建

选择【Assembly Design】→【Derived Representation】，弹出 Derived Representation Definition 对话框，不勾选【Keep Link】，点击勾选【New 3D Shape】，弹出 3D Shape 对话框，点击【OK】，返回 Derived Representation Definition 对话框，如图 4 -46 所示，再次点击【OK】，左侧特征树会生成一个不带链接关系的 3D Shape，该节点下将插入的零件合成在一起，生成一个新的装配体，模型显示与图 4 -45 相同。

提示　带链接与不带链接生成的 3D Shape 可从图标上区分，带链接的 3D Shape 图标左下角有蓝色小点，不带链接的 3D Shape 无蓝色小点。

上述两种方法生成实体模型后，建议再将多个零件合成到同一个 Part Body 下，同时选中合成节点下零件的【Part Body】，右键点击【Selected objects】→【Add…】，点击【OK】完成，如图 4 -47 所示。合并后的模型只包含一个【Part Body】，如图 4 -48 所示。

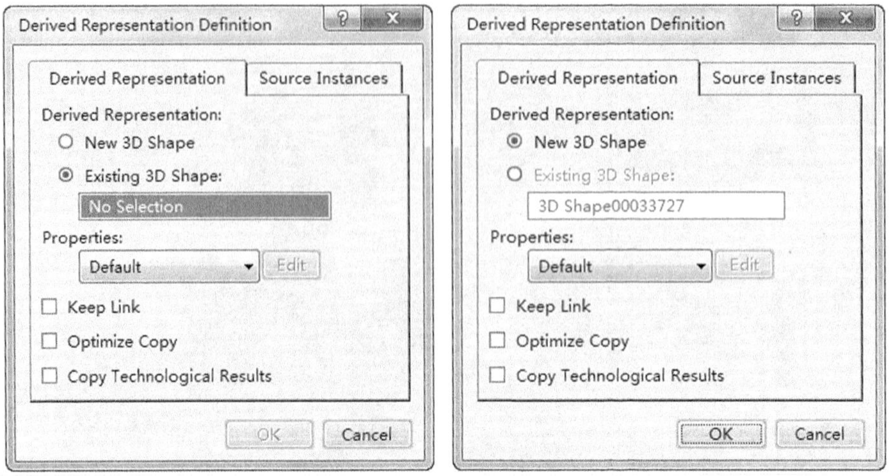

图 4－46　**Derived Representation Definition 对话框**

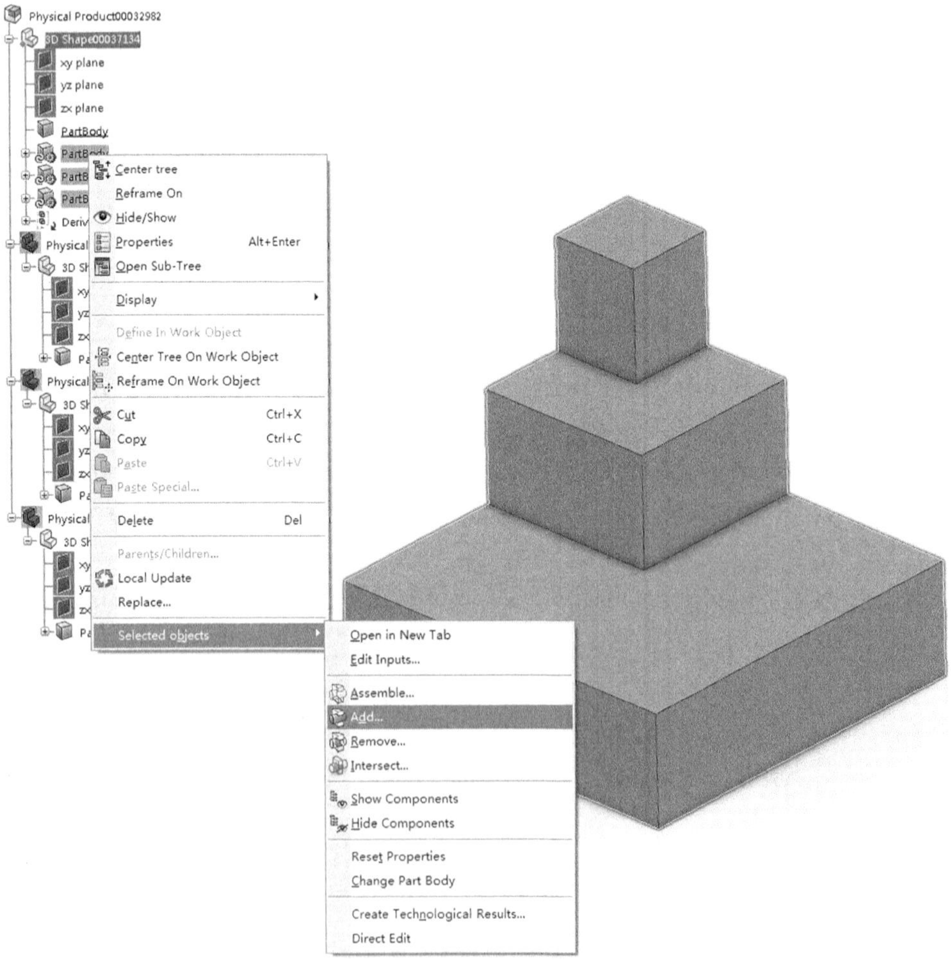

图 4－47　合成实体模型操作

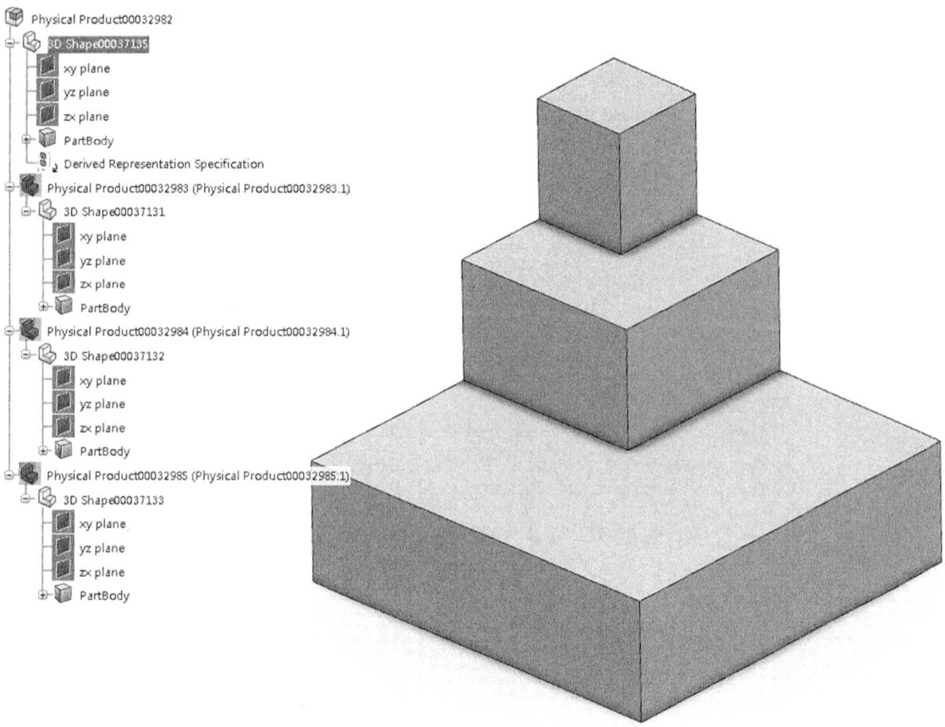

图 4－48　合成后的实体模型

4.7　其他格式 CAD 模型导入

将其他 CAD 软件建立的设备模型转换为 CATIA V6 模型，CATIA V6 软件提供的接口形式有 3D XML，CATIA File（CATIA V5R20 以上版本生成），中间数据格式为 STEP，Proe，VRML，IGES 等。

4.7.1　模型导入方法

将其他软件建立的设备模型放置本地路径，登陆 CATIA V6 软件，点击右上角【Add】→【Import】。

若为 3D XML，SOLIDWORKS，CATIA File 三种格式，点击【3D XML...】，【3SOLIDWORKS...】，【CATIA File...】对应的菜单，3D XML 格式导入对话框如图 4－49 所示，对话框中的选项菜单采取默认即可，点击【OK】按钮完成操作。

若导入的是中间格式，点击【File...】，选择对应的中间格式、对应文件路径以及具体的文件，点击【OK】，如图 4－50 所示。

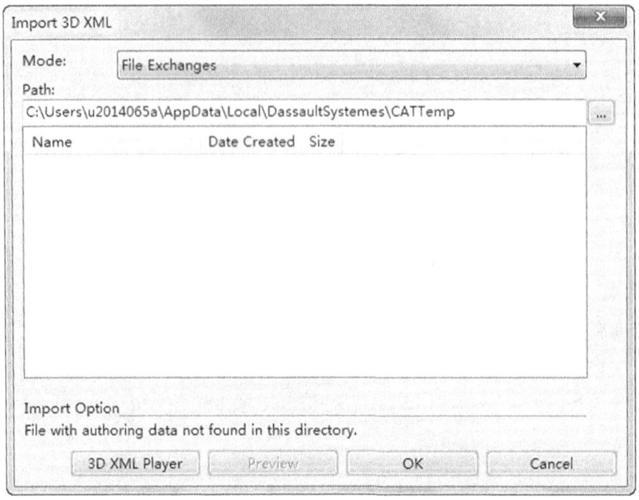

图 4-49　3D XML 格式导入对话框

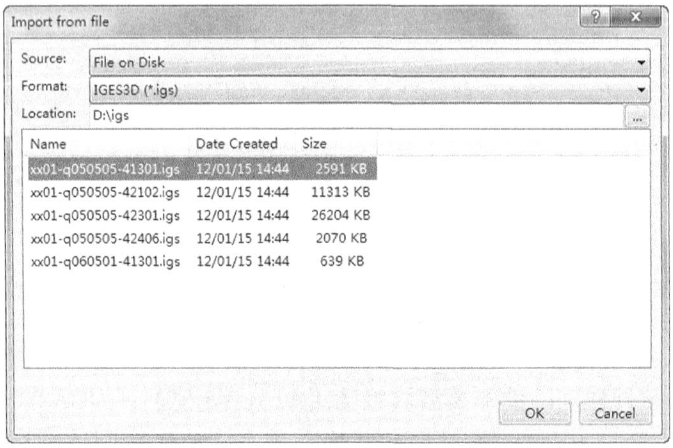

图 4-50　中间格式导入对话框

4.7.2　模型导入处理

模型导入后包含两部分几何信息，一部分为实体模型，另一部分为点、线、面模型。对两部分几何信息需开展不同处理，处理完成后按照规范定义原点、接口信息、属性等。具体操作方法如下：

1. 实体模型处理方法

实体模型导入后，其特征树上往往包含了一些无用要素，如点、线、面以及空的实体元素，右键点选这些无用要素，在下拉菜单中选择【Delete】按钮。

定义工作对象至左侧特征树中【PartBody】，切换至 Part Design 模块，在工具栏选择【Structure】→【Add…】，在特征树上选择实体文件，点击【OK】按钮，即可完成实体文件合并至【PartBody】下。合并后的实体模型特征树，如图 4-51 所示。

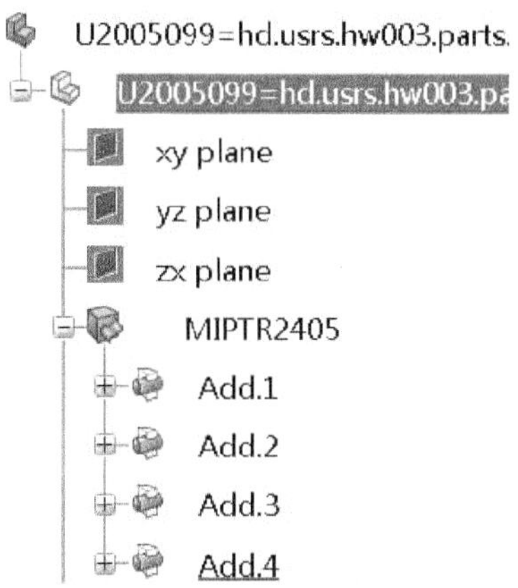

图 4 - 51　合并实体文件

在特征树中,复制 PartBody MIPTR2405,点击右键,在下拉菜单中选【Paste Special...】→【As Result】,将合并后的实体文件拷贝为非参结果,如图 4 - 52 所示。

选中复制生成特征,右键点击 MIPTR2405,在下拉菜单选择【Change Part Body】,将复制特征名称改为 PartBody,并删除原有的 PartBody,如图 4 - 53 所示。

图 4 - 52　非参复制结果

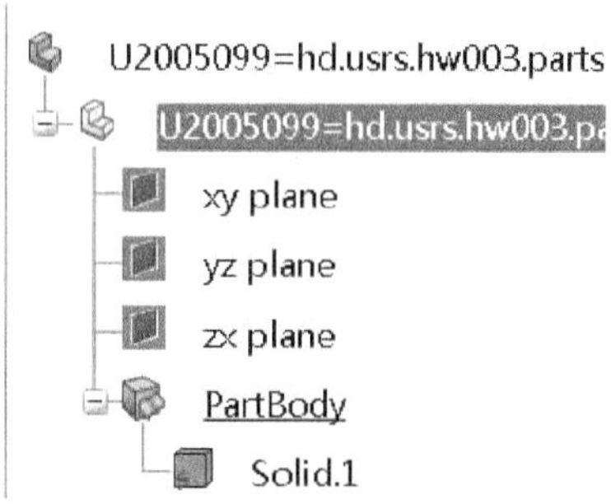

图 4 - 53　处理后的实体模型特征树

2. 点、线、面模型处理方法

其他 CAD 模型导入后,生成的点、线、面模型特征树如图 4 - 54 所示。

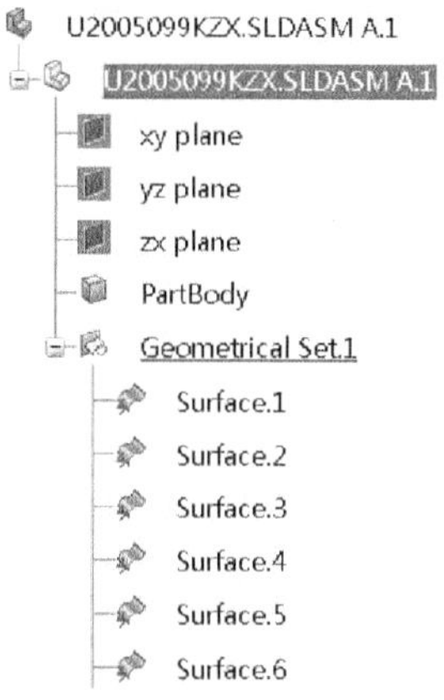

图 4 - 54　生成的点、线、面模型特征树

选择特征树中的点、线等特征进行删除,只保留曲面。切换至 Gen. Wireframe&Surface 模块,在工具栏选择【Transform】→【join】,弹出 Join Definition 对话框,不勾选【Check connexity】和【Check manifold】两项,点击【OK】按钮,如图 4 - 55所示。

将合并后的曲面复制为非参,具体操作如前所述,处理结果如图 4 - 56 所示。

提示　在图 4 - 55 中,【Check connexity】和【Check manifold】两项分别为相切检查和连续性检查,对于只需要获得外来模

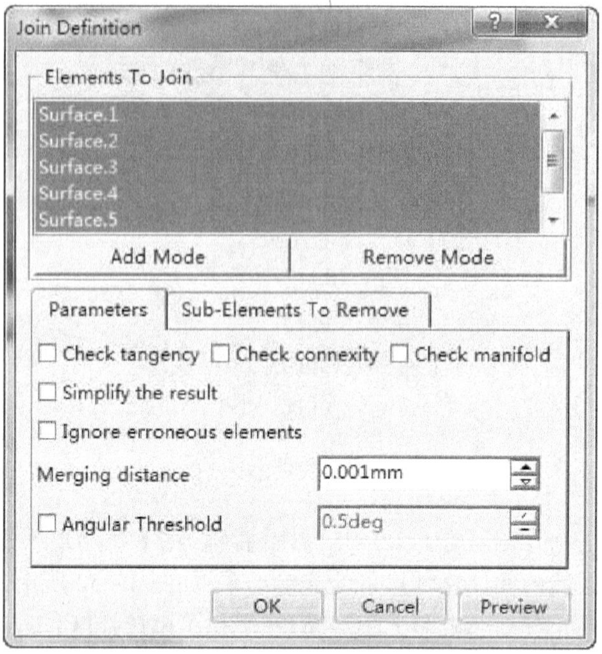

图 4 – 55　Join Definition 对话框

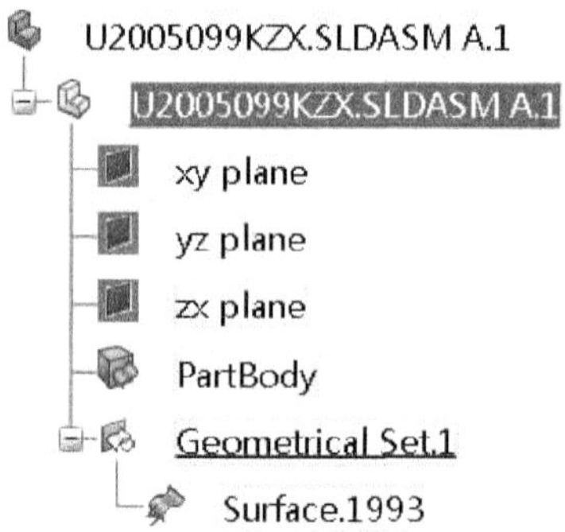

图 4 – 56　处理后的点、线、面模型特征树

型的几何外形可不勾选。

4.8　应用实例 1——电动滑油泵设计

电动滑油泵用于供给主机、减速齿轮箱和轴承等大型装置所需的润滑油。滑油泵主体为立式结构，主要由螺杆泵、电动机和电控设备等组成，其中螺杆泵与电动机直联。在机组中还包括中间联轴器、仪表盘、安全泄放阀、机座以及减振器、挠性接管等。

电动滑油泵设计综合性较强，其几何尺寸如图 4 – 57 所示。在创建过程中运用了拉伸、挖槽、倒角等特征创建方法，以及镜像、圆形阵列等变换，还需要注意选取草图平面以及拉伸方向。

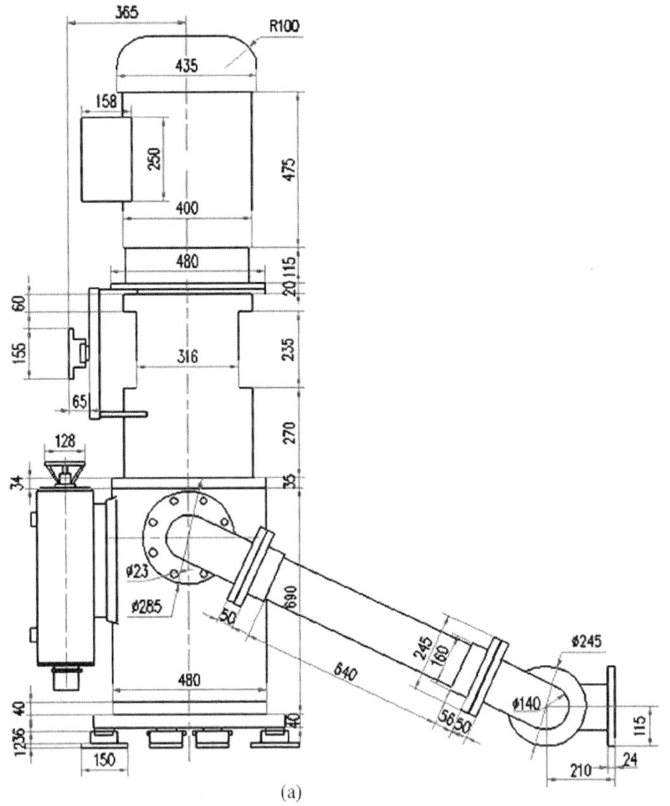

(a)

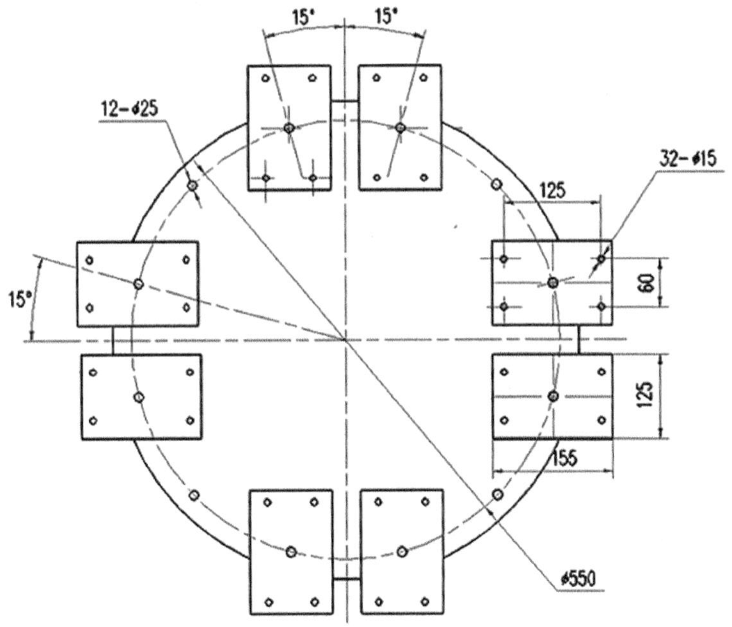

(b)

图 4 – 57　电动滑油泵几何尺寸

(a)外形尺寸;(b)底座尺寸

4.8.1 底座三维设计

在工具栏中点击【Model】→【Plane...】，弹出 Plane Definition（工作平面定义）对话框，如图 4－58 所示。根据图纸几何尺寸，在【Reference】栏选取 xy 平面，【Offset】栏输入 60 mm，创建 xy 偏置平面。

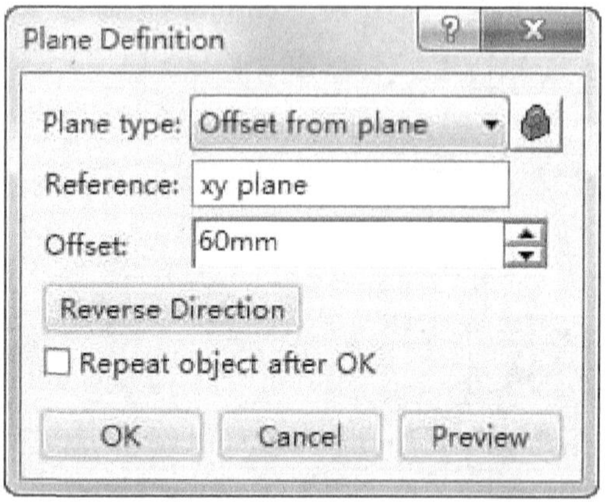

图 4－58 Plane Definition 对话框

选择偏移平面进行草图绘制，点击【Sketch】→【Circle】绘制圆，选中草图，点击【Sketch】→【Constraint】，约束直径尺寸为 600 mm，如图 4－59 所示，点击【Sketch】→【Exit app】退出草图工作界面。

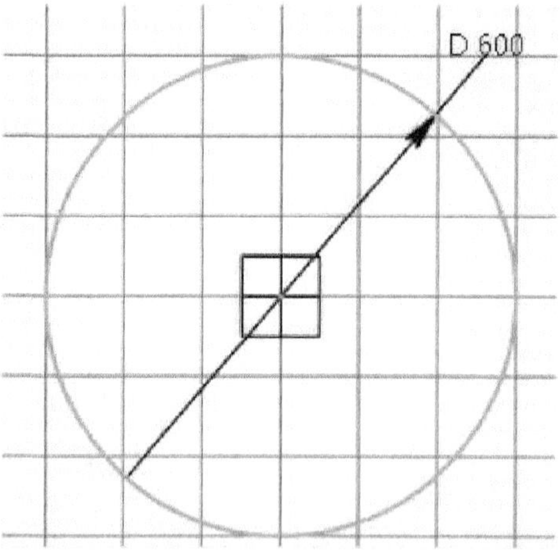

图 4－59 绘制草图

创建拉伸实体，点击【Model】→【Pad…】，弹出 Pad Definition 对话框，在【Length】输入 40 mm，默认其他设置，如图 4－60 所示。

选择 xy 平面，进入草绘模式，绘制辅助线，与 Y 轴约束为角度 15°，以原点为圆心绘制圆，约束直径尺寸为 550 mm，确定安装孔的中心点。以安装孔中心点为矩形中心点，绘制矩形，点击【Sketch】→【Centered Rectangle...】，分别约束长度尺寸为 155 mm 和 125 mm，如图

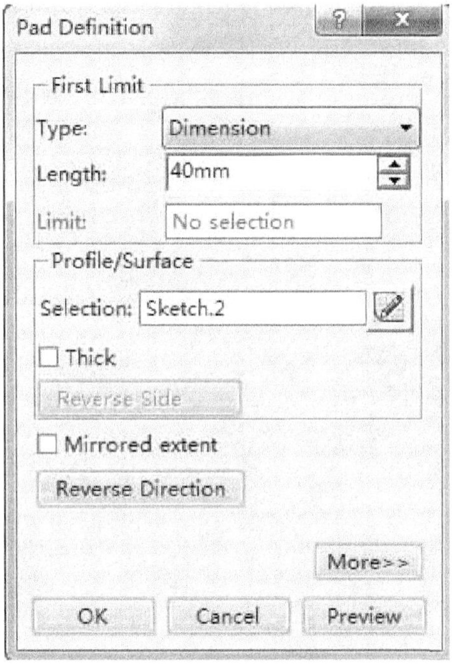

图 4 – 60　Pad Definition 对话框

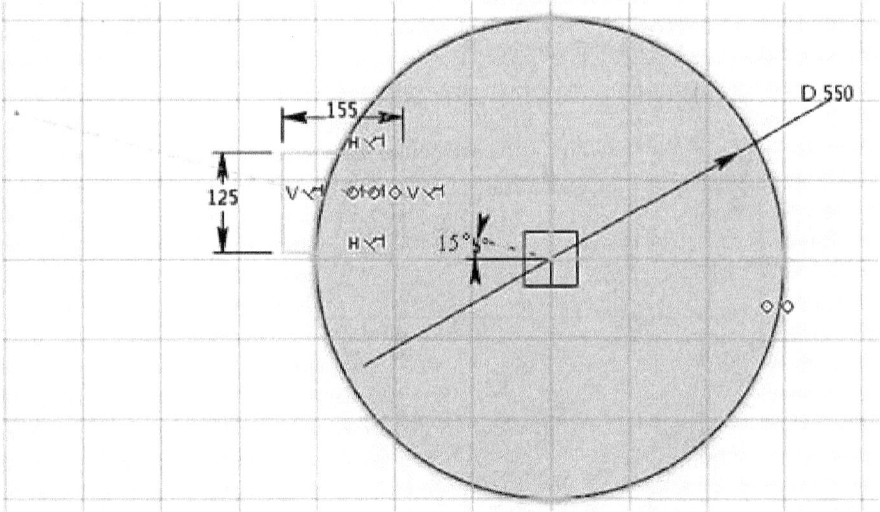

图 4 – 61　绘制草图

4 -61 所示,退出草绘模式。

通过拉伸操作创建长为 12 mm 的长方体。重复绘制草图和创建拉伸特征,完成底部形状建模,如图 4 -62 所示。

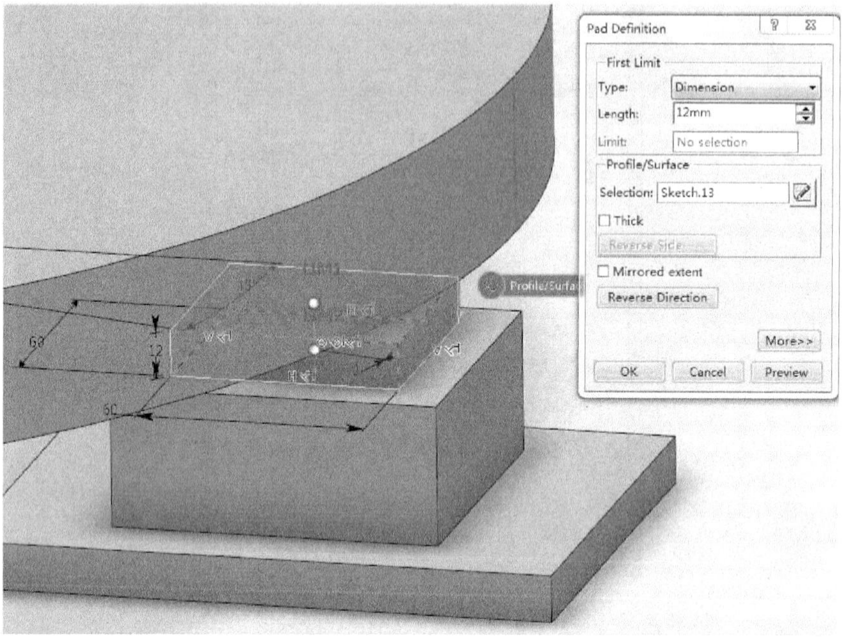

图 4 -62　底座垫块建模过程

使用草图绘制圆、约束、创建拉伸特征等菜单命令如上所述,相同命令不再重复说明。

提示　在草图界面应把辅助线或其他辅助信息设置为构造线,选中需要设置为构造线的辅助信息,点击提示菜单【Converts to Construction Element】。

添加设备特征螺栓孔,选取孔的放置面,进入草图界面,根据二维平面图上的尺寸,分别绘制四个圆,并将绘制的辅助长方形设置为构造线,退出草图界面,如图 4 -63 所示。

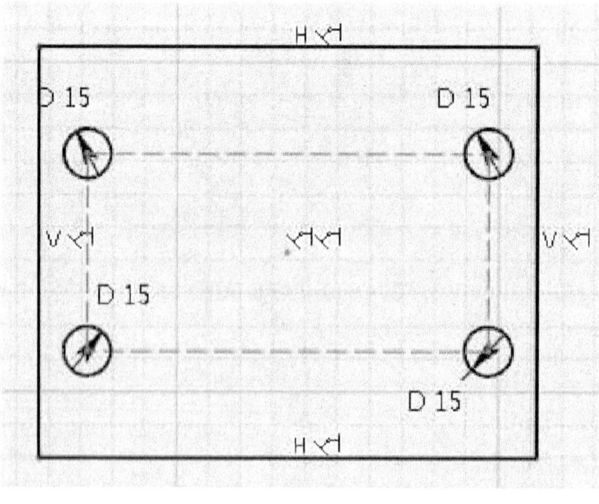

图 4 -63　添加设备机脚螺栓孔

点击【Model】→【Pocket】，弹出 Pocket Definition 对话框，如图 4 - 64 所示，选择【Type】类型为【Up to last】，穿过孔所在模型，点击【OK】。同样方法在面板中间开孔。

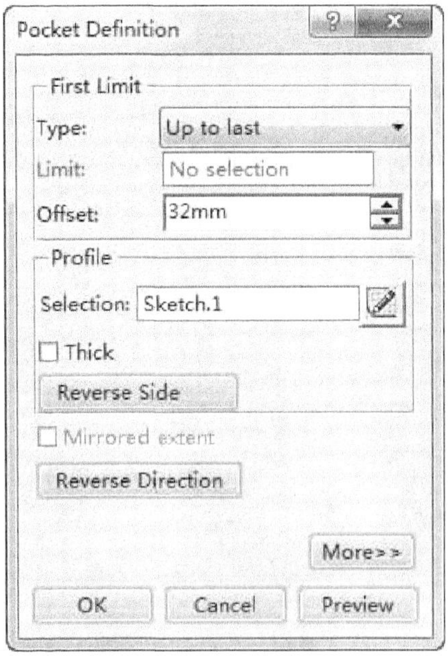

图 4 - 64　Pocket Definition 对话框

镜像生成电动滑油泵的底座，如图 4 - 65 所示。

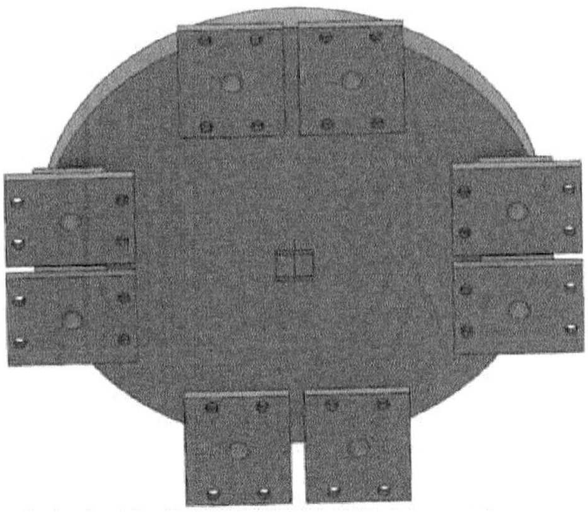

图 4 - 65　底座实体模型

提示　由于 CATIA V6 功能限定，镜像和阵列命令只能使用一次，镜像后的模型不能再次进行镜像，阵列后的模型不能再次进行阵列，所以此类模型必须建立两个相同的元素，再进行阵列。

4.8.2　泵体部分设计

泵体部分可采用拉伸或旋转体两种方法创建模型特征。

1. 采用拉伸创建模型特征

全部采用拉伸创建模型,像堆积木一样,层层叠加。在顶部采用倒圆角修饰特征,中间部分采用旋转槽命令修改特征,具体操作见 4.5.1 节、4.5.5 节、4.5.7 节,生成结果如图 4 -66 所示。

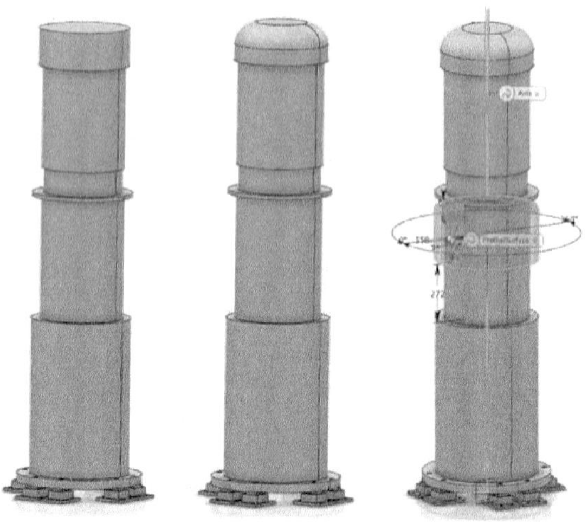

图 4 -66 采用拉伸特征创建泵体模型

2. 采用旋转体创建模型特征

对于旋转体的设备模型,在草图界面中绘制轴线,点击【Sketch】→【Axis】,点击【Sketch】→【Profile】勾勒一侧的轮廓线,并对每一段轮廓线进行约束,采用旋转体命令,具体操作见 4.5.2 节,生成结果创建模型特征,如图 4 -67 所示。

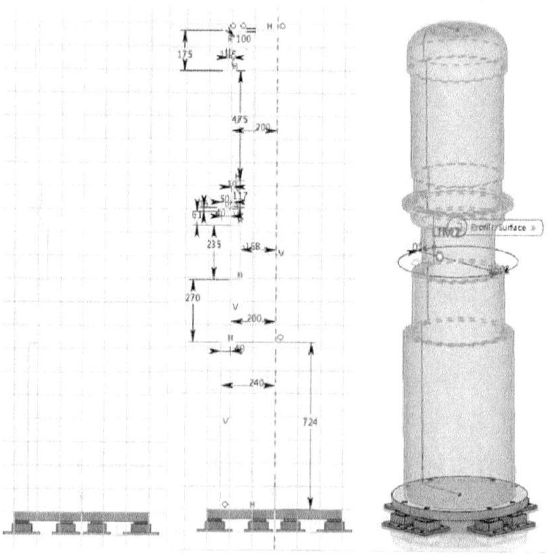

图 4 -67 采用旋转体创建泵体模型

提示 用户可根据需要自行选择建模方法。由于本例中主体部分的轮廓线较为复杂,建议采用拉伸创建模型特征更为简便,便于后期修改。

4.8.3　在曲面模块中完成泵侧面的管路

在工具栏中选择【Model】→【Point...】，弹出 Point Definition 对话框，如图 4－68 所示，在空间中创建多个点。选择【Model】→【Line...】，弹出 Line Definition 对话框，如图 4－69 所示，完成轨迹线的绘制，如图 4－70 所示。

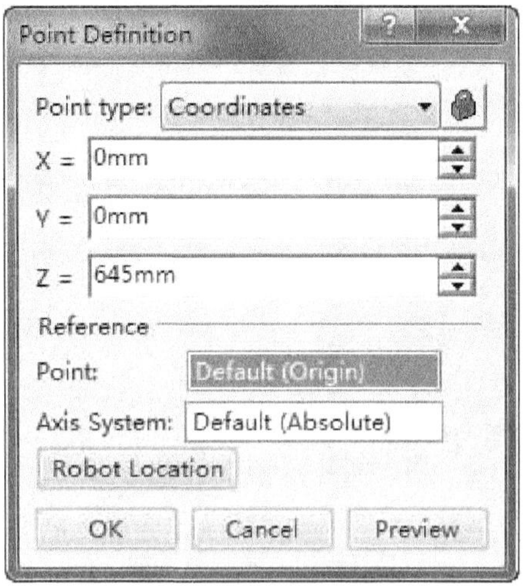

图 4－68　Point Definition 对话框

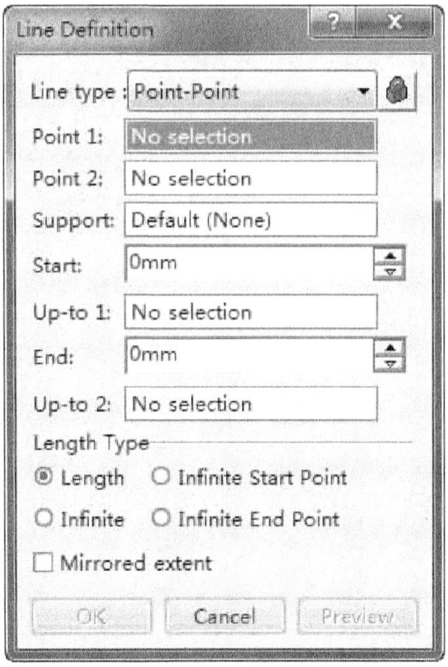

图 4－69　Line Definition 对话框

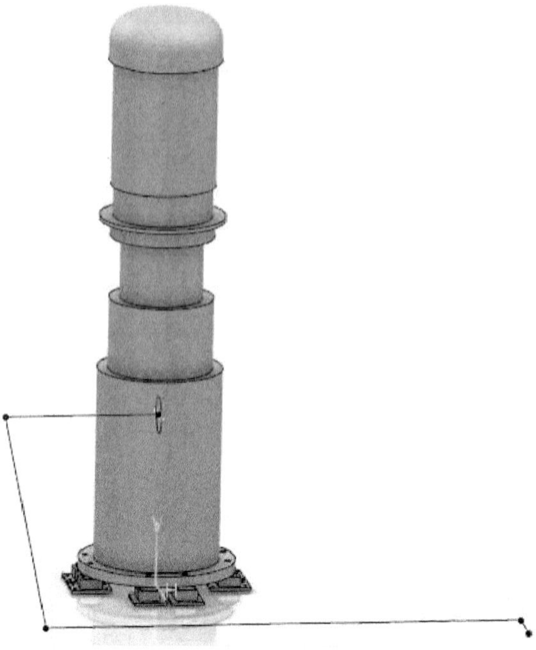

图 4 – 70　绘制轨迹线

切换至 Gen. Wireframe&Surface 曲面模块，在工具栏中选择【Wireframe】→【Circle】下拉菜单→【Corner】，弹出 Corner Definition 对话框（见图 4 – 71），对轨迹线进行倒角，生成结果如图 4 – 72 所示。

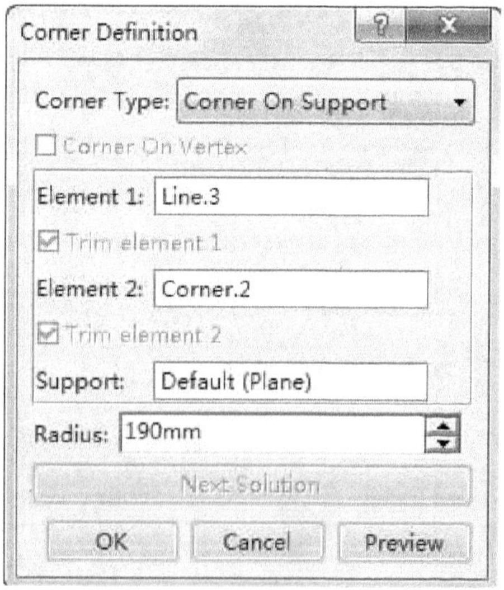

图 4 – 71　Corner Definition 对话框

切换至 Part Design 模块，在工具栏中选择【Model】→【Positioned Sktech...】进入草图模式，在轨迹线起点绘制圆，直径约束为 140mm，退出草图工作台。对轨迹线采用扫掠命令，选择【Model】→【Rib...】，弹出 Rib Defition 对话框，如图 4 – 73 所示，在【Profile】栏选择草图,【Center curve】栏选择轨迹线,生成几何模型如图 4 – 74 所示。

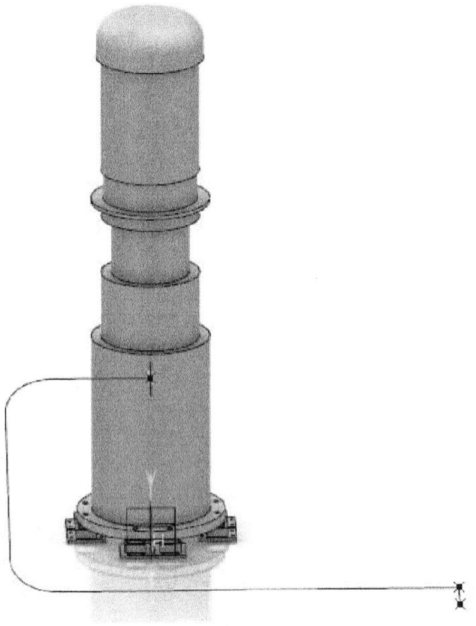

图 4 – 72　轨迹线倒角

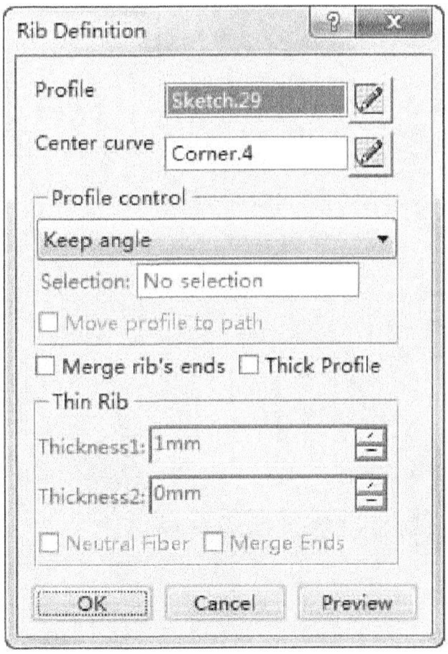

图 4 – 73　Rib Definition 对话框

电动滑油泵几何模型的其他零部件建模命令同上,主要运用了拉伸、挖槽、旋转体、阵列等特征创建命令,最终生成模型和特征树如图 4 – 75 所示。由于篇幅原因不再重复介绍。

图 4－74　扫掠后生成模型

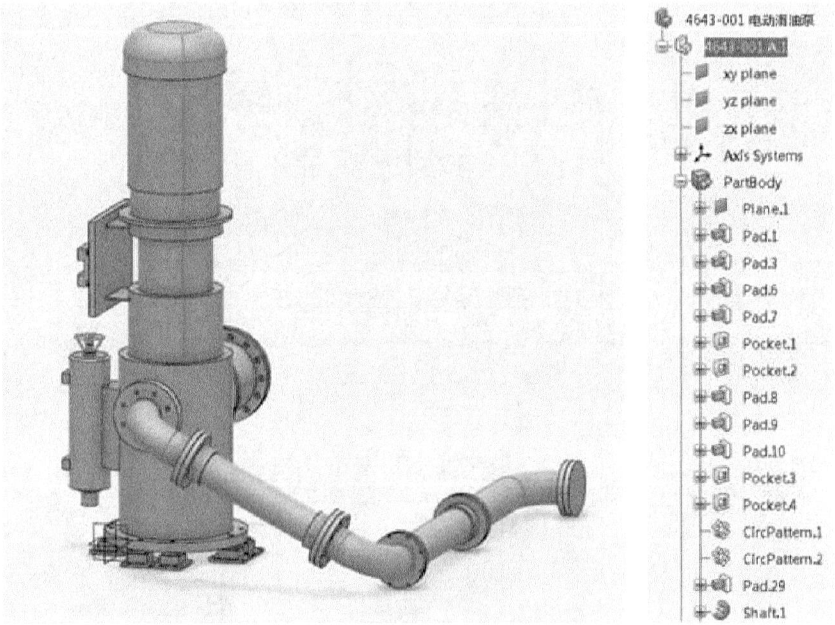

图 4－75　电动滑油泵模型和特征树

4.9　应用实例 2——三相舰用变压器设计

下面结合三相舰用变压器三维设计的操作流程对创建参数表进行简要说明。

由于三相舰用变压器为系列化产品（见图 4－76），不同型号形状类似，几何尺寸不同，可通过函数控制，修改设计表中的参数值，获得对应的几何外形。不同型号三相变压器几何参数见表 4－1。

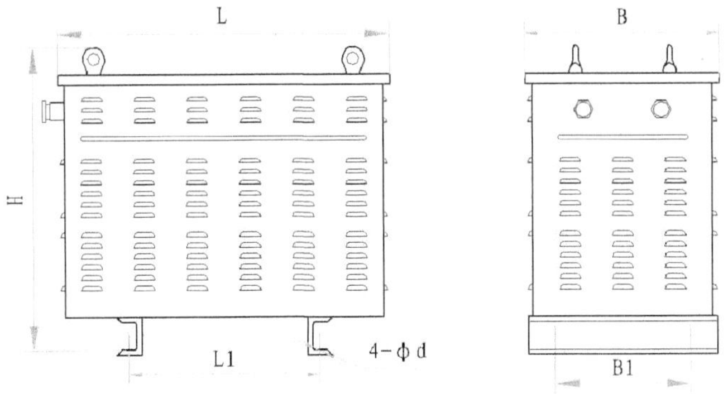

图 4－76　三相变压器几何尺寸

创建参数表主要有两种方法，一种为导入参数表，另一种在软件中直接创建。

提示　两种方法原理相同，仅仅是表格创建的形式不同。针对模型几何参数较多的情况，建议选择第一种方法；针对几何参数较少的情况，建议选择第二种方法。用户可以根据实际情况自行选择。

表 4－1　不同规格三相变压器几何参数

型号	L/mm	B/mm	H/mm	L1/mm	B1/mm	d/mm
JSGD－80	910	810	910	550	400	18
JSGD－63	885	505	855	530	385	18
JSGD－50	840	490	830	500	370	14
JSGD－40	780	470	735	490	360	14
JSGD－25	730	425	635	430	305	14
JSGD－20	675	410	595	400	290	14
JSGD－16	655	400	585	390	280	12
JSGD－10	595	380	535	350	260	12
JSGD－5	505	350	500	290	230	12
JSGD－3	475	340	450	270	220	12

4.9.1 导入参数表

在本地创建一个 Excel 表格，添加主要技术参数，保存路径尽量不含中文字符。

登录 CATIA V6 软件，新建装配创建模型，在工具栏选择【Tools】→【Design Table】，弹出 Knowledge Engineering Specification Physical 对话框，如图 4－77 所示；点击【OK】，弹出 Creation of a Design Table 对话框，如图 4－78 所示；选择“Create a Design Table from a pre－existing file”，点击【OK】，弹出 Object Selection 对话框，如图 4－79 所示；选择【From File】→【Import】，弹出 File Selection 对话框，如图 4－80 所示；选择本地路径中保存的 Excel 表格，点击【打开】，弹出 VPM Document 对话框，如图 4－81 所示；将【Title】命名为三相变压器表格，点击【OK】，回到 Object Selection 对话框；再一次点击【OK】，弹出 Automatic association 对话框，点击【是(Y)】，如图 4－82 所示。

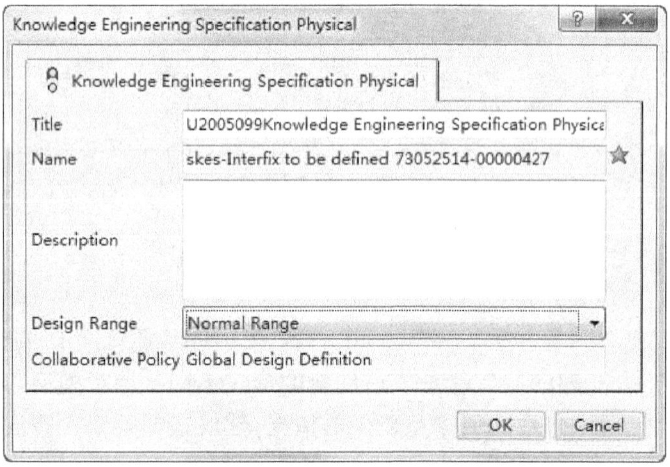

图 4－77　Knowledge Engineering Specification Physical 对话框

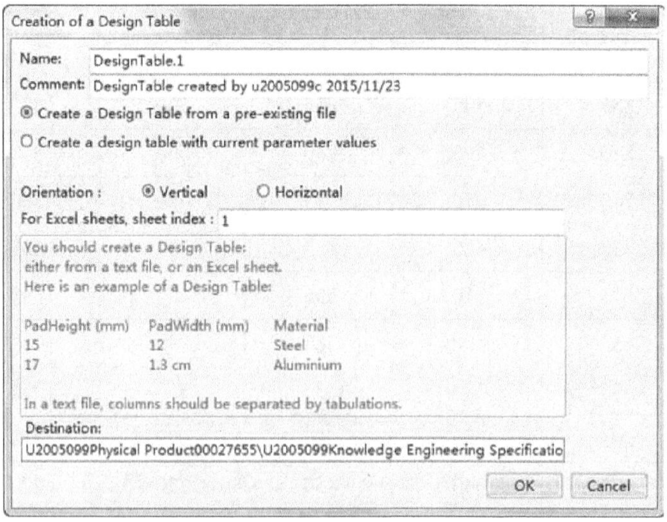

图 4－78　Creation of a Design Table 对话框

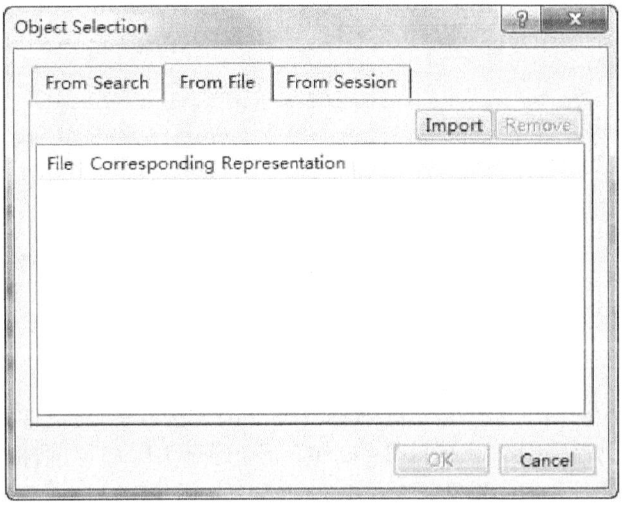

图 4－79　**Object Selection 对话框**

图 4－80　**File Selection 对话框**

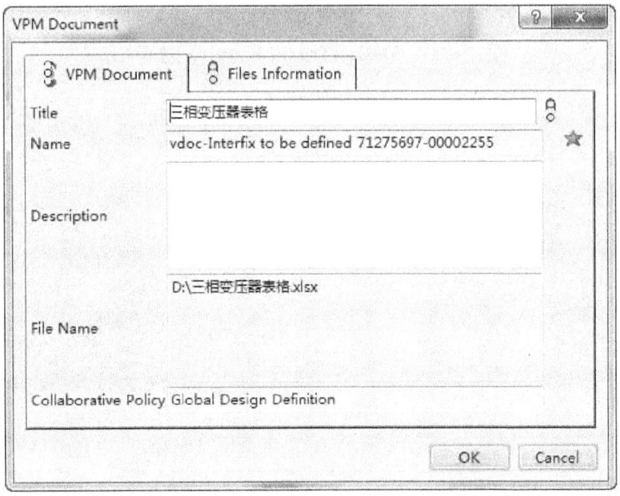

图 4－81　**VPM Document 对话框**

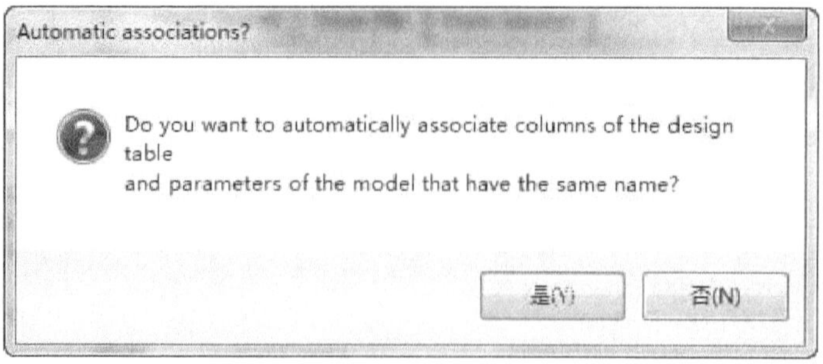

图 4－82　Automatic association 对话框

随后弹出 DesignTable. 1 active 对话框，如图 4－83 所示，全选【Columns】中的内容，点击【Create parameters】，弹出 OK Creaters Parameters For Select Lines 对话框，如图 4－84 所示，点击【OK】按钮，返回到 DesignTables. 1 active 对话框，点击【OK】按钮完成操作。

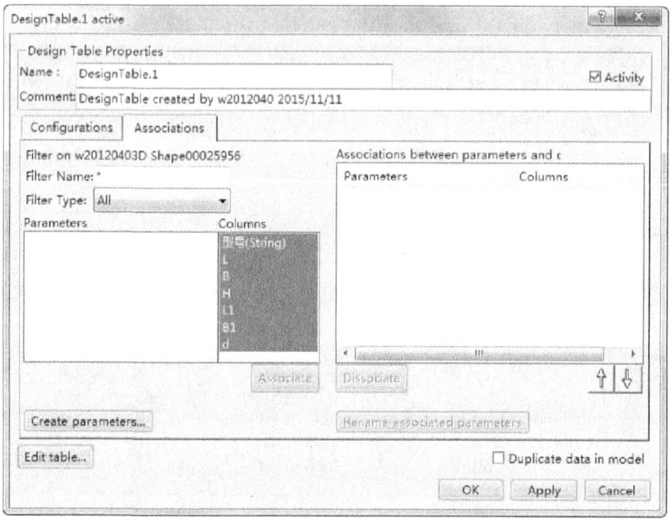

图 4－83　DesignTable. 1 active 对话框

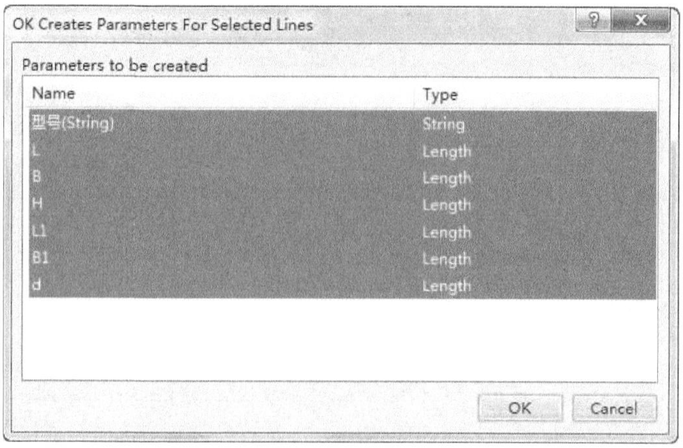

图 4－84　OK Creaters Parameters For Select Lines 对话框

导入参数表后,在左侧特征树上即可显示参数信息,如图4-85所示。

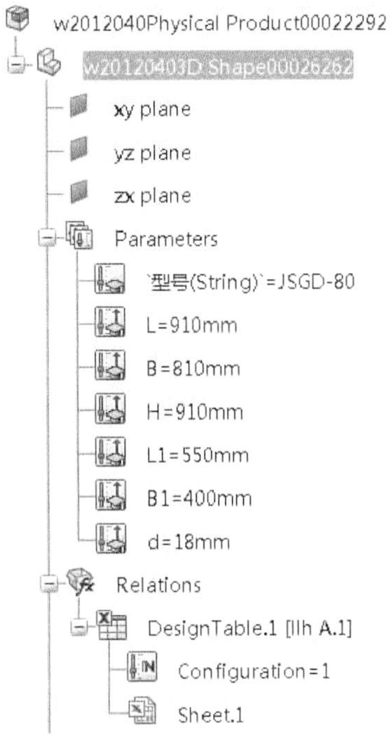

图4-85 特征树上显示参数信息

进入 Part Design 模块建模,创建草图截面。点击工具栏中的【Model】→【Sketch】,选择某一平面,点击【Sketch】→【Rectangle】,进行约束尺寸,添加函数控制。对矩形进行约束,弹出对话框,单击鼠标右键添加函数 f(x)控制,如图4-86所示,弹出 Formula Editor 对话框,进行函数编辑,如图4-87所示。

用户使用相同的方法,完成其他函数的编辑,左侧特征树上结果显示,如图4-88所示。

在左侧特征树上双击表格,弹出 DesignTable. 1 active. configuration row:6 对话框,如图4-89所示,用户自行选择需要的类型,在 CATIA V6 界面中的设备几何外形可随着用户选择,显示对应尺寸的外形,如图4-90所示。

4.9.2 在软件中直接创建参数

在工具栏中,点击【Tools】→【Formula】,弹出 Formulas... 对话框,选择参数类型后,如 Length,点击【New Parameter of type】,并命名长度 L,填入对应尺寸,本例中为665 mm,如图4-91所示。

函数 f(x)新建后,在左侧特征树上,显示如图4-92所示。接下来进入 Part Design 模块建模,创建草图截面,添加函数控制,具体方法同上。

参数表创建若有不同,具体方法如下:在工具栏中,选择【Tools】→【Design Table】,弹出 Creation ofDesign Table 对话框,如图4-93所示,选择"Create a design table with current parameter values",点击【OK】,弹出 Select the parameters to insert 对话框,如图4-94所示。

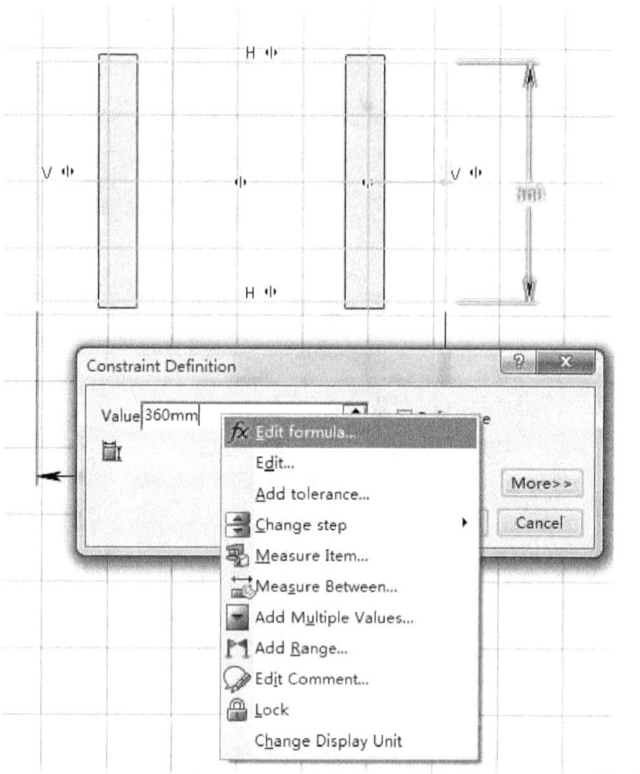

图 4 - 86　添加函数控制

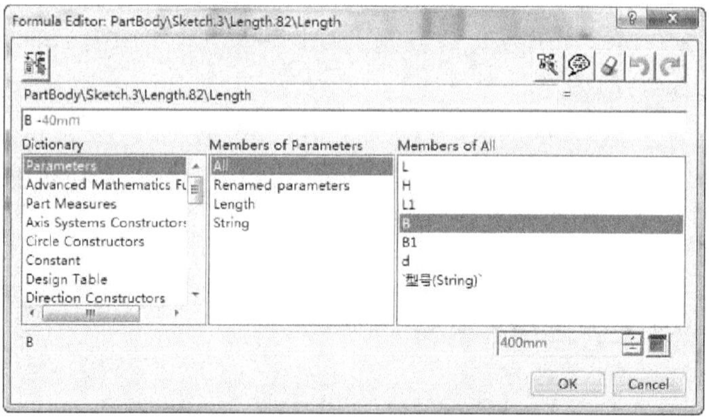

图 4 - 87　函数编辑

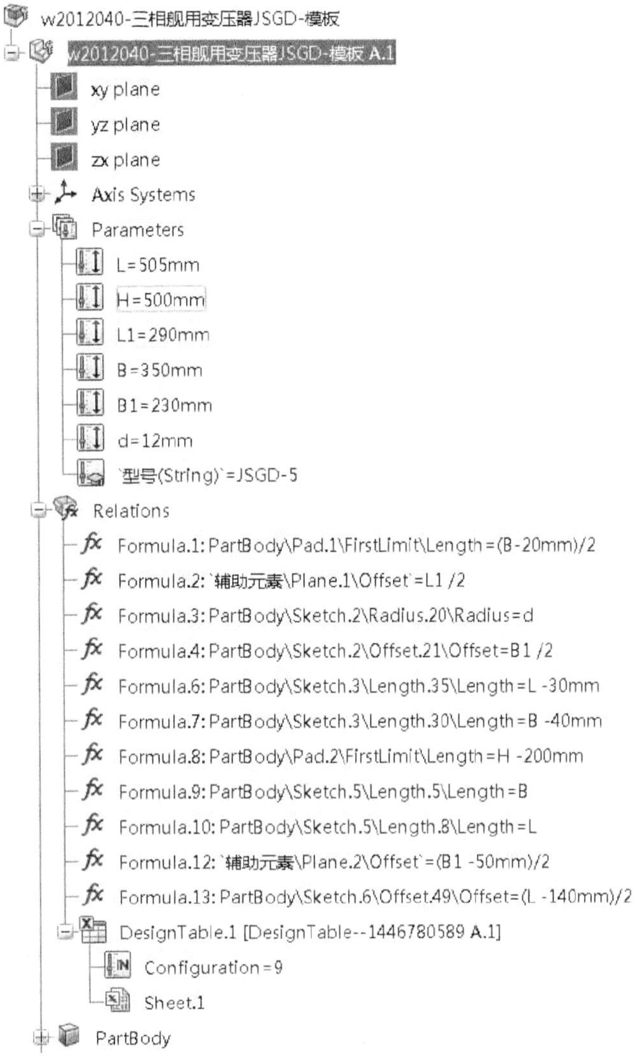

图 4－88　实现参数关联后的特征树

将参数全选后，选择右行箭头，点击【OK】，弹出 File extension 对话框，如图 4－95 所示，点击【是(Y)】，弹出 VPM Document 对话框，如图 4－96 所示，点击【OK】。

表格创建完成，显示在左侧特征树上，如图 4－97 所示。双击表格弹出 DesignTable. 2 active，configuration row：1 对话框，点击【Edit table...】，弹出 Excel 表格，用户可根据需要添加多组数据（见图 4－98）。完成 Excel 表格编辑后，点击【保存】，结果显示如图 4－99 所示。

提示　Excel 表头中需要添加单位，且保存路径不能为中文。

选择图 4－100 所示的 DesignTable. 2 active，configuration row：1 对话框中【Associtions】，将【Columns】中的内容添加至右边的对话框点击【Creat parameters】，点击【OK】按钮完成操作。

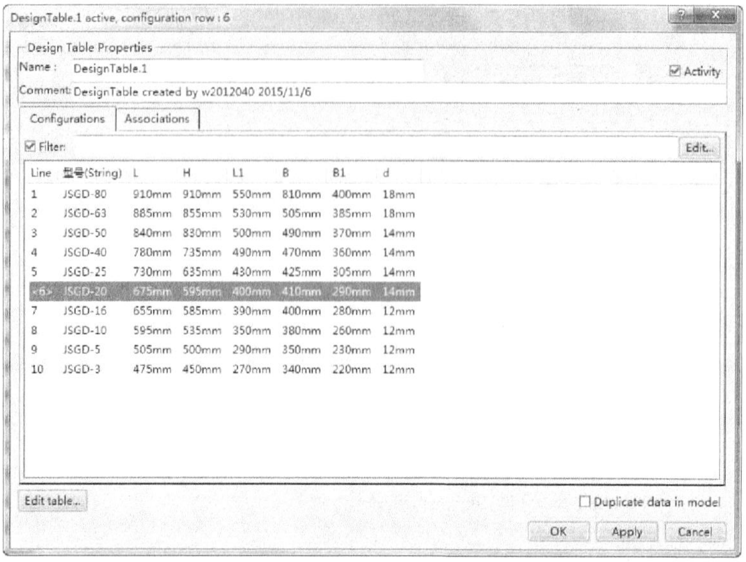

图 4－89　DesignTable. 1 active. configuration row:6 对话框

图 4－90　不同规格的三相舰用变压器模型

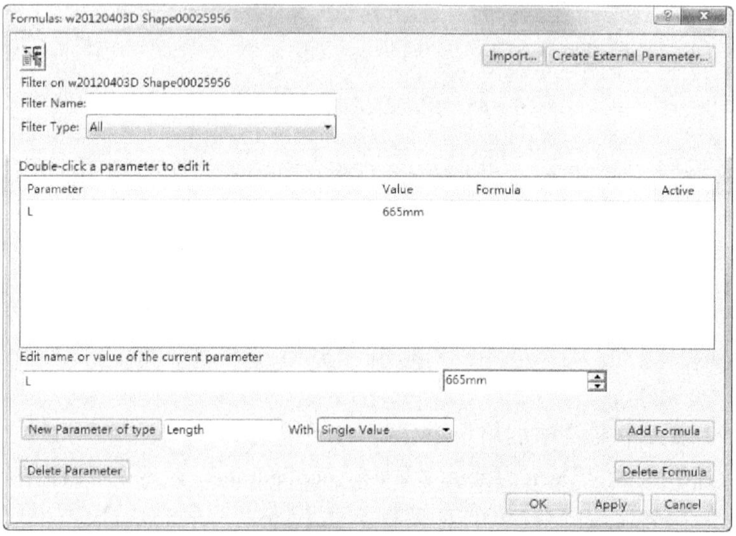

图 4－91　新建参数类型及参数值

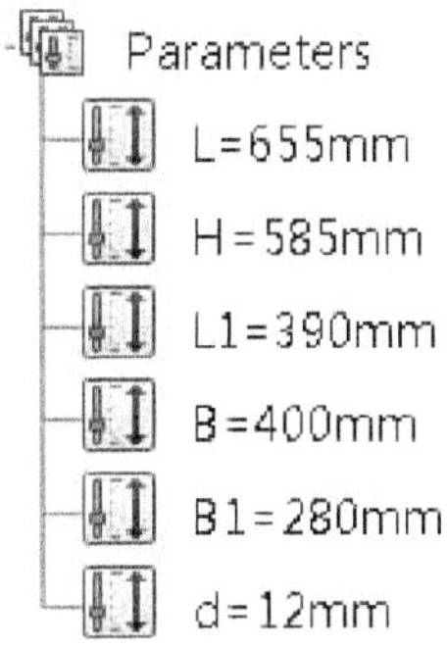

图 4-92　参数显示

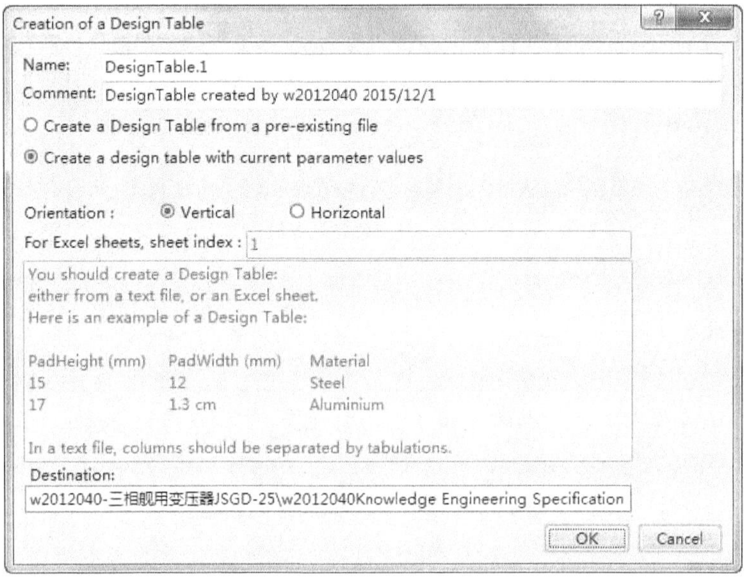

图 4-93　Creation of Design Table 对话框

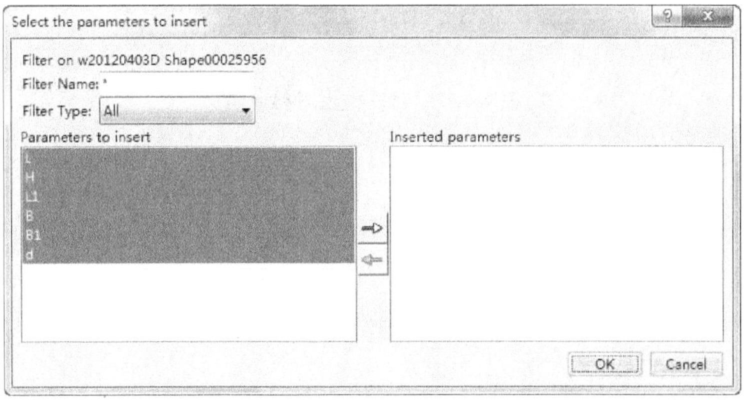

图 4-94　Select the parameters to insert 对话框

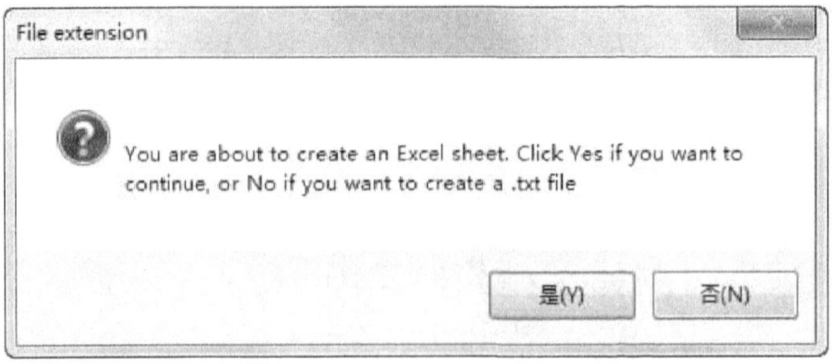

图 4－95　File extension 对话框

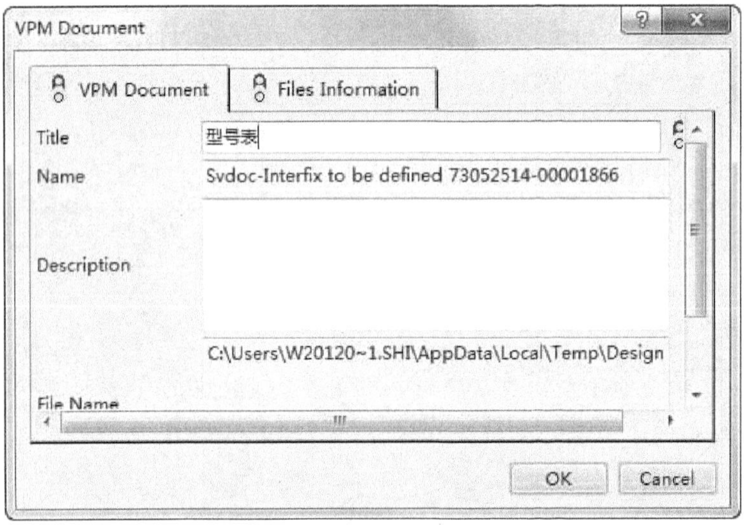

图 4－96　VPM Document 对话框

图 4－97　特征树上表格显示

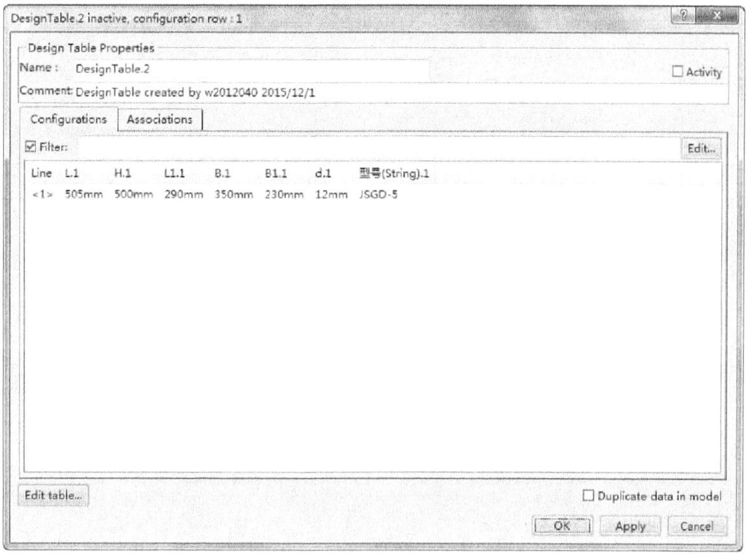

图 4－98　DesignTable. 2 active, configuration row: 1 对话框

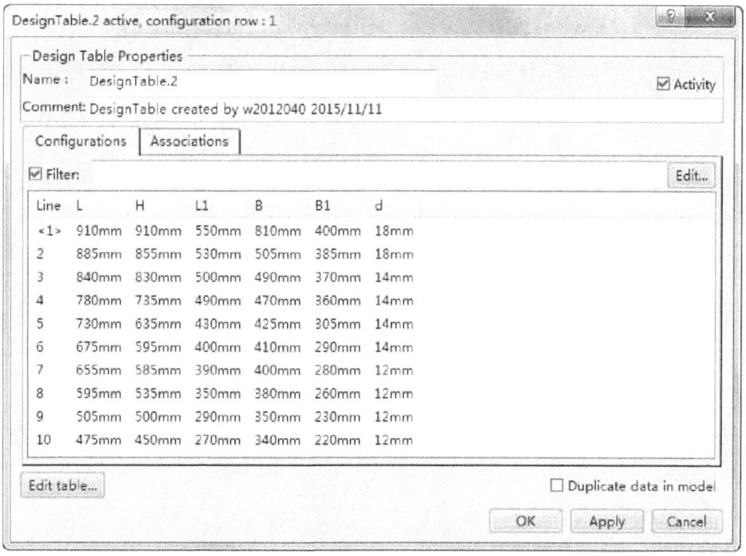

图 4－99　完成参数编辑

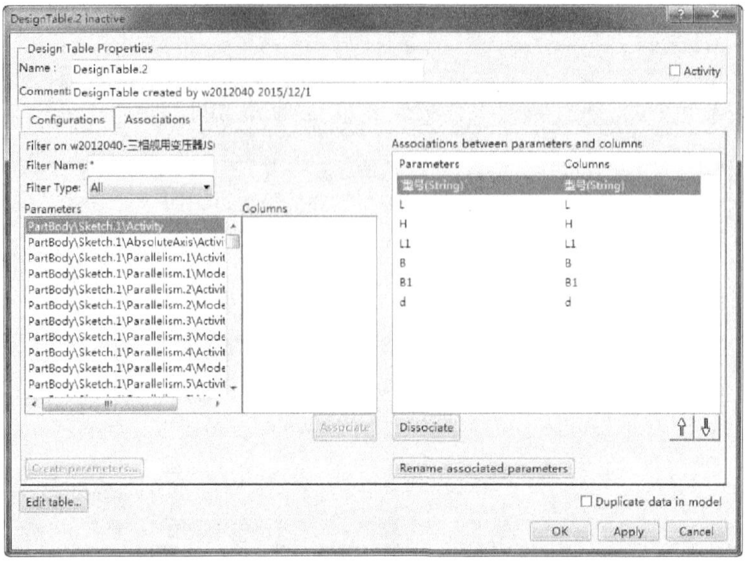

图 4-100 创建参数表

4.10 本章小结

本章重点讲解了基于 CATIA V6 平台的船舶设备建模操作,具体包含特征建模、由曲面生成实体模型、在装配中生成实体模型、其他格式 CAD 模型导入四种方式。详细介绍了设备建模中所涉及的常用功能,并结合电动滑油泵和三相舰用变压器的工程建模实例展示了具体操作流程,相信读者在学习本章后对设备建模的相关功能和流程有清晰的了解。

第 5 章　轮机三维设计建库

船舶管路是船舶上用来连接各种机械设备的管道，主要用于输送油、水、气、汽等介质。船舶管路分为两大类，即动力管路和船舶系统管路。动力管路是用于为主机和辅机服务的各种管路，含燃油、滑油、冷却水、压缩空气、排气、废热等管路。船舶系统管路是为了提高船舶的抗沉性和稳性，并满足船员、旅客的正常生活和安全等需要。其主要包括：全船供应海水和淡水的供水系统；为调节船舶压载用的压载水系统；为排除舱底积水用的舱底水排出系统；为全船提供压缩空气用的压缩空气系统；为灭火用的消防系统等。管路通常由管材、阀附件等组成，整个建库工作是船舶管路设计的基础和重点。

CATIA V6 作为通用软件，未体现严格的基础库、管材库和附件库等概念，没有提供具体的管附件模板。而是通过参数化模型与设计表关联，批量生成管材、阀件模型并存入标准件库。即参数化建模实现从零到一，与设计表关联后批量生成模型的方式。结合过滤器筛选合适模型和资源表关联模式实现用户调用。

轮机建库作为船舶设计的一个重要组成部分，建立完整翔实的工程技术表、规格书、资源集以及管材和附件模型显得尤为重要，它是轮机三维设计的基础。在建库过程中工作量很大，需要设计人员根据研制需求进行系统规范的建库工作。同时，不同项目之间的数据库可以共享，可提高后期三维设计的效率，节省设计时间。

5.1　轮机建库流程

在建立轮机专业数据系统时，CATIA V6 平台可以充分融合船舶设计中的相关规则和知识，从而帮助设计者快速、高效地开展设计。

5.1.1　资源的概念及种类

软件将系统中定义的所有技术形式和表格统称资源，主要有以下三类的资源，其中基本表和设计规则均属于工程技术表（Technological Tables）。

1. 基本表

类似于正式的 Excel 表，包含一系列涉及管材属性和几何参数的离散值，如 Partsubtype，Nominalsize，Rating，Endstyle 等。相对 Excel 表而言有两大优点：首先，基本表各行数据被赋予知识工程化，可定义为 Length，Mass，Angle 等类型；其次，基本表之间可相互关联引用，减少了数据输入工作量。

2. 设计规则

在设计过程中向设计者提出预定义的解决方案，如弯管规则、分支规则、相容性规则和自动布放规则等。

3. 规格过滤器

通过定义筛选规则从标准件库中选择合适的管材或附件，以供设计者调用。

5.1.2 建库流程

在数据设置模块中,系统管理员需要将各种资源整合到相应的资源集,并将资源集绑定到具体项目中。整个建库流程见图 5-1 所示,具体建库步骤如下:

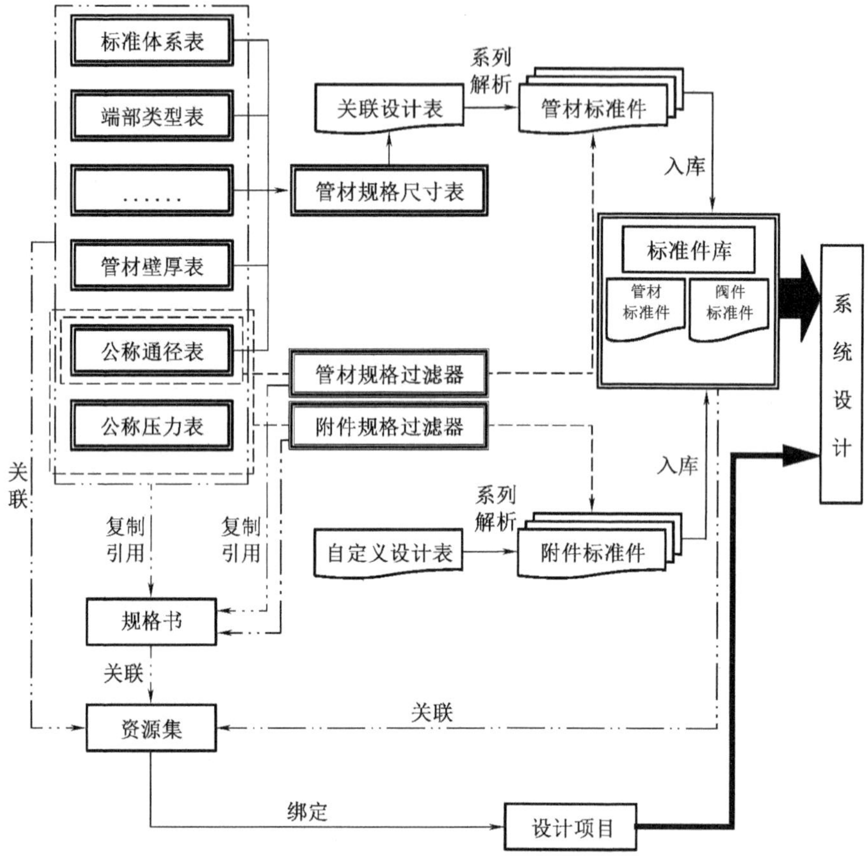

图 5-1 轮机建库流程图

(1)建立标准体系表、压力等级、端部类型等一系列工程技术表,实现技术表之间的关联,并派生出管材规格尺寸表。

(2)通过管材参数化模型与管材规格尺寸表关联后批量生成管材标准件,并存放到标准件库 Catalog 中分类管理。

(3)创建附件设计表,绘制参数化模型与之关联,批量生成几何模型后存入标准件库。

(4)针对具体设计系统分别创建管材、附件规格过滤器,从标准件库中选取设计所需的管材和附件,供设计人员调用。

(5)组合工程技术表、管材和附件过滤器等资源表创建系统规格书,再将上述资源表、规格书、标准件库关联到对应资源集 Piping/Tubing Specification Resource。

(6)将资源集与设计项目绑定完成整个建库工作。

在各种资源创建和关联过程中,可以创建多个相同类型的资源集,但同类型的资源集有且仅有一个能被绑定到同一设计项目中。同时,不同类型的资源集可被绑定到同一个设计项目中。对于资源表而言，同类不同名的资源集可以共享相同的资源表，也可以关联其他类型资源表。而同一用户可以参与一个或多个设计项目，在设计过程中，将充分利用设计项目中的各种资源，具体如图 5－2 所示。

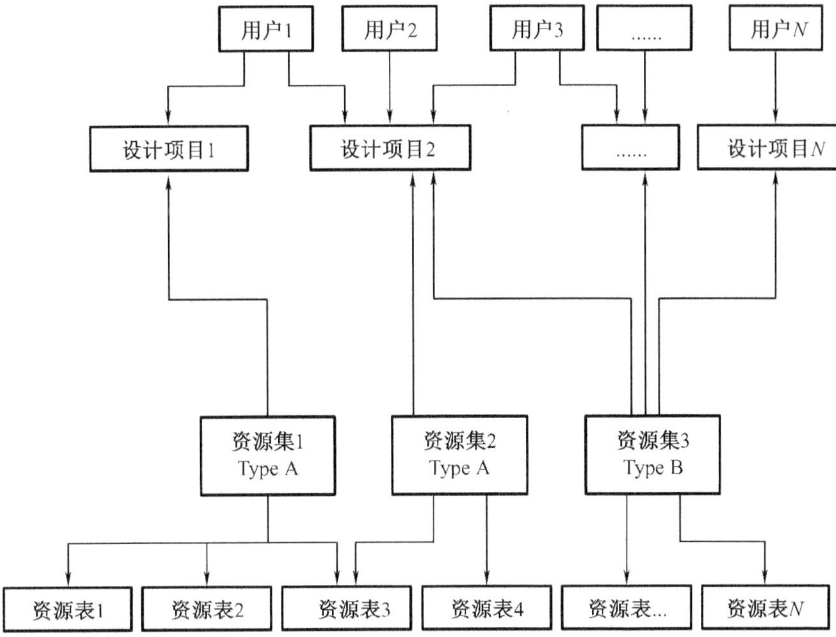

图 5－2　设计项目中各种资源关联关系

本章建库主要涉及管材和阀件建库工作，为此，选择 GB/T 14976—2012 不锈钢管材和 GB/T 584—2008 铸钢截止阀部分标准数据开展建库。通过标准查找和分析，获得表 5－1、表 5－2 中的数据，为后续软件操作提供了技术储备。

表 5－1　管材属性和几何参数表

序号	标准号	名称	材料	公称压力 PN/MPa	通径 DN/mm	规格	端面类型
1	GB/T 14976—2012	不锈钢无缝钢管	022Cr19Ni10	PN10	DN 32	Φ38×2	PEND
2	GB/T 14976—2012	不锈钢无缝钢管	022Cr19Ni10	PN10	DN 40	Φ45×2	PEND
3	GB/T 14976—2012	不锈钢无缝钢管	022Cr19Ni10	PN 16	DN 40	Φ48×3.5	PEND
4	GB/T 14976—2012	不锈钢无缝钢管	022Cr19Ni10	PN 10	DN 50	Φ57×2.5	PEND
5	GB/T 14976—2012	不锈钢无缝钢管	022Cr19Ni10	PN 64	DN 50	Φ60×3.5	PEND
6	GB/T 14976—2012	不锈钢无缝钢管	022Cr19Ni10	PN 100	DN 50	Φ63×5	PEND
7	GB/T 14976—2012	不锈钢无缝钢管	022Cr19Ni10	PN 10	DN 65	Φ70×2.5	PEND
8	GB/T 14976—2012	不锈钢无缝钢管	022Cr19Ni10	PN 64	DN 65	Φ76×4	PEND
9	GB/T 14976—2012	不锈钢无缝钢管	022Cr19Ni10	PN 10	DN 80	Φ89×3	PEND
10	GB/T 14976—2012	不锈钢无缝钢管	022Cr19Ni10	PN 25	DN 100	Φ108×3.5	PEND

表 5 - 2 GB/T 584—2008 铸钢截止阀属性和几何参数表

序号	公称压力 PN/MPa	通径 DN/mm	长度 L/mm	高度 H/mm	法兰外径 D/mm	手轮直径 D_0/mm	阀件内径 D_1/mm	螺栓圆周直径 D_2/mm	螺栓孔直径 d/mm	螺栓孔数量 n	法兰厚度 b/mm
1	PN10	DN 65	290	310	155	140	65	123	15	6	14
2	PN10	DN 80	310	345	170	160	80	138	15	8	14
3	PN10	DN 100	350	374	190	180	100	158	15	8	14
4	PN10	DN 125	400	426	215	200	125	183	15	10	14
5	PN10	DN 150	480	487	240	200	150	208	15	12	14
6	PN16	DN 125	400	465	225	250	125	187	17	10	15
7	PN16	DN 150	480	524	255	280	150	217	17	12	15

5.2 轮机建库实例

3DEXPERIENCE 使用 Data Setup 基础设施通过共同的预定义文档/规则配置模块，所有设计人员都可以调用。Data Setup 模块中的常用术语是：协同空间（Collaborative Spaces），资源集（Resource Set），资源（Resource）。

在 Data Setup 模块中，可使用 Create a new Resource Table（创建新资源集）命令创建新的资源集，并将文件关联到资源集；也可通过 3D XML 导入完整数据设置（包含现有资源集与相关的资源文件）；还可使用 Copy the selected Resource Table（复制资源集）命令复制现有资源集。对于管路设计而言，所需资源集涉及：Piping/Tubing Specification Resource，Piping Diagram Resource，Equipment Resource，Diagram Resource。

在 CATIA V6 软件中，仅 Owner 角色具备数据设置操作权限。因此，登录软件时，在 Select Credentials（凭证）对话框中，【Role】一栏选择 Owner。进入操作界面后，在罗盘北象限，点击 My Social and Collaborative Apps（社交及协作应用）。在 My Roles / Profile 一栏，选择 Platform Contributor。点选 My Social and Collaborative apps 区域的 Data Setup 模块进行数据设置。在 Data Setup 主页面中，左侧为合作区，右侧为 Resource Tables 和 Know - how Apps Packages。

在 Resource Tables 中，右击 Piping/Tubing Specification Resources，在下拉菜单选择 Create a new Resource Table，创建一个新的资源集。在 Resource Set（资源设置）对话框中，对应标题栏输入系统代号 - Resource Set（文中系统代号为 462A，下同），如图 5 - 3 所示，点击【OK】按钮，并在随后弹出的资源集编辑对话框中点击【OK】完成创建。

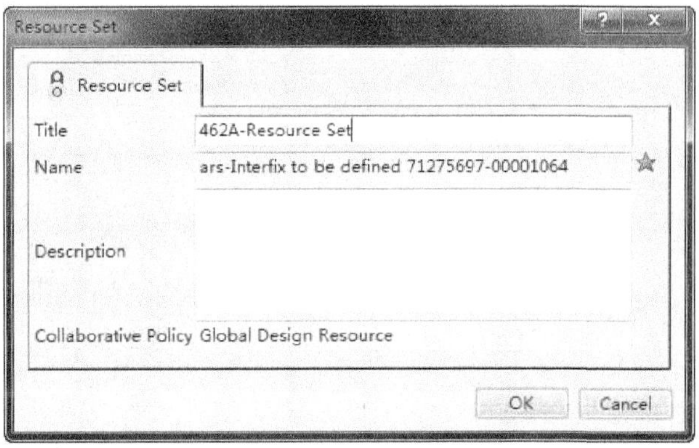

图 5-3　Resource Set 定义对话框

5.2.1　创建工程技术表

下面开始创建具体的标准体系表(Standard Table)、公称通径表(Piping Nominal Size Table)、压力等级表(Piping Rating Table)、材料种类表(Material Category Table)、材料表(Material Table)、端部类型表(End Style Table)、部件子类表(Part Subtype Table)、管材外径表(Piping Outside Diameter Table)和管材壁厚表(Piping Wall Thickness Table)等。

1. 创建标准体系表

标准体系表(Standard Table)主要指项目设计过程中采用的标准体系,便于统一单位制等内容,而并非所涉及的具体标准,建议定义为 ANSI,din-en 等。创建标准体系表时,选择【Add】→【Content…】,在 New Content(新建内容)对话框中,选择【Types】→【Common Equipment And Systems Engineering Specification】→【Standard Table】或者在 New Content 对话框下侧空白栏直接输入 Standard 字样按键盘回车键进行查找,系统自动搜索出 Standard Table,如图 5-4 所示。点击【Standard Table】,自动进入 Engineering Specification Data 区域编辑数据。为便于识别,右键单击特征树上 Technological Tables 节点下的 Standard Table00000305,选择【Properties】,在弹出的 Properties 对话框中,将【Title】一栏的 Standard Table00000305 改为 Standard Table,点击【OK】完成修改。

在下侧工具栏 Engineering Specification Edition(工程规范版)一项中,单击【Add Row】(添加行)图标,表格中自动增加一行。在 Technological Table Editor 中,选择第一行,点击并输入 GB(表示所有标准均为我国现行标准),如图 5-5 所示。

提示　进入 Engineering Specification Data 界面后,Engineering Specification Capture & Reuse 应用程序将打开 Technological Table Editor。若没有表格出现,请单击视图上侧的向下箭头。

2. 创建公称通径表

在创建公称通径表时,通过【Add】→【Content…】,点击【Types】→【Piping Physical Engineering Specifictaions】→【Piping Nominal Size Table】进行创建,将【Title】修改为 Piping Nominal Size Table。同时,需在 Standard 一项选择标准体系 GB,点击【OK】按钮(见图 5-6)。在 Technological Table Editor 界面中,依次输入 DN 6,DN 8,DN 10,DN 15,DN 20,DN 25,DN 32 等通径值,如图 5-7 所示。

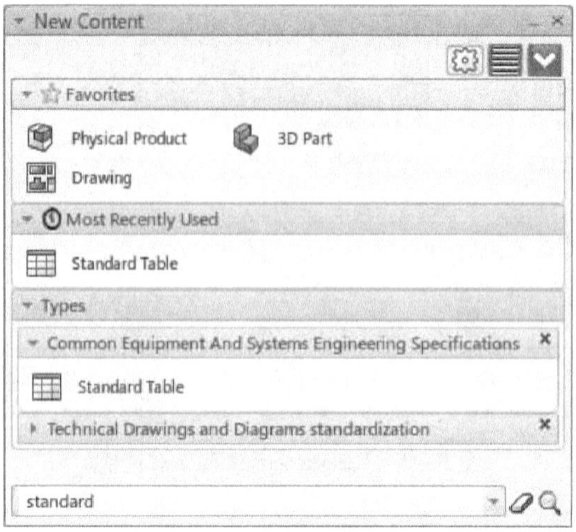

图 5－4　New Content 对话框

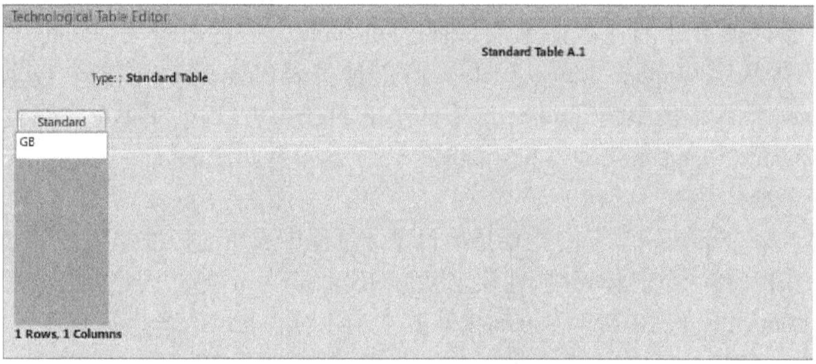

图 5－5　Standard Table 创建

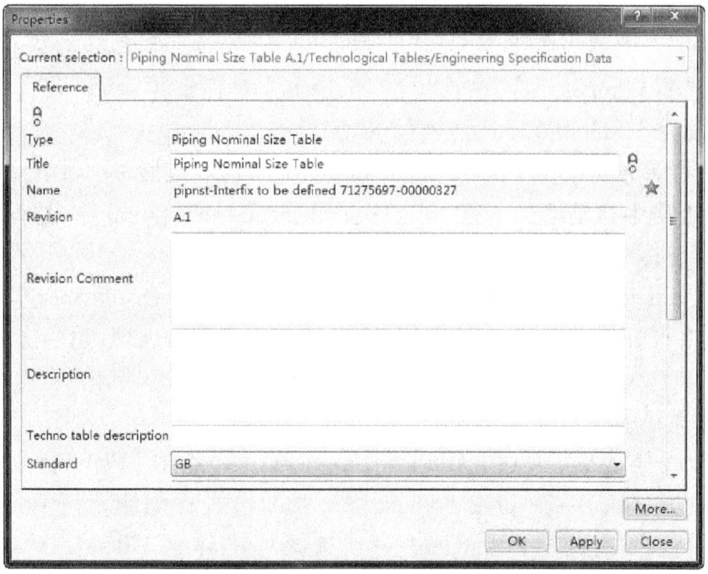

图 5－6　Properties 对话框中 Standard 设置

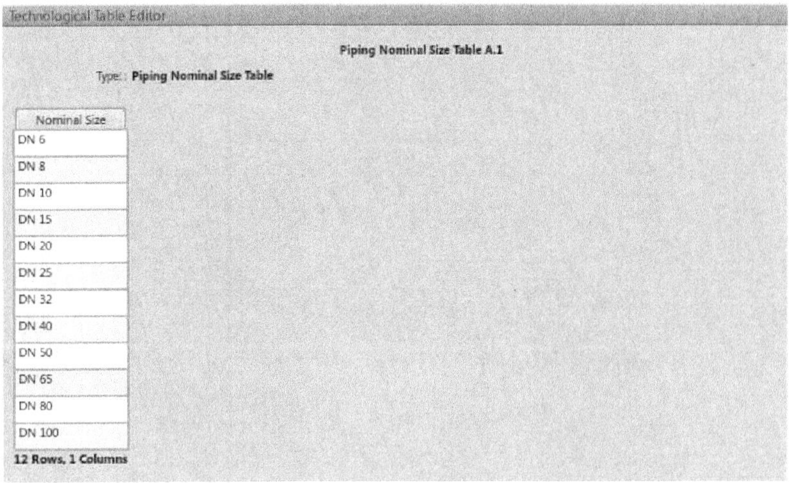

图 5－7　Piping Nominal Size Table 创建

3. 创建材料表

在创建 Material Table 时，选择【Add】→【Content…】，在 New Content（新建内容）对话框中，选择【Types】→【Materials】→【Core Material】。在 Materials in session 特征树中，右击 Core Material00000201 在下拉菜单中选择【Properties】（见图 5－8）。输入相应数值，【Title】：022Cr19Ni10；【Density】：7930 kg_m3；然后单击【OK】按钮，如图 5－9 所示。

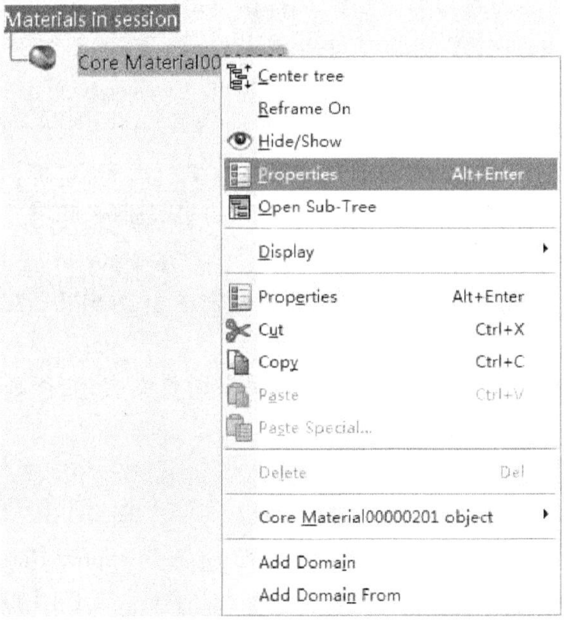

图 5－8　拉菜单中选择 Properties

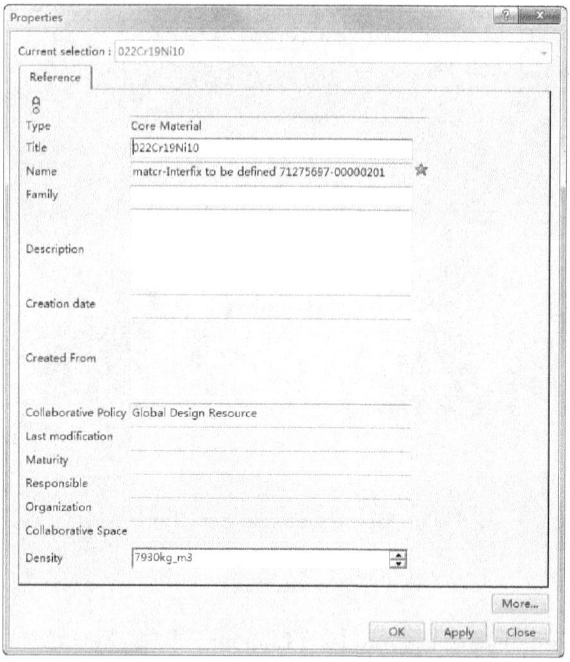

图 5-9 Material Table 的 Properties 设置

4. 创建材料种类表

在 New Content(新建内容)对话框中,选择【Types】→【Common Equipment And Systems Engineering Specification】→【Material Category Table】,重命名为 Piping Material Category Table,依次填写下列材料类别值:Stainless Steel、Carbon Steel, Cast Steel, Forge Steel, Aluminum Bronze,Asbestos Rubber 完成该表(见图 5-10)。重新定义一个新的 Material Table,命名为 Piping Material Table,右键单击表格右侧标题行,选择【Edit】。在两栏中分别选择具体设置:Piping Material Category Table,Material Category(见图 5-11),然后单击【OK】按钮。单击【Add Row】图标,表格中自动增加一行,点击 Material 项下的空白处,进入搜索模式,切换页面,点选之前创建的 022Cr19Ni10,表中自动出现 022Cr19Ni10,在 Material Category 项下选择 Stainless Steel,保存整个操作。

提示 在开展工程技术表内容编辑时,尽量采用英文表述,否则在后续设计时可能会出错。

5. 创建端部类型表和压力等级表

创建 End Style Table 时,进行重新命名,依次输入:PEND,BEND,BELL,FORM,如图 5-12所示。创建 Piping Rating Table 时,需将【Title】改为 Piping Rating Table,输入相应数值:PN 0.5,PN 1,PN 1.5,PN 2,PN 2.5,PN 4,PN 6,PN 8,...,PN 100 等,如图 5-13 所示。

6. 创建部件子类说明表

通过【Add】创建一个新的 Customer table,将【Title】更名为 Piping Behavior Class,在 Technological Table Editor 界面,右键点击标题行,在下拉菜单中选择【Add a new column...】,依次选择如下:【Name】:Behavior_Class;【Type】:String,点击【OK】按钮,按照相同步骤增加另一列,设置如下:【Name】:Behavior_Class(NLS);【Type】:String。并分别在

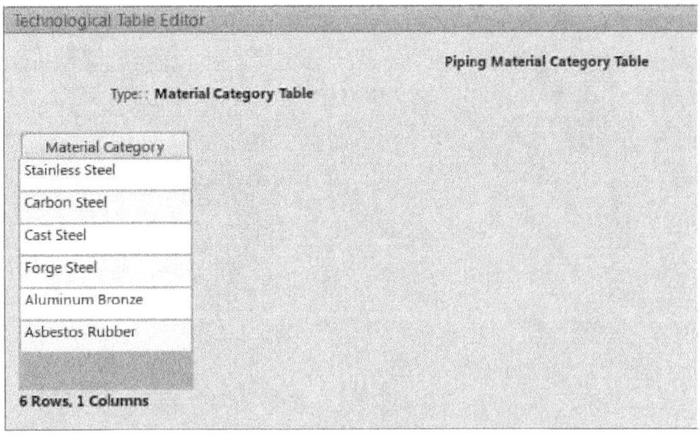

图 5－10　Material Category Table 创建

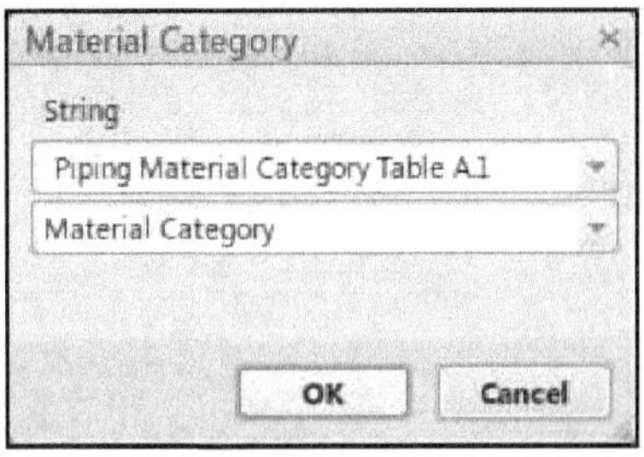

图 5－11　Material Table 参数关联

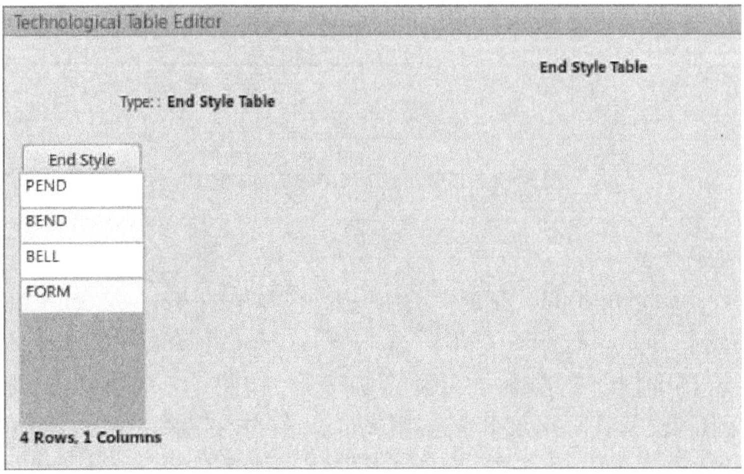

图 5－12　End Style Table 创建

Behavior_Class、Behavior_Class(NLS)两列输入:Piping_Piping_PartV1,Piping Miscellaneous;Piping_Piping_PartV2,Piping Part;Piping_Cap,Piping Cap...,如图 5-14 所示。

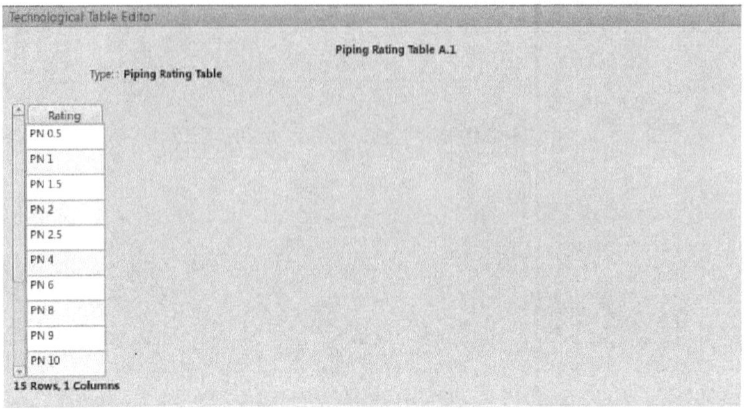

图 5-13 Piping Rating Table 创建

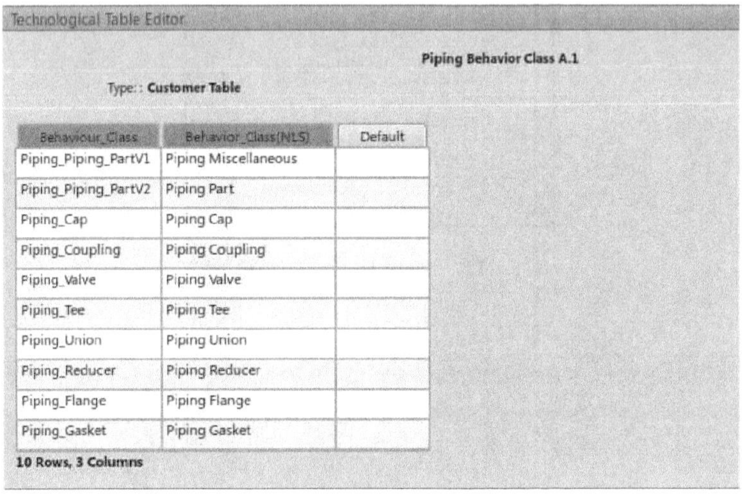

图 5-14 Piping Behavior Class 创建

7. 创建部件子类表

接着创建 Part Subtype Table,在表中增加一列,在弹出的 New column edition 对话框中,设置如下:【Name】:Behavior_Class(NLS);【Type】:String;【Linked Table】:Piping Behavior Class A.1。点击【OK】按钮,对话框自动增加一行,如图 5-15 所示。同时,右键选择 Behavior Class 列标题栏,在下拉菜单中选择【Edit...】,并在随后弹出的 Behavior Class 对话框中选择 Piping Behavior Class A.1,点击【OK】按钮,然后按图 5-16 中的内容进行参数填写。

8. 创建管材外径表

创建 Piping Outside Diameter Table 时,结合表 5-1 中的规格尺寸,将所有外径值输入表中,如图 5-17 所示。此外,在属性中的 Standard 一栏输入 GB。

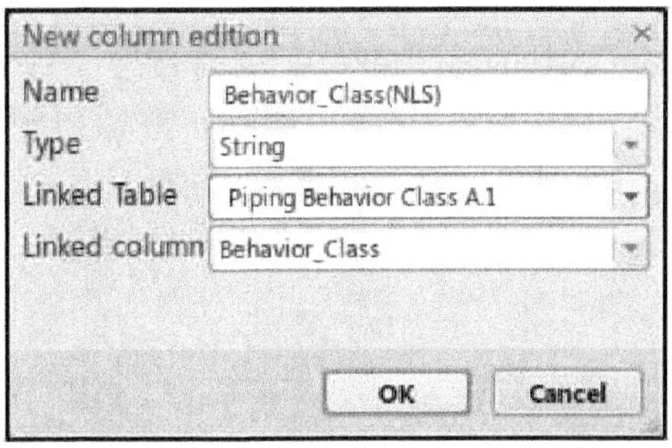

图 5－15　New column edition 对话框

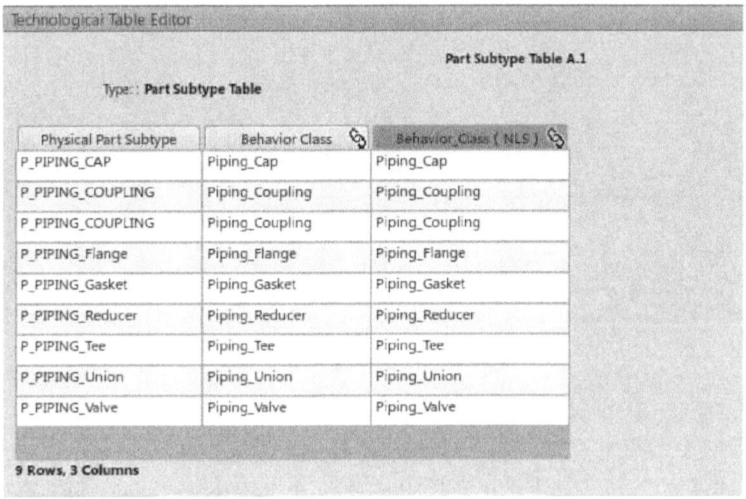

Physical Part Subtype	Behavior Class	Behavior_Class (NLS)
P_PIPING_CAP	Piping_Cap	Piping_Cap
P_PIPING_COUPLING	Piping_Coupling	Piping_Coupling
P_PIPING_COUPLING	Piping_Coupling	Piping_Coupling
P_PIPING_Flange	Piping_Flange	Piping_Flange
P_PIPING_Gasket	Piping_Gasket	Piping_Gasket
P_PIPING_Reducer	Piping_Reducer	Piping_Reducer
P_PIPING_Tee	Piping_Tee	Piping_Tee
P_PIPING_Union	Piping_Union	Piping_Union
P_PIPING_Valve	Piping_Valve	Piping_Valve

图 5－16　Part Subtype Table 对话框

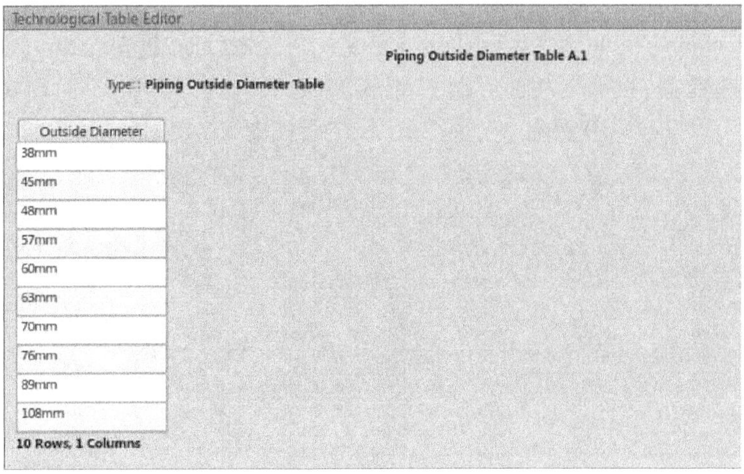

Outside Diameter
38mm
45mm
48mm
57mm
60mm
63mm
70mm
76mm
89mm
108mm

图 5－17　Piping Outside Diameter Table 创建

9. 创建管材壁厚表

通过添加 Piping Customer Advanced Table,实现管材壁厚表 Piping Wall Thickness Table 创建,在表中增加一列,在弹出的 New column edition 对话框中,输入参数:【Name】:Wall Thickness;【Type】:Length;【Linked Table】:No link。分析表 5－1 中的管材规格,依次输入:2 mm,2.5 mm,3 mm,3.5 mm,4 mm,5 mm,如图 5－18 所示。在属性 Standard 一栏中输入 GB。

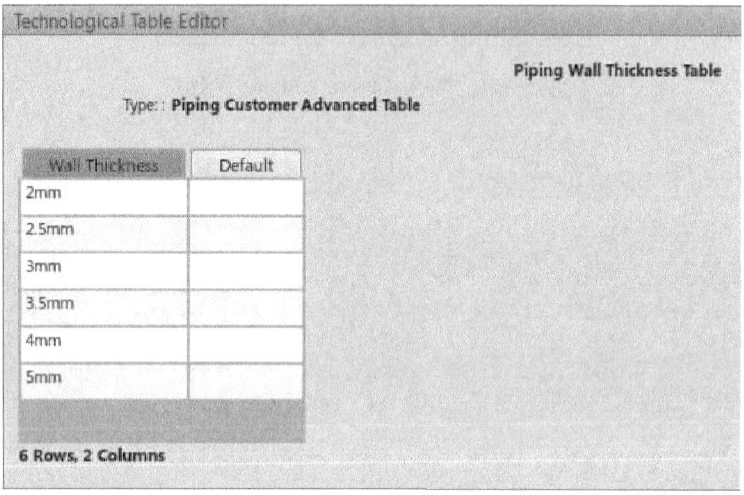

Wall Thickness	Default
2mm	
2.5mm	
3mm	
3.5mm	
4mm	
5mm	

图 5－18　管材壁厚表创建

10. 创建管材参考尺寸表

在创建上述资源表的基础上,可关联生成 Piping Reference Dimension Table。管材参考尺寸表具有不同的标准化属性,包含标准体系、压力等级、公称通径、外径、壁厚、材料等。由于本表由外径、壁厚等一系列参数派生而成,需要对每列参数进行设置。以 Nominal Size 需要创建关联为例,即右键选择标题行并在下拉菜单中选择【Edit...】,在弹出对话框中选择 Piping Nominal Size Table A.1,点击【OK】完成关联。之后通过【Add Row】图标增加行,参考表 5－1 添选数据,此外,为了后续三维模型便于识别,增加一列 Title,具体内容按 "Stainless Pipe 022Cr19Ni10 外径 x 壁厚" 命名,结果如图 5－19 所示。

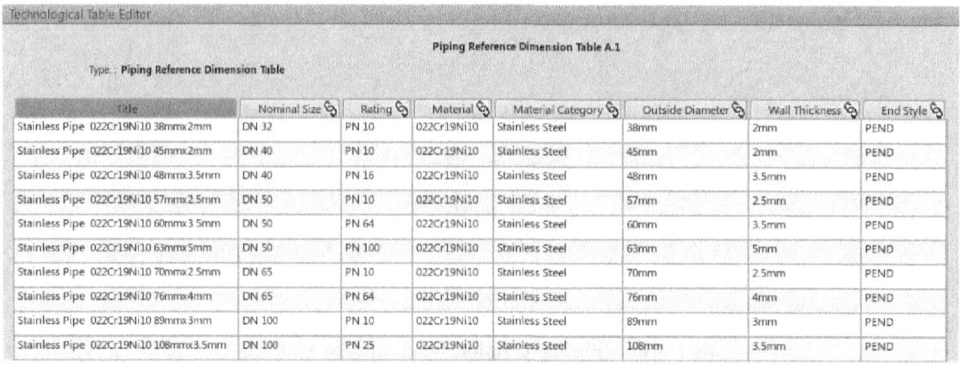

Title	Nominal Size	Rating	Material	Material Category	Outside Diameter	Wall Thickness	End Style
Stainless Pipe 022Cr19Ni10 38mmx2mm	DN 32	PN 10	022Cr19Ni10	Stainless Steel	38mm	2mm	PEND
Stainless Pipe 022Cr19Ni10 45mmx2mm	DN 40	PN 10	022Cr19Ni10	Stainless Steel	45mm	2mm	PEND
Stainless Pipe 022Cr19Ni10 48mmx3.5mm	DN 40	PN 16	022Cr19Ni10	Stainless Steel	48mm	3.5mm	PEND
Stainless Pipe 022Cr19Ni10 57mmx2.5mm	DN 50	PN 10	022Cr19Ni10	Stainless Steel	57mm	2.5mm	PEND
Stainless Pipe 022Cr19Ni10 60mmx3.5mm	DN 50	PN 64	022Cr19Ni10	Stainless Steel	60mm	3.5mm	PEND
Stainless Pipe 022Cr19Ni10 63mmx5mm	DN 50	PN 100	022Cr19Ni10	Stainless Steel	63mm	5mm	PEND
Stainless Pipe 022Cr19Ni10 70mmx2.5mm	DN 65	PN 10	022Cr19Ni10	Stainless Steel	70mm	2.5mm	PEND
Stainless Pipe 022Cr19Ni10 76mmx4mm	DN 65	PN 64	022Cr19Ni10	Stainless Steel	76mm	4mm	PEND
Stainless Pipe 022Cr19Ni10 89mmx3mm	DN 100	PN 10	022Cr19Ni10	Stainless Steel	89mm	3mm	PEND
Stainless Pipe 022Cr19Ni10 108mmx3.5mm	DN 100	PN 25	022Cr19Ni10	Stainless Steel	108mm	3.5mm	PEND

图 5－19　Piping Reference Dimension Table 创建

提示　在创建 Piping Reference Dimension Table 时，Rating 值应结合管道压力等级对应壁厚关系进行选取。

5.2.2　创建规格书并实现资源表关联

1. 创建规格书

到此工程技术表创建完毕，选择【Add】→【Content…】，在 New Content（新建内容）对话框中，选择【Types】→【Piping Physical Engineering Specifications】→【Piping Specification】进行规格书创建，并将【Title】改为系统代号 - Piping Specification。通过拷贝和粘贴操作，将 Technological Tables 下的所有技术表复制到规格书系统代号 - Piping Specification 下。

当点击打开规格书时，技术表会在 Spreadsheet Editor（电子表格编辑器）中自动打开。也可通过点击 Technological Table Editor（工程规范编辑器）的电子表格图标打开它。默认的电子表格编辑器和工程规范编辑器作为两种不同视图显示着相同数据。

在 Spreadsheet Editor 中，主要操作工具如下：

【New Row】：按与被选对象同一层级创建一空行。

【New Child】：在选定对象下创建一行。

【Duplicate Row】：创建选定引用的一个新实例，即复制选择行。

【Insert Existing Object】：搜索与规范相关联的对象。

【Anchor Context toolbar】：在激活状态下标题区域显示行命令，否则在选定单元格上方显示。

【Display/hide additional properties】：显示已隐藏的属性。

【Expand All Rows and Collapse All Rows】：显示或隐藏被选对象的下一层级。

【Export To File】：以 xls 或 csv 格式文件输出 Spreadsheet 表。

【Hierarchical View and Flattened View】：按扁平化显示或同一水平显示。

提示　Specifications 下可建立一系列规格书，而 Technological tables 下的技术表可理解为基础数据表，可创建但不能删除，供 Specifications 下的规格书进行有效引用。

2. 建立标准件库

为有效存储创建的三维几何管材和附件，需要建立 Catalog 和 Chapter，Chapter 为资源库下的章节，可以理解为文件夹。选择【Add】→【Content…】，在 New Content（新建内容）对话框中下侧，输入 Catalog，系统自动出现【Catalog】按钮，点击按钮，弹出对话框，将【Name】定义为 Lub Piping Catalog，如图 5 - 20 所示，点击【OK】按钮进行 Chapter 创建。通过【Insert】→【New Chapter】的操作方式，创建新的 Chapter，生成如图 5 - 21 所示的结构树。

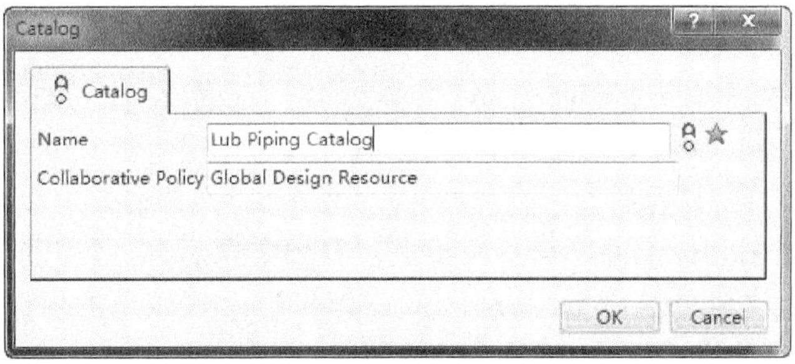

图 5 - 20　Catalog 创建对话框

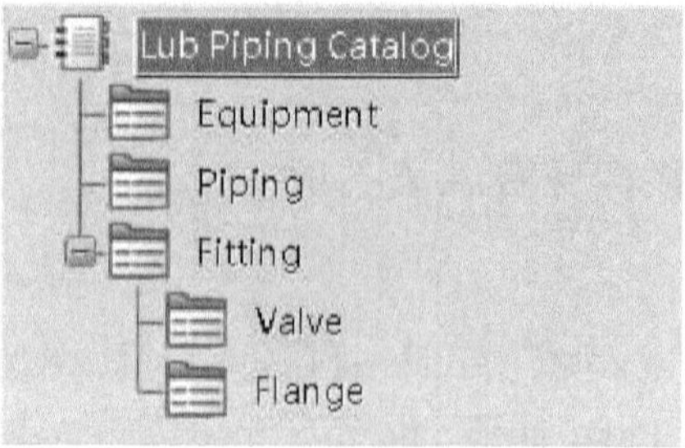

图 5－21　标准件库结构树

3. 实现技术表、规格书和标准件库与资源集相关联

返回到 Data Setup 模块中，将技术表（Technological tables）、规格书和标准件库关联 Piping\Tubing Specification Resources set 资源集。右键点击系统代号－Resource Set，随后弹出资源集编辑对话框，依次实现 Default Piping/Tubing Specification、Standard、Part Subtype 等各项关联。对于 Standard 项而言，右键点选【Resource】一列的 < Unset >，选择 Choose the assigned resource。在 Select a Standard Table for item Standard 对话框中，选择 From Session 项下的【Retrieve Loaded Objects】按钮，系统将自动搜索并选中上述创建的 Standard Table，如图 5－22 所示，点击【OK】完成操作。按照上述方法完成所有技术表、规格书和标准件库与资源集相关联，如图 5－23 所示。

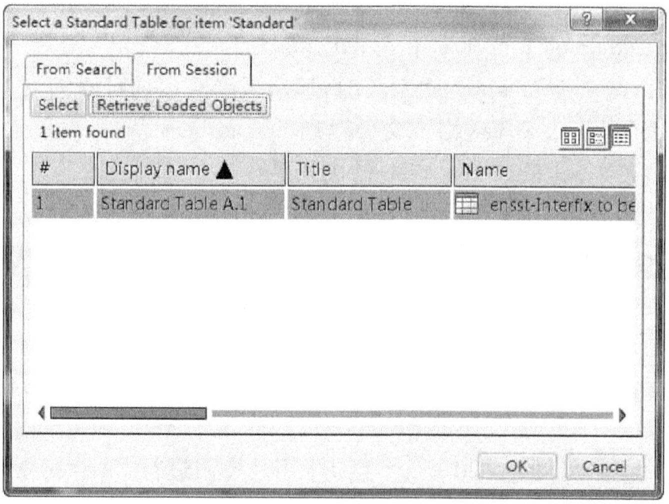

图 5－22　Select a Standard Table for item ‘Standard’对话框

提示　选取技术表可通过 From Search 方式，即输入技术表 Title 关键字进行搜索，在搜索结果中选择 Standard Table 表，点击【OK】完成操作。

4. 实现资源集与项目绑定

将技术表、规格书和标准件库与资源集实现有效关联后，需要将创建的资源集系统代号－Resource Set 拖放至左侧 Collaborative Spaces bindings 区域下的项目，实现与设计项目相绑定，然后保存，操作完成后的界面如图 5－24 所示。

图 5 - 23　关联技术表和 Catalog 的资源表

图 5 - 24　实现资源集与项目绑定

5.2.3　生成管材设计表

1. 建立管材设计表

通过【Add】→【Content…】操作进入 New Content（新建内容）对话框，在对话框下侧，输入 Rigid，系统自动弹出 Piping and Tubing Physical 列表下的【Rigid Pipe】按钮，点击按钮自动进入 Piping & Tubing 3D Part Design 模块，右键点击根节点进行属性定义设置，将【Title】更名为 Pipe_GB/T 14976 - 2012，选取相应标准体系和材料，如图 5 - 25 所示。选择工具栏【Fluid Design】下的【Design Table from Technological Table】按钮，系统自动在界面右上角弹出如图 5 - 26 所示的选择或查询提示。切换界面进入 Engineering Specification Capture & Reuse 应用程序，选择规格书系统代号 - Piping Specification 下的技术表 Piping Reference Dimension Table，将自动弹出如图 5 - 27 所示对话框，点击【No】按钮，随即在 CATA Piping & Tubing 3D Part Design 模块特征树的 Relations 节点下生成设计表。

提示　在上述操作过程中，Engineering Specification Capture & Reuse 应用程序处于开启状态，若应用程序未打开，需率先开启再点击 Design Table from Technological Table 按钮。

2. 添加材料信息

在 Tools 工具栏下，选择【Material Browser】按钮，系统自动弹出上述创建的 022Cr19Ni10，选取并拖至 3D Part Design 模块特征树的 Rigid Pipe_GB/T 14976 - 2012 处，特征树中将增加 Materials 节点，系统出现上下文工具条，选择√，关闭工具条。于是，整个特

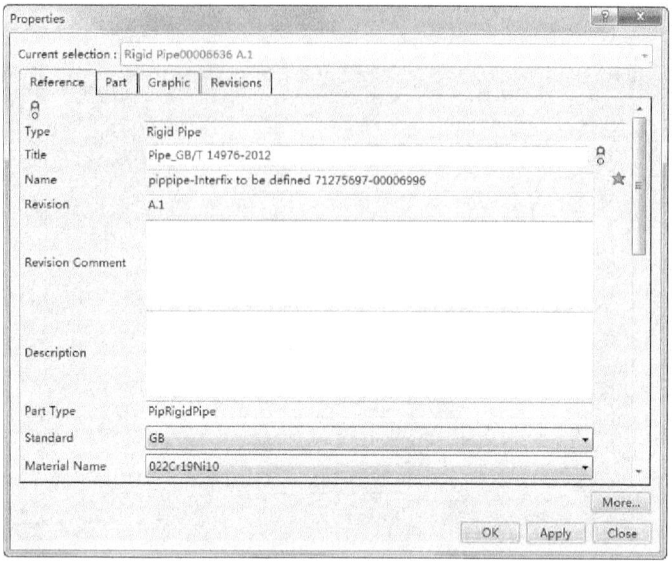

图 5-25　管材属性定义设置

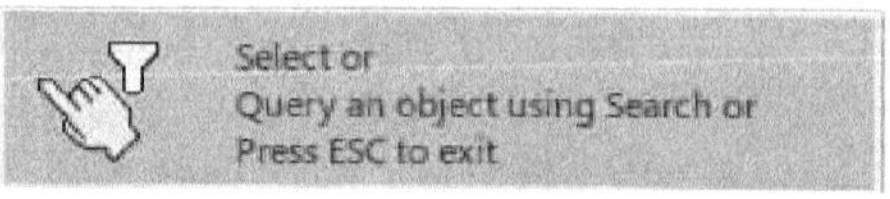

图 5-26　选择或查询提示

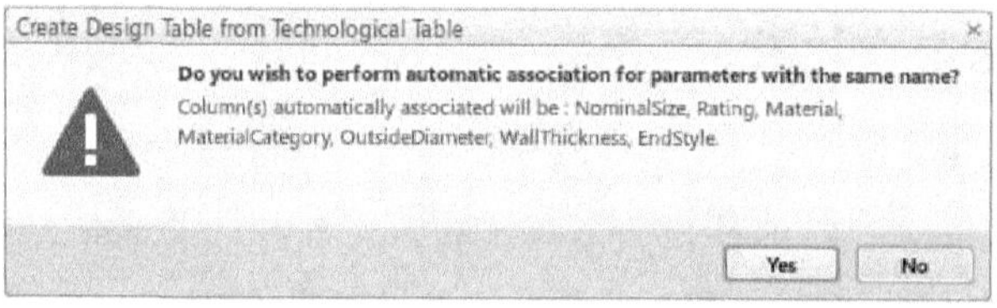

图 5-27　Create Design Table from Technological Table 对话框

征树中出现材料信息,如图 5-28 所示。

3. 关联管材属性和几何尺寸

双击特征树中 Relations 节点下的设计表,自动弹出如图 5-29 所示对话框,点选 Associations 选项卡,结合 < Shift > 键全选 Columns 下的所有项目,点击【Create parameters...】按钮,随后弹出 OK Creates Parameters For Selected Lines 对话框(见图 5-30),点击【OK】按钮,返回至上一级对话框,点击【OK】完成操作并保存。

在左侧特征树双击 RoutableGeometricalSet.1 特征中的 Section.1 下的 Size 项,自动弹出【Edit Parameter】对话框,右键点击数字栏并在下拉菜单中选择【fx formula】,在弹出对话框中双击 Parameters 特征下的 OutDiameter 参数项,即可实现设计表中外径参数与管材模板相关联。同样对 Section.1 下的 Thickness 项和 Parameters 特征下的 Wall Thickness 参数项进行操作,可实现设计表中壁厚参数与模板相关联。

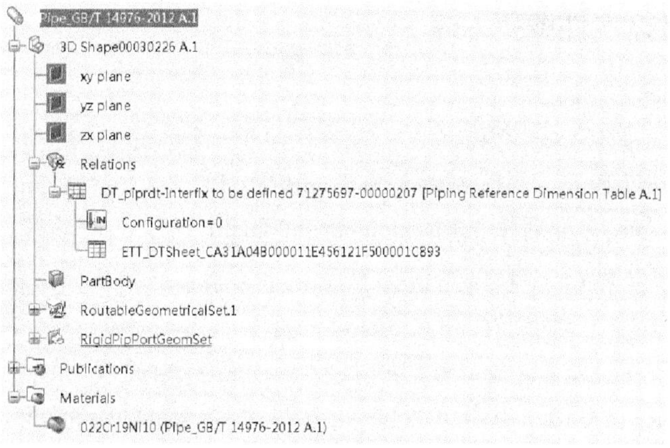

图 5－28　生成设计表后的特征树

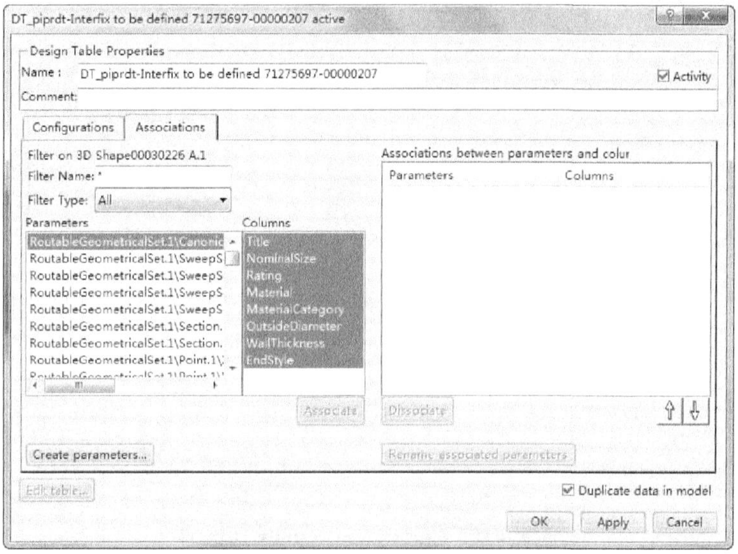

图 5－29　设计表参数创建

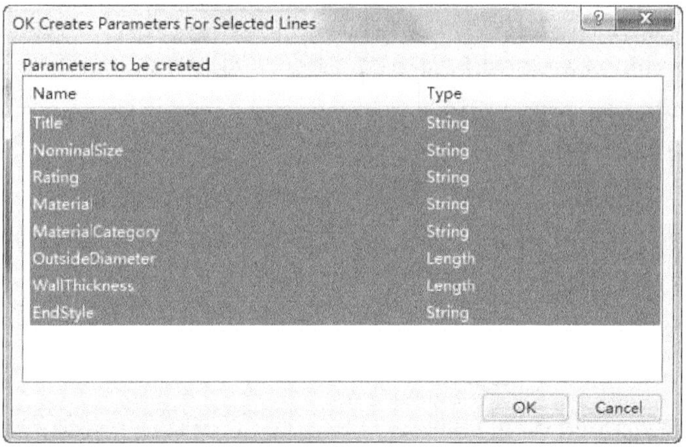

图 5－30　OK Creates Parameters For Selected Lines 对话框

5.2.4 管材标准件解析入库

1. 选择管材文件

Leader 角色设计人员登陆 CATIA V6，选择【Add】→【Content…】，在 New Content（新建内容）对话框中，选择【Types】→【Component Family】→【Component Family】，弹出如图 5-31 所示的 Component Family 对话框，选择 Component Family Model 选项卡，设置如下：【Family type】：Design Family；【Maturity Management】：Manual change。选择对话框下侧的按钮，自动弹出 Object Selection 对话框，在 From Search 一栏，输入前述创建的 Pipe_GB/T 14976-2012 中的关键字 Pipe_，选择【Search】按钮，自动搜索出相关内容，选择对应 Pipe_GB/T 14976-2012 项（见图 5-32），点击【OK】按钮返回到 Component Family 对话框中，【Generic Model】和【Table】一栏将分别显示前述创建的相关信息，再次点击【OK】按钮。

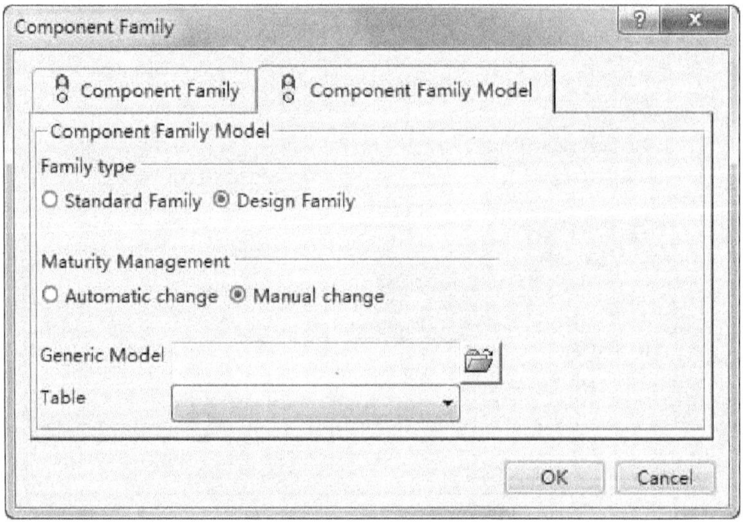

图 5-31 Component Family 对话框

2. 关联管材属性

选择 Component Family 工具栏中的【Valuate Attributes】按钮，弹出 Attributes Management 对话框，选择属性 Title（String），在【Column】列表中，选择 Title（String），如图 5-33 所示。同样选择设计表中的相关参数与属性关联。

3. 实施管材解析

选择 Component Family 工具栏中的【Test and Resolve Family Items】按钮，参数选择如下：【Items Selection】：All；Resolve items，选择【Execute】按钮进行解析，如图 5-34，解析完后整个界面如图 5-35 所示。

4. 管材标准件入库

在 Component Family 工具栏，选择【Manage Component Family Catalogs】按钮，弹出 Catalog Management 对话框，选择【Catalog】一栏按钮，搜索存放几何管材的 Catalog（本文为 Lub Piping Catalog），随后在 Chapter 一栏选择相应 Chapter（本文为 Piping），选择 Keywords 区域，将 Available keywords 栏中的项目移至 Selected keywords 栏，并确保 Title

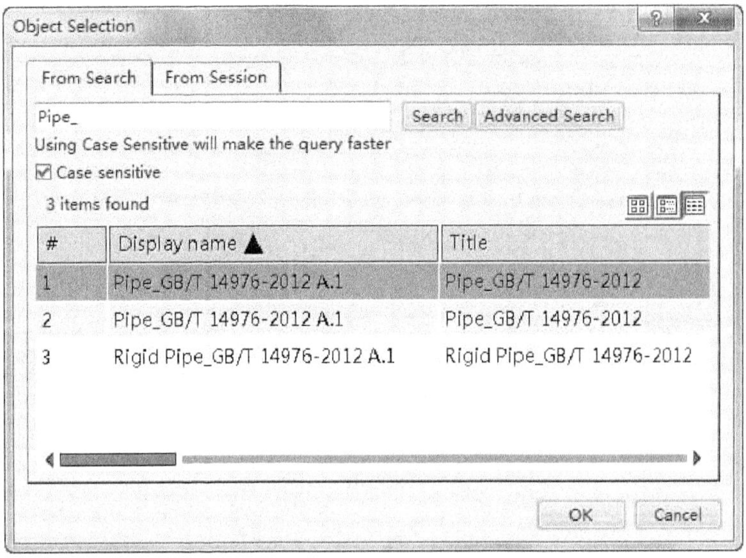

图 5－32　Object Selection 对话框

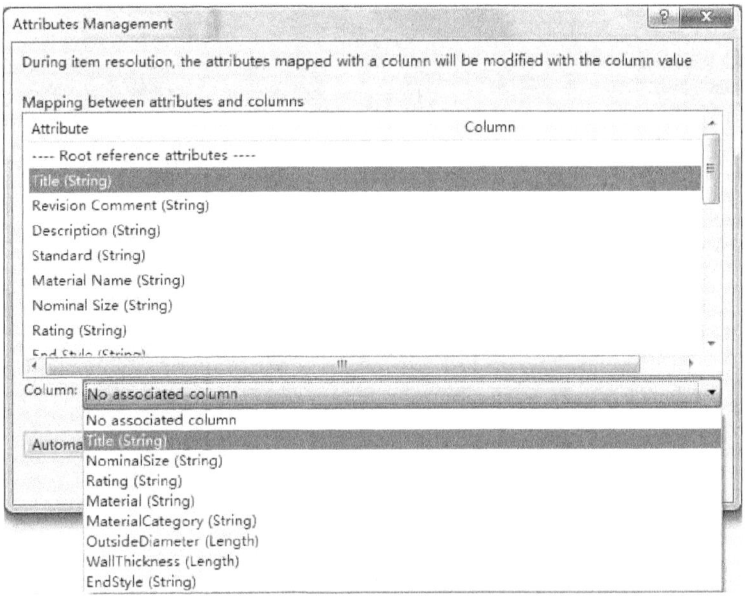

图 5－33　Attributes Management 对话框

(string)项置顶。点击【Fill chapter】按钮进行存放，如图 5－36 所示。系统显示保存成功后，点击【Close】退出对话框。通过 CTG 搜索命令进入 Lub Piping Catalog，发现 Catalog 中的 chapter 组成如图 5－37 所示，显示已存放的管材规格。

提示　CTG 搜索命令进入 Lub Piping Catalog 后，可右键选择 Piping 章节，在下拉菜单中选择【Chapter】→【Manage Keywords】，在视图区显示各种规格管材的 Keywords 信息和 Piping Reference Dimension Table 内容。

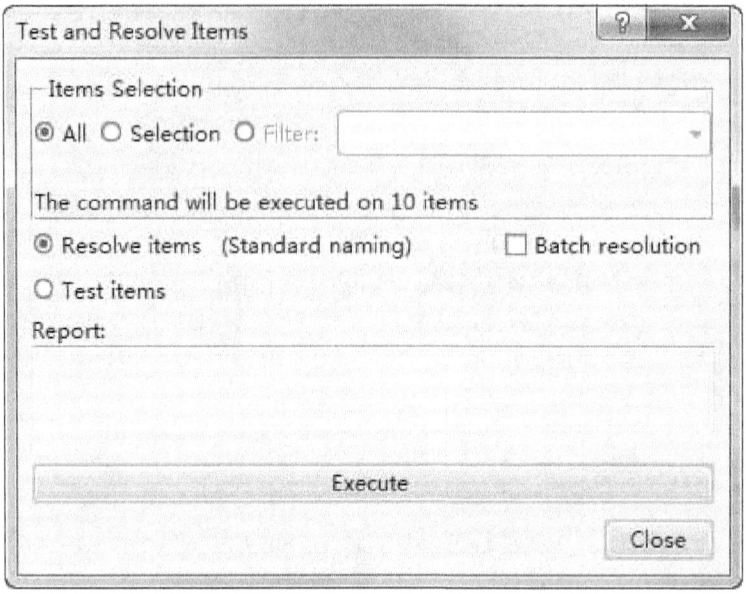

图 5-34 Test and Resolve Items 对话框

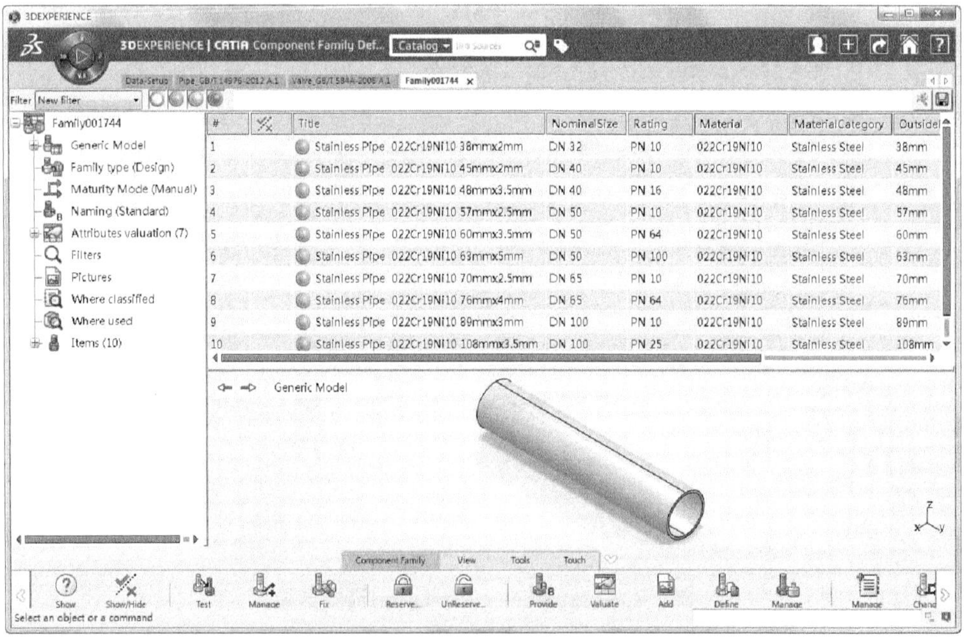

图 5-35 管材解析完成后的 CATIA 界面

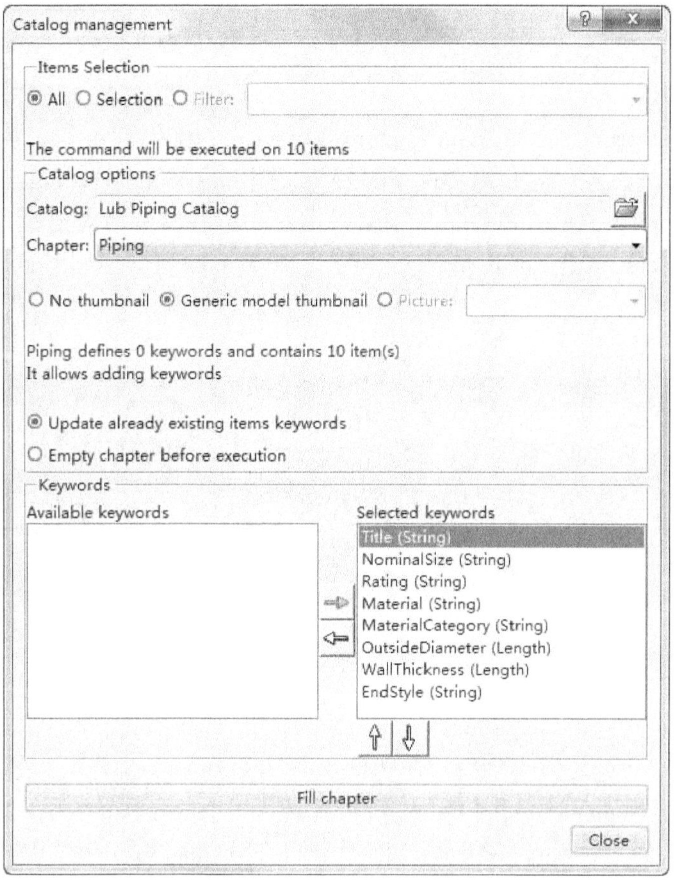

图 5 – 36　Catalog management 对话框

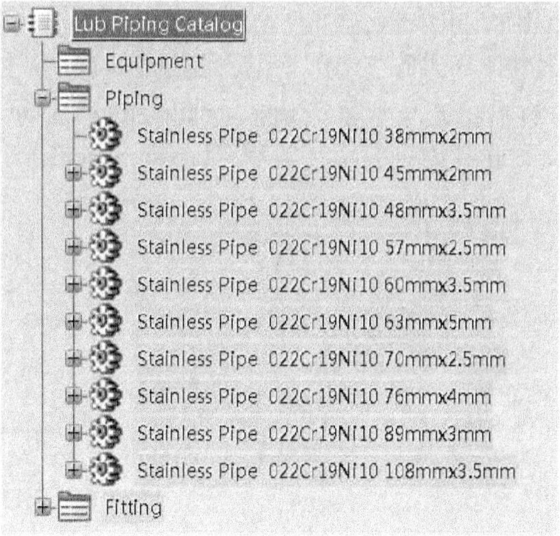

图 5 – 37　Catalog 中的 Piping chapter 变化

5.2.5 创建管材过滤器

通过 Add 工具进入 New Content(新建内容)对话框,点击【Piping Rigid Pipe Filter】按钮,直接进入 Engineering Specification Capture & Reuse 应用程序,在特征树 Part Filters 节点下生成一个新的节点,将名称改为 Pipe Filter。点击【Engineering Specification Edition】工具栏的【Add Filter Unit】按钮,在视图区域下侧弹出一个过滤器编辑对话框,在【Filter unit】一栏输入 Pipe_Stainless,点击 Not Returned 区域的【Rigid Pipe】,转换到 Returned 区域,然后点击【Next】按钮,如图 5-38 所示。

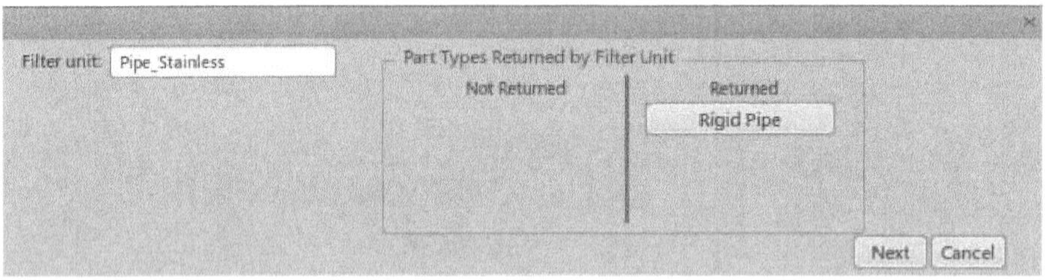

图 5-38 过滤器编辑对话框

在接下来的对话框中,选择 Lub Piping Catalog,并选择相关节点 Piping,点击【Next】按钮,进入参数选择界面。通常将通径、压力等级作为过滤器关键参数,依次点击 Unselected Parameters 区域的【NominalSize】,【Rating】,将其转入 Selected Parameters 区域,点击【Next】按钮,如图 5-39 所示。在下一操作界面中,对应 NominalSize 一行,设置如下:【Type】:Nominal Pipe Size;【Linked Table】:Piping Nominal Size Table A. 1;【Linked Column】:Nominal size。在 Rating 一行,设置如下:【Type】:String;【Linked Table】:Piping Rating Table A. 1;【Linked Column】:Rating,点击【Next】按钮进行参数取值设定。选择 NominalSize 一列,表下侧显示一系列通径值,运用 <Shift> 键选择 DN 65 和 +∞,【Any value】栏内容显示 >= DN 65;选择 Rating 一列,选择 PN 10,通过 + 增加一行,增选 PN 16,点击【Finish】按钮完成过滤器创建操作,如图 5-40 所示。进入 Engineering Specification Capture & Reuse 界面,运用复制粘贴功能将 Pipe Filter 关联到规格书系统代号 - Piping Specification 下。

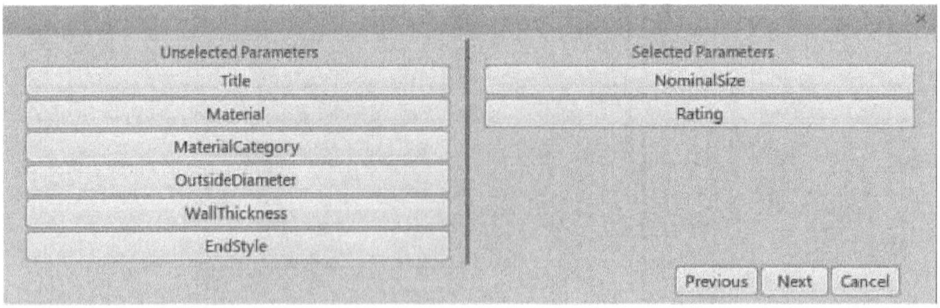

图 5-39 参数选择界面

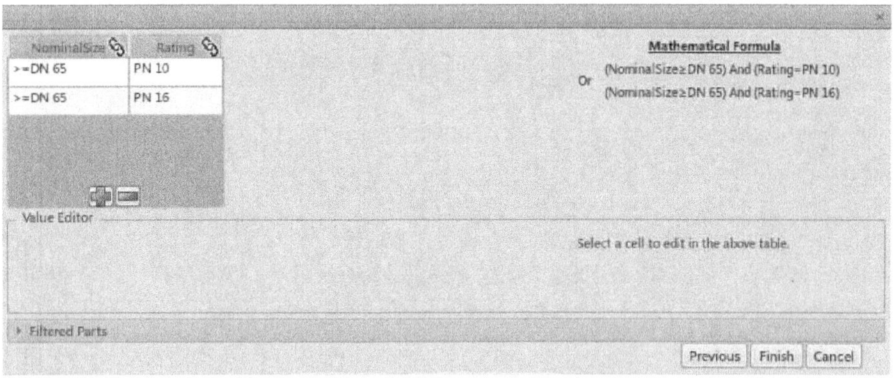

图 5-40 参数取值界面

5.3 阀件建库

管路系统由管材、管附件、设备、管路吊架等组成。其中,管附件包括支管、三通、异径、弯头以及各种阀件等,而三维附件标准件主要包括三维几何模型、接口和具体属性信息等内容。标准件建模要求具体如下:

5.3.1 三维附件标准件建模要求

(1)附件建模必须以 yz 平面作为对称面。

(2)对于呈分支或角度结构的附件,原点位置应处于附件交叉点。若结构呈线性或对齐状态,原点位置设在接口 Port1 处。

(3)附件接口命名尤为重要,在设计过程中,CATIA V6 软件会以名称作为匹配原则。接口名称应以"PortX"命名,其中 X 为 1,2,3 等数字依次排序。接口命名具有严格的优先级划分,对于存在多个接口的附件来讲,接口 Port1 是最重要的接口。

①对止回阀、减压阀等流体流向不变的附件而言,流入一端接口为 Port1。

②对于法兰等一端与其他附件相连而另一端连接管段或未连任何物体的附件,则与其他附件相连的接口定义为 Port1。

③异径等不同接口对应不同通径的附件,则通径大的一端接口为 Port1。

④若某一附件(如螺纹接头)不同接口对应不同端部类型,按 FF(Flat face,全平面),RF(Raised face,凸面),SW(Socket weld,承插焊),BW(Butt weld,对焊),PE(Plain end,平切口),Threaded male(公螺纹),Threaded female(母螺纹)的优先级定义接口。

⑤附件三通存在三个接口,Port1 是两大主要接口之一,Port2 是与之对齐的接口,Port3 则为分支接口,而弯头作为非对称连接器,两个接口应分别定义为 Port1 和 Port3,目的是考虑设计过程中弯头连接被三通所更换。

通过【Add】→【Content…】操作进入 New Content(新建内容)对话框,选择【Types】→【Piping and Tubing Physical】→【Piping Valve】,进入 Piping & Tubing 3D Part Design 模块开展阀件设计。右键点击首节点进行属性定义设置,将【Title】更名为 Valve_GB/T 584A -

2008;【Standard】:GB;【Part Subtype】:P_Piping_Valve,如图 5－41 所示。

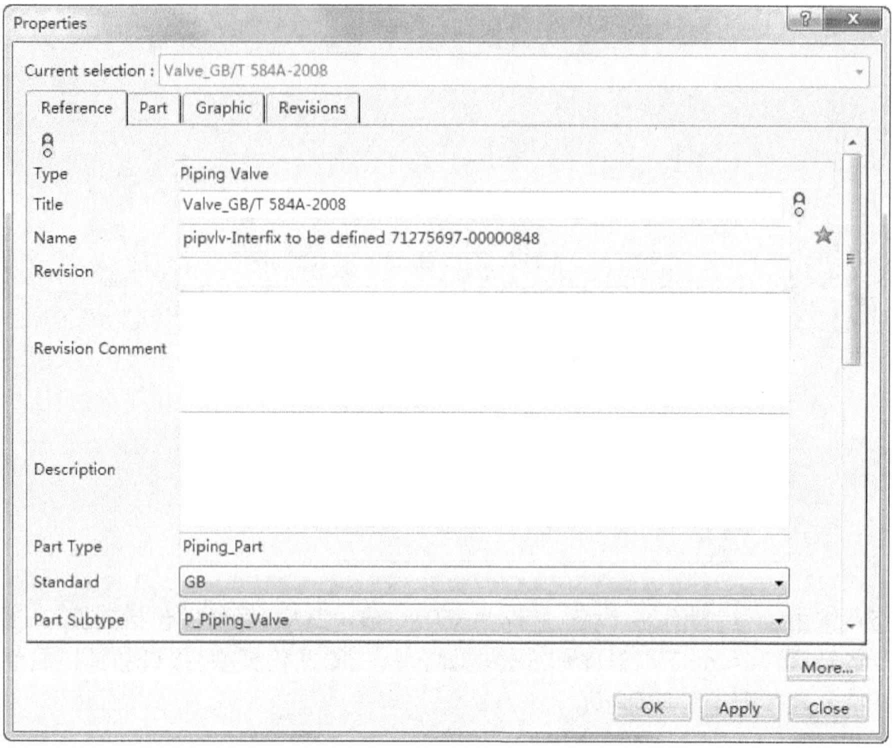

图 5－41　阀件属性定义设置

5.3.2　定义合适的特征参数

激活特征树上的 3D Shape 节点,通过点击罗盘西区 My 3D Modeling Apps,选择 Part Design Essentials 模块,开展阀件参数化建模。根据标准 GB/T 584—2008 内容,整个阀件可进行适当简化,如图 5－42 所示,主要由长度 L、高度 H、法兰外径 D、阀件内径 D_1、法兰厚度 b、螺栓孔圆周直径 D_2、螺栓孔直径 d、螺栓孔数量 n、手轮直径 D_0 等参数组成,而其他尺寸也由上述参数乘以系数获得。

下面利用 CATIA V6 的 Part Design Essentials 模块进行铸钢截止阀参数化建模,整个建模流程如图 5－43 所示。

点击特征树中的 yz plane,视图区对应 yz 工作面变蓝,点击 yz 工作面,在弹出的工具条中选择按钮,进入草图模式。点击【Tools】工具栏中的按钮,弹出如图 5－44 所示的参数定义对话框,将 H,L 等参数按 Length 类型进行定义,并按 DN 65 的铸钢截止阀尺寸进行赋值。同时,以类型 Mass 创建参数 Weight。然后绘制截止阀阀体四分之一外形,结合约束工具将长度和定位尺寸与参数相关联,如图 5－45 所示。

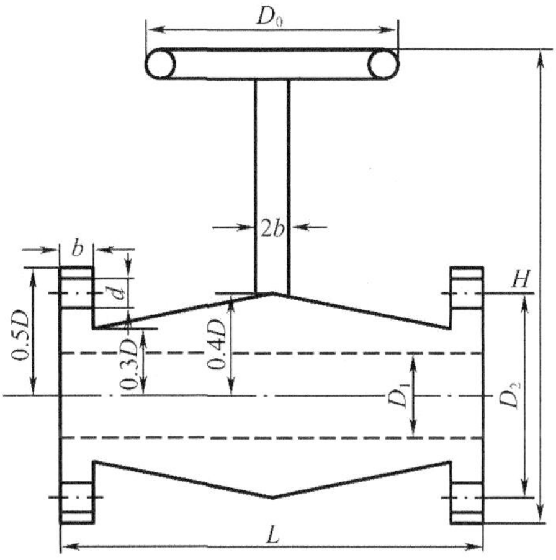

图 5－42　简化后的铸钢截止阀几何外形图

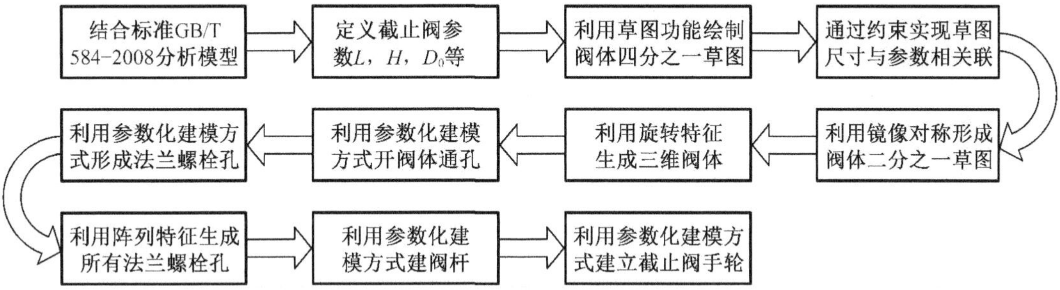

图 5－43　铸钢截止阀参数化建模流程

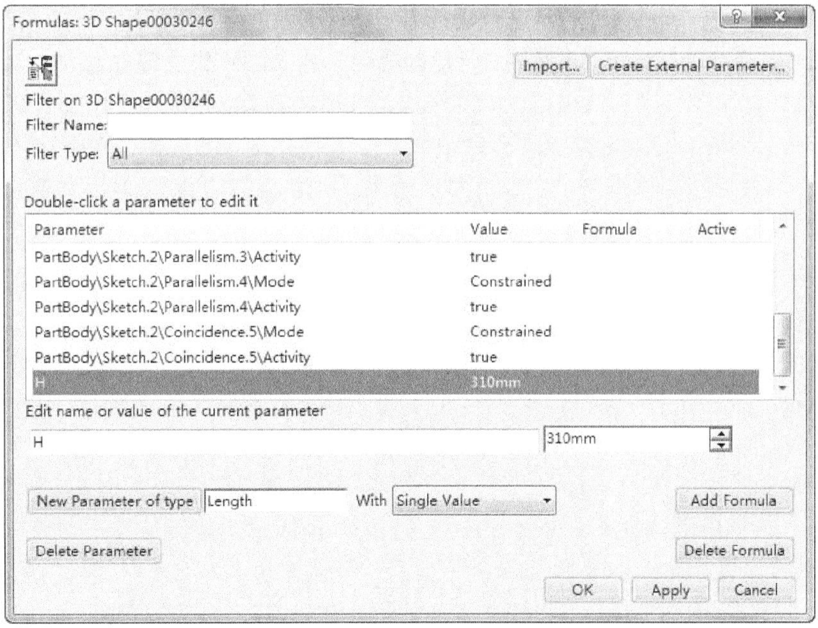

图 5－44　参数定义对话框

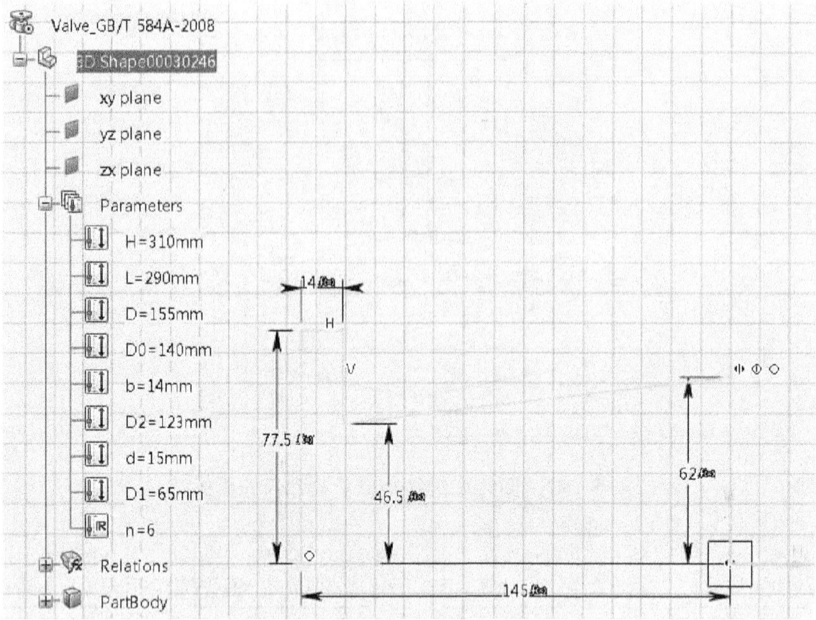

图 5 -45　特征树中的参数设置和阀体四分之一草图

5.3.3　创建阀件三维模型并建立关联关系

利用镜像操作将四分之一外形按 V 轴镜像生成二分之一草图,然后退出草图进行旋转生成三维阀体。进入草图模式绘制以参数 b 为半径的圆,利用拉伸特征生成阀杆。运用【Model】工具栏中的【Hole...】按钮进行阀体开孔,实现尺寸与参数 D_1,L 相关联,设置如图 5 -46 所示。接着点击【Model】工具栏中的【Pocket...】按钮开法兰螺栓孔,将 Depth 中的尺寸与 b 相关联(见图 5 -47),选取法兰端面进入草图模式,绘制螺栓孔中心所处圆周,其中心与法兰同心,半径与参数 $D_2/2$ 关联,再绘制一个螺栓孔圆,约束操作确保其中心处于前一圆周上,其半径与 $d/2$ 相关联。绘制直线连接两圆圆心,约束该直线与 H 轴正向夹角为 $360°/n$,即在法兰上创建出螺栓孔。

提示　①在进入 Pocket Definition 对话框后,选择按钮进行草图绘制,草绘完成后,应对除螺栓孔圆外的线条进行非构造元素化。否则,无法生成法兰螺栓孔。

②在法兰螺栓孔阵列操作过程中,可不提前创建坐标系,在图 5 -46 所示对话框中,直接在【Reference element】一栏空白框中点击右键,通过在下拉菜单中选择 Insert Wireframe 生成轴线。

点击【Model】→【Axis System...】,沿阀体中心轴创建一个坐标系,然后选择【Transform】工具栏中的【Circular Pattern...】按钮,以坐标系对应阀体中心轴实现法兰螺栓孔的阵列,参数设置如图 5 -48 所示。

进入草图模式,在阀杆顶端,以参数 b 为半径绘制圆,并进行参数约束,通过旋转特征形成手轮。整个铸钢截止阀几何模型如图 5 -49 所示。

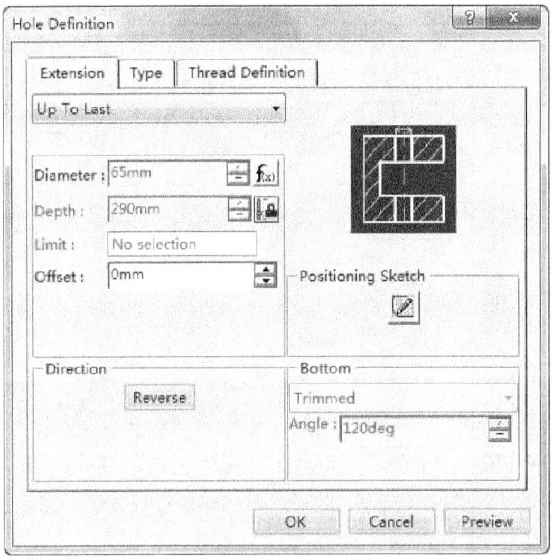

图 5 -46　**Hole Definition** 对话框

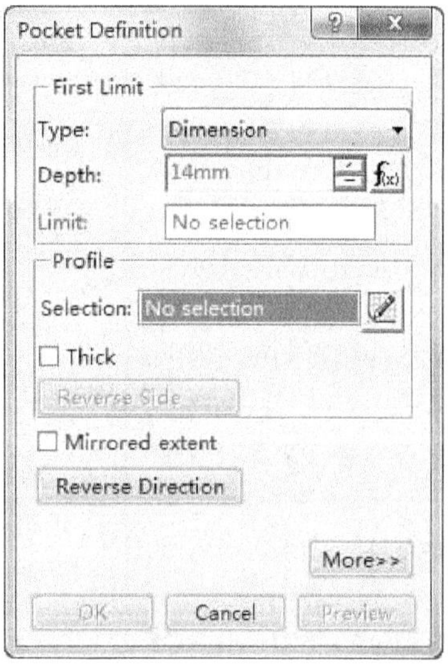

图 5 -47　**Pocket Definition** 对话框

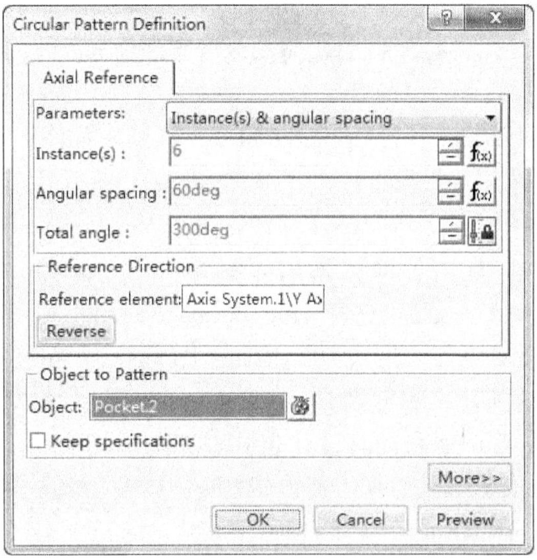

图 5 -48　**Circular Pattern Definition** 对话框

5.3.4　创建参数表并利用表格驱动数据

几何模型创建完成后,需结合表 5 -2 相关数据创建 Excel 表格,并在表中增加 Title, Standard, NominalSize, End Style No. 1, End Style No. 2 等内容,详见表 5 -3 所示。

图 5 -49　铸钢截止阀几何模型

表 5 – 3　铸钢截止阀设计表相关内容

Title	Standard	Rating	Nominal Size	End Style No. 1	End Style No. 2	*L*/(mm)	…	*b*/(mm)	Weight /(kg)
GB/T584A – PN10 – DN65	GB/T 584—2008	PN 10	DN 65	PEND	PEND	290	…	14	14.9
GB/T584A – PN10 – DN80	GB/T 584—2008	PN 10	DN 80	PEND	PEND	310	…	14	19
GB/T584A – PN10 – DN100	GB/T 584—2008	PN 10	DN 100	PEND	PEND	350	…	14	28.6
GB/T584A – PN10 – DN125	GB/T 584—2008	PN 10	DN 125	PEND	PEND	400	…	14	38.2
GB/T584A – PN10 – DN150	GB/T 584—2008	PN 10	DN 150	PEND	PEND	480	…	14	51.3
GB/T584A – PN16 – DN125	GB/T 584—2008	PN 16	DN 125	PEND	PEND	400	…	15	45.4
GB/T584A – PN16 – DN150	GB/T 584—2008	PN 16	DN 150	PEND	PEND	480	…	15	58.9

提示　创建 Excel 表格时，标题行的几何参数后需加“(mm)”。否则，CATIA V6 软件会报错并无法完成后续操作。

在工具栏选择【Fluid Design】→【Design Table...】，弹出如图 5 – 50 所示设计表创建对话框，点击【OK】按钮。进入对象选择对话框，利用 From File 方式，点击【Import】按钮，进入 File Selection 对话框，选择相应文件，点击【打开】，进入 VPM Document 对话框，点击【OK】按钮，返回对象选择对话框，点击【OK】，弹出如图 5 – 51 所示自动关联对话框，点击【是(Y)】。进入 Design Table.1 对话框，选择 Title、Rating、NominalSize 等六项内容，点击【Create parameters...】按钮(见图 5 – 52)，进入 OK Creates Parameters For Selected Lines 对话框，点击【OK】按钮，如图 5 – 53 所示。返回到 Design Table.1 对话框，将 Title 栏置顶。从图 5 – 52 可见，前面自定义的参数 Weight 自动与设计表中的 Weight 相关联。

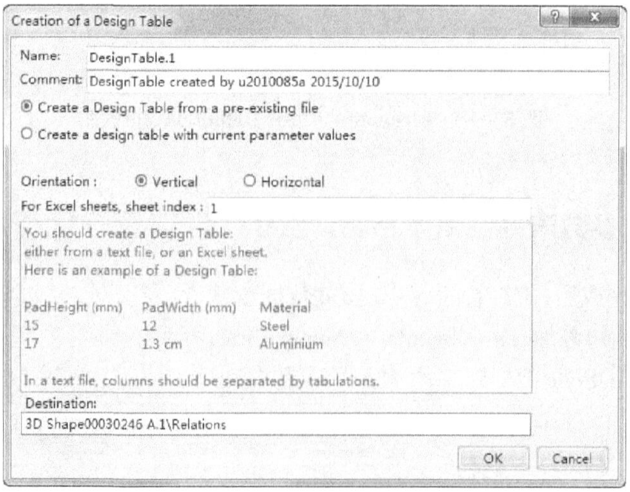

图 5 – 50　设计表创建对话框

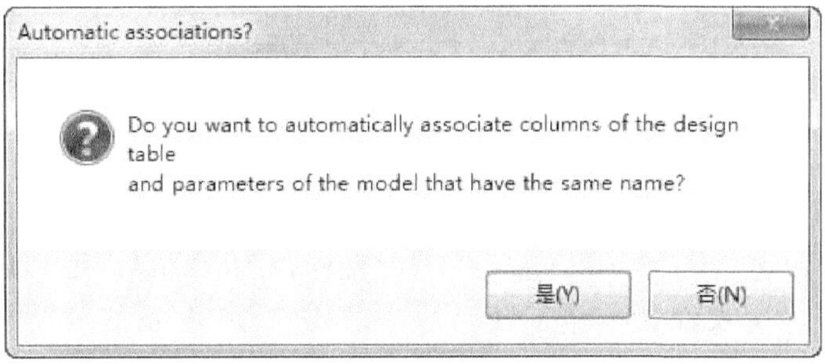

图 5－51　自动关联对话框

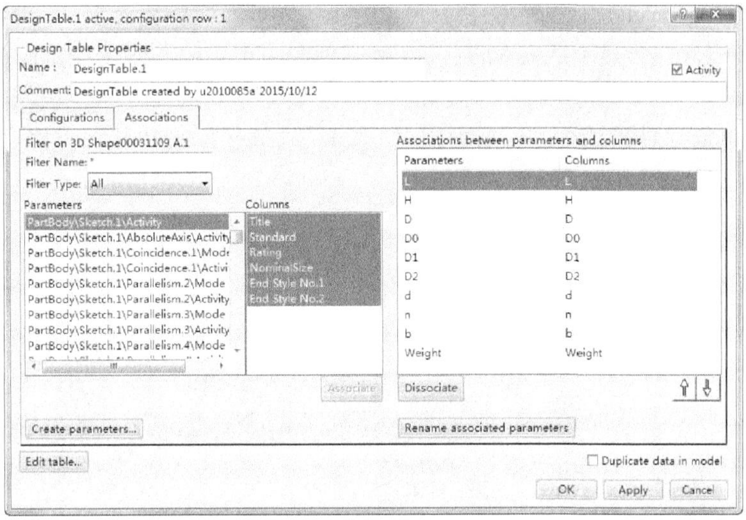

图 5－52　增加设计表关联参数

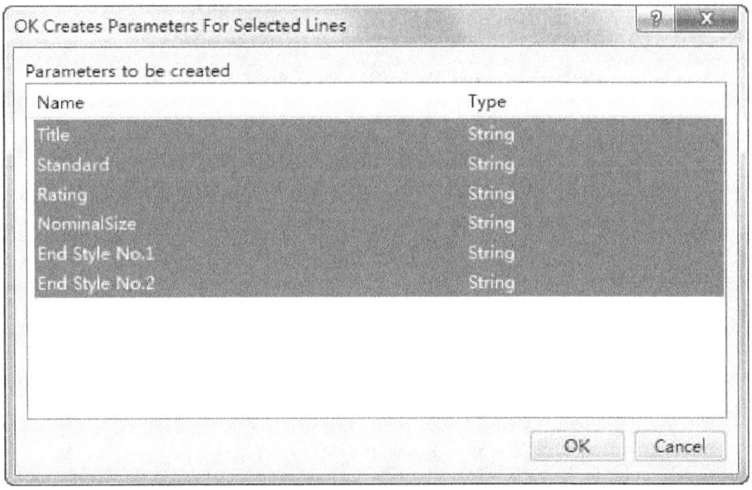

图 5－53　OK Creates Parameters For Selected Lines 对话框

5.3.5 定义阀件接口信息

在下侧工具栏选择【Fluid Design】→【Manage ports】，系统弹出 Manage Ports（接口管理）对话框，点击【Add】按钮，进入 Port Definition（接口定义）对话框，右击【Extremity Point】栏空白处，在下拉菜单中选择【Insert Wireframe】→【Create Point】，如图 5－54 所示。进入 Point Definition（位置点定义）对话框，在【Point type】栏选择 Circle/Sphere/Ellipse center，对话框界面发生变化，在视图区选择铸钢截止阀法兰端部外圆，Point Definition 对话框中【Circle/Sphere/Ellipse】栏内容由 No selection 改为 Shaft.3\Edge.1，如图 5－55 所示。点击【OK】按钮，返回至 Port Definition 对话框，选择法兰端面，【Alignment】栏将显示对应端面号，视图区中接口点出现方向向外的白色箭头，【Name】栏默认 Port1，可不用修改，点击【OK】按钮，回到 Manage Ports 对话框，显示成功增加一行接口信息，同样方法添加截止阀另一个管路接口，接口创建完成后的 Manage Ports 对话框如图 5－56 所示，点击【OK】按钮完成操作。为便于后续调用的阀件外形清楚，将视图中的工作面、局部坐标系和几何点隐藏，最后保存整个操作。

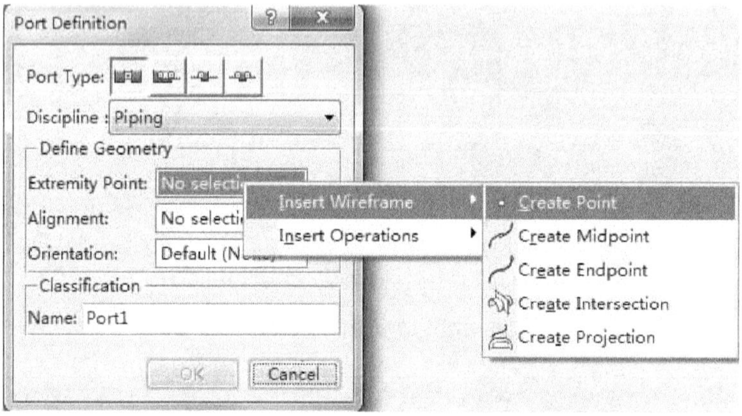

图 5－54 Port Definition 对话框中菜单操作

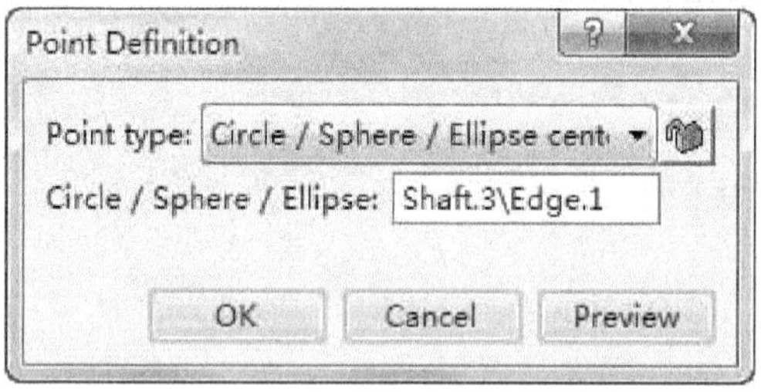

图 5－55 Point Definition 对话框

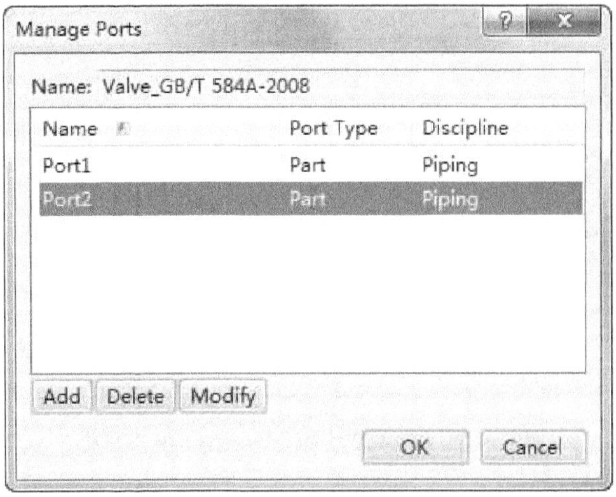

图 5－56　接口创建完成后的 Manage Ports 对话框

5.3.6　阀件标准件解析入库

下面 Leader 角色设计人员进入 CATIA V6,创建一个新的 Component Family,在弹出如图 5－31 的 Component Family 对话框中,搜索选择前述创建的 Valve_GB/T 584A—2008,进入 CATIA Component Family Definition 界面。选择【Component Family】工具栏→【Valuate Attributes】按钮,弹出 Attributes Management 对话框,将设计表中的相关参数与属性关联,操作成功后如图 5－57 所示。接下来设置质量参数,选择【Component Family】工具栏→【Manage Family Items Weight】按钮,弹出 Items Weight Management 对话框,点选 Report weight defined in colunmn 项,选择【OK】按钮退出对话框,如图 5－58 所示。

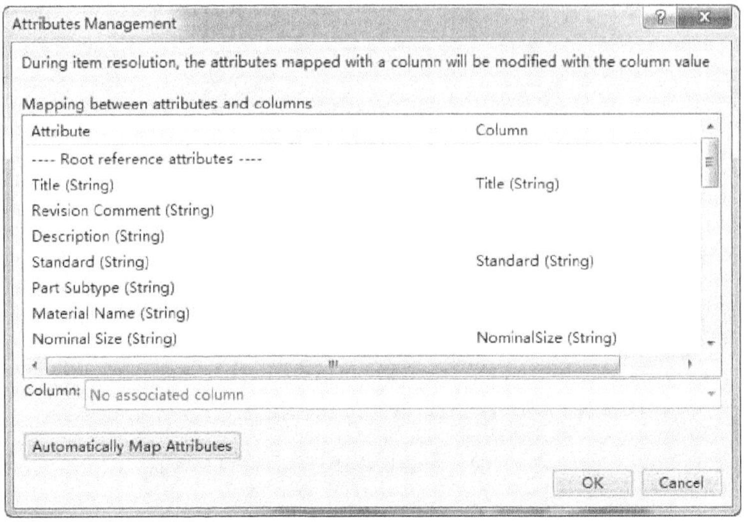

图 5－57　参数关联完成后的 Attributes Management 对话框

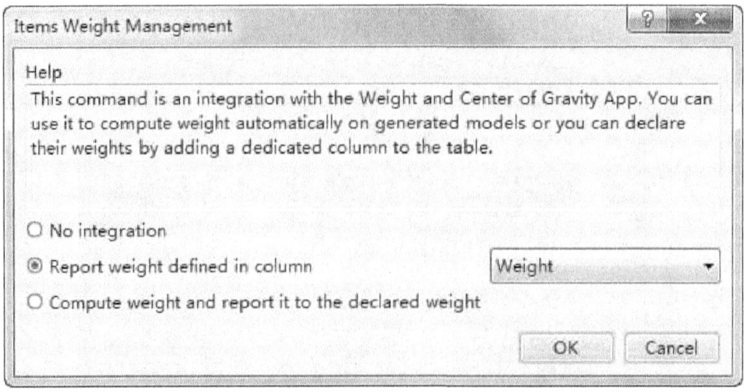

图 5－58　Items Weight Management 对话框

保存上述操作，选择【Component Family】→【Test and Resolve Family Items】进行解析，操作方法与管材解析相同，解析完成后如图 5－59 所示。然后选择【Component Family】→【Manage Component Family Catalogs】进行文件存储，存放在三维附件标准件库（本文为 Lub Piping Catalog）的相应章节（本文为 Piping 章节下的 Valve 章节）中。

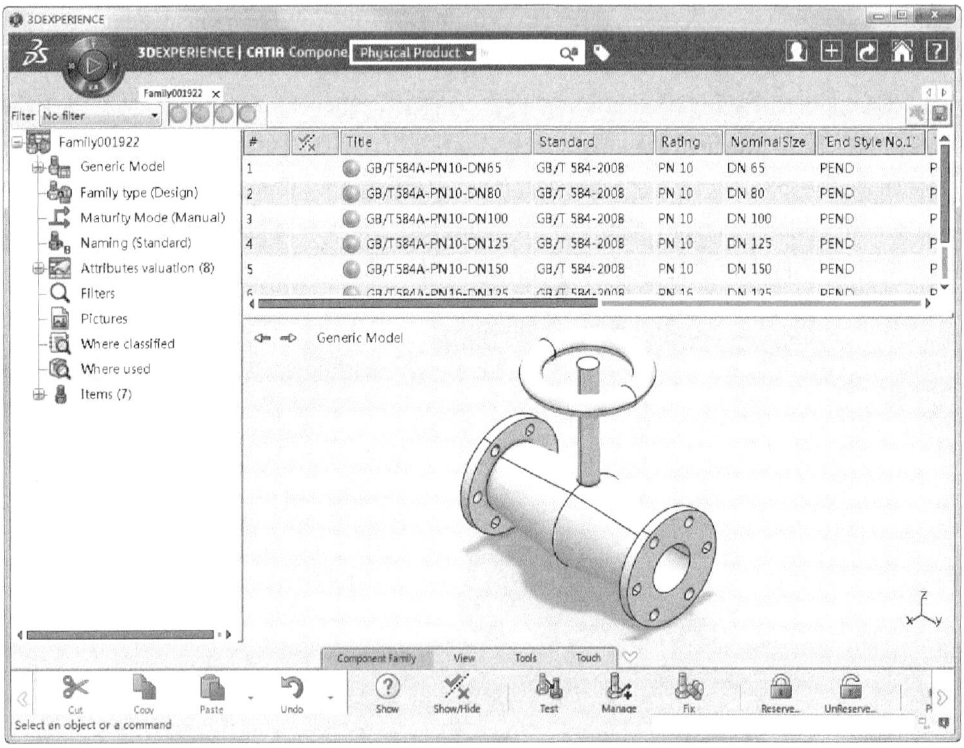

图 5－59　截止阀解析完成后的 CATIA 界面

最后，通过 Add 工具进入 New Content（新建内容）对话框，点击【Piping Part Filter】按钮，直接进入 Engineering Specification Capture & Reuse 应用程序创建阀件过滤器，创建过程与管材过滤器基本相同，完成后拷贝复制到规格书系统代号 - Piping Specification 中，保存整个操作。

5.4 本章小结

在 CATIA V6 软件中，轮机建库为后续轮机设计提供完整的数据支撑。本章重点讲解了轮机三维建库的主要内容，并结合管材和阀件实例对整个建库流程进行了详细的讲述。相信读者在学习本章后对建库的相关功能和流程能有清晰的了解，为准确熟练建立起轮机库奠定了基础。

第 6 章　管路系统二维原理驱动三维设计

管路设计是船舶设计的一个重要组成部分。CATIA V6 提供了从管路原理图绘制到三维放样的功能,可满足轮机专业的建模需求,功能强大。按照不同的设计阶段,CATIA V6 管路系统设计包括二维符号绘制、符号入库、原理图设计、管附件三维建库、管路三维设计、生产信息提取等内容。在技术设计阶段,根据轮机专业系统划分,构建对应的特征树,创建二维符号并入库。同时,设计人员结合不同系统开展原理图绘制工作,插入设备、阀件等符号,连接管线,从而形成系统原理图。进入施工设计阶段,主要着手详细的三维设备与管路附件建模、入库,并结合实船布置和加工工艺进行管路放样,最后实现管路设计三维出图和提取材料清单。在整个设计过程中,二维原理图与三维管路设计相关联;管线与管件、附件的属性必须相互匹配,当管线属性变化时,与之对应的管件、附件也需做出相应调整。本章从二维原理图入手,拓展到三维设计,结合工程实例对管路系统设计展开详细讲述。

6.1　管路系统设计简介

针对具体的管路系统,设计人员需要进行深入分析,弄清管路系统究竟由哪些规格管材和附件组成。务必创建出管材和附件标准件,并在 Data Setup 中完成相应设置,从而保证在设计过程中管材与相应附件进行良好匹配。

管路系统由管材和附件两大类组成,整个设计工作在 Piping & Tubing 3D Part Design, Piping & Tubing 3D Design 模块进行操作。管路系统主要包括四大类附件,具体为:一般类型、直通类型、三通类型、弯管类型,均需在设计前完成建库工作。此外,在 CATIA V6 中,支管设计不作为附件调用,可直接在管路设计时按相关规则进行操作。常用的管路附件如下:

一般类型如阀件(Valve)、法兰(Flange)、垫片(Gasket)、通舱件等。

直通类型如套管、同心异径、偏心异径等。

三通类型如三通、四通等。

弯管类型如 ES 型弯头、EL 型弯头等。

CATIA 管路三维设计的建模功能,操作方便,界面友好。主要功能如下:

(1)在 Data Setup 模块配置好相关附件后,可根据管路系统的通径、端面类型自动插入相应附件。

(2)系统可根据规则自动规划管路布放路径,供设计者选择进行具体管路三维设计。

(3)可从任意角度观察三维设计情况,发现二维图中不易察觉的干涉碰撞。

(4)便于设计人员对管路设计进行修改。

(5)可对关联度不大的相应模型进行消隐处理。

(6)能对整个模型或部分模型进行干涉检查,生成碰撞位置和数据报表。

(7)能够快速查询各部件的材料表。

6.2　管路系统设计实例

某型民用船舶主机滑油系统通过滑油的循环流动,向主机各润滑点提供滑油进行润滑和冷却。整个滑油系统由电动滑油泵、滑油滤器、滑油冷却器、温控阀等组件组成,电动滑油泵从油舱或油箱吸油,泵出的滑油经滤器过滤、滑油冷却器冷却后输送至主机各润滑点。主机运行产生的热量由滑油吸收,通过滑油冷却器实现滑油与冷却海水之间的热交换,对滑油进行冷却。而滑油冷却器中的海水由海水泵供给,完成热交换后排出舷外,整个滑油、海水管路原理如图 6 - 1 所示。

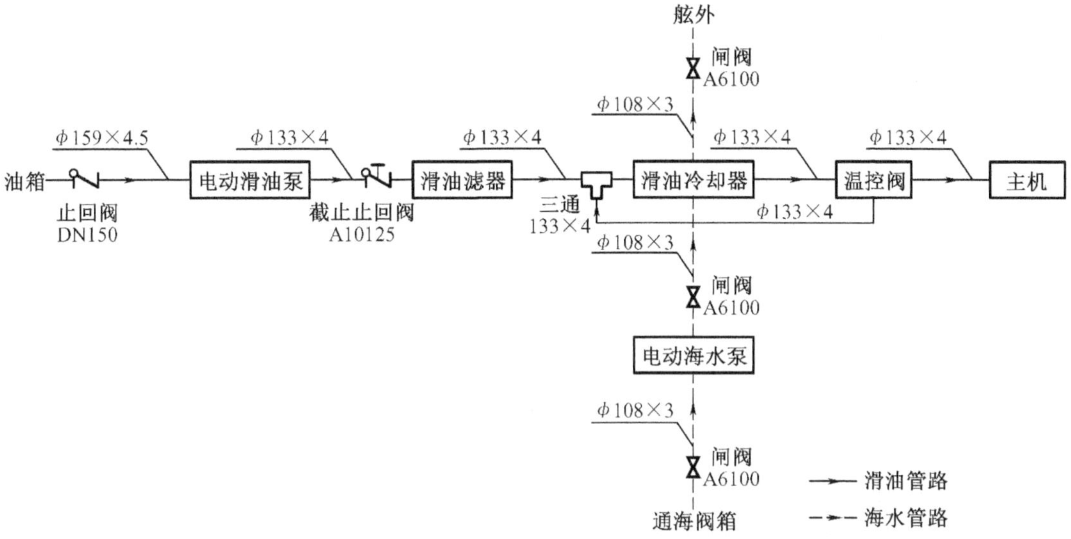

图 6 - 1　滑油、海水管路原理图

6.2.1　实例简要说明

本节所选实例为轮机专业典型管路系统,包含有三种不同通径的管子,具体几何参数见表 6 - 1,同时,还含有止回阀、截止止回阀、闸阀、三通等多种附件,具体参数见表 6 - 2 所示。因此,通过下述建模实例可以全面展示 CATIA V6 软件的管路设计思路、流程和功能。由于本章重点介绍管路设计过程,实例中相关的管材、附件建库工作不再赘述。需要读者参见第 5 章内容以 Owner 权限按两个系统进行 Data Setup 设置技术表、规格书。为实现二维驱动三维设计,应增设 Piping Nominal Bend Radius Table, Piping Bend Diameter Table, Piping Turn Rule Table, Customer Table, Logical Part Subtype Table, Mapping Part Subtype Table 技术表。其中,前三类表用于定义弯管参数,而 Mapping Part Subtype Table 由三维 Part Subtype Table 和二维 Logical Part Subtype Table 派生而成,如图 6 - 2 所示。否则,在管路设计过程中,会因映射失败而无法实现二维驱动三维设计。

表 6－1　管路系统中管材相关参数

序号	标准号	材料	材料密度 /(kg/m³)	通径 /mm	外径 /mm	壁厚 /mm	端面类型
1	GB/T 14976－2012	022Cr19Ni10	7930	150	159	4.5	PEND
2	GB/T 14976－2012	022Cr19Ni10	7930	125	133	4	PEND
3	Q/725－1087	B10	8950	100	108	3	PEND

表 6－2　管路系统中附件相关参数

序号	附件名称	附件类型	标准号	公称压力 /MPa	通径 /mm	重量 /kg	端部类型
1	止回阀 DN150	止回阀	DFBT22—10	1.0	150	12.3	PEND
2	截止止回阀 A10125	截止止回阀	GB/T588—2009	1.0	125	38	PEND
3	闸阀 A6100	闸阀	CB/T 467—1995	0.6	100	28	PEND
4	法兰 A10150	法兰	CB/T46—2007	1.0	150	2.37	PEND
5	法兰 A10125	法兰	CB/T46—2007	1.0	125	2.11	PEND
6	法兰 6100	法兰	Q/725—1088	0.6	100	2.71	PEND
7	三通 133×4	三通	STGD81—62	1.0	125	11.5	PEND

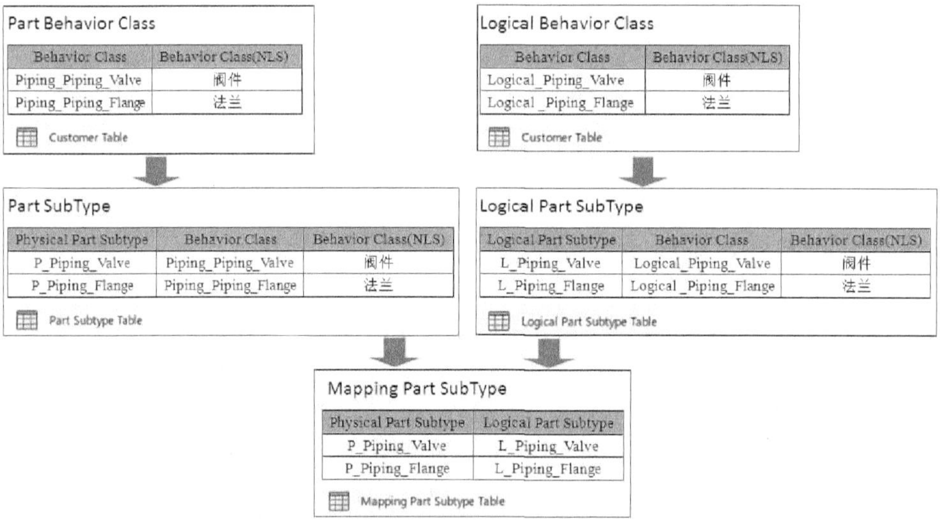

图 6－2　附件二维符号与三维模型之间映射关系

按图 6－3 所示结构创建标准件库，运用 Piping & Tubing Systems Design 模块绘制设备附件二维符号，通过【Create Port】按钮创建接口信息（见图 6－4），由 Leader 权限设计人员存入 Catalog 相应 Chapter。同时，利用 Piping & Tubing 3D Part Design 模块以 Equipment 类型进行电动滑油泵等六种设备建模，并将表 6－1、表 6－2 中管附件分别进行参数化建模，与设计表实现关联，并由 Leader 权限设计人员进行解析，再存入图 6－3 中对应 Chapter，确保模型准确无误。

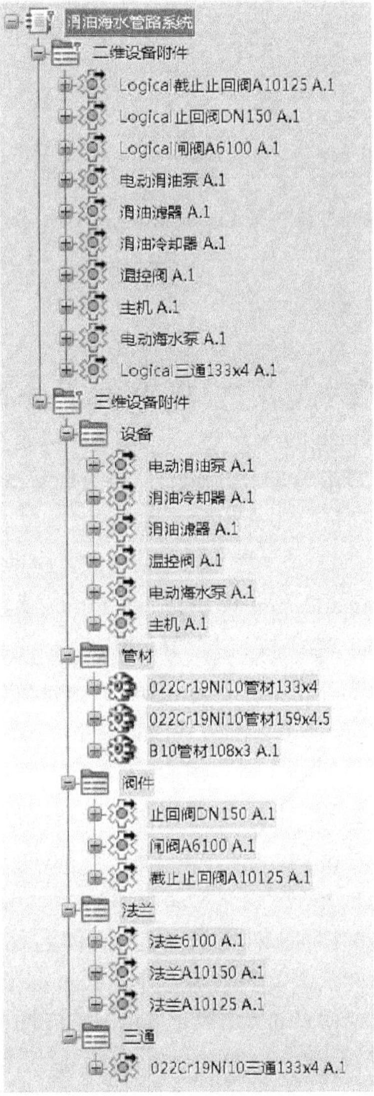

图 6－3　管路系统标准件库组成

提示　绘制设备二维符号时，右键单击设备并在下拉菜单中选择【Properties】，进入 Properties 对话框，在【Reference】栏下，查看 Predefined Part Number 项具体内容，其内容必须与相应三维模型名称一致，否则后续无法实现二维驱动三维设计。

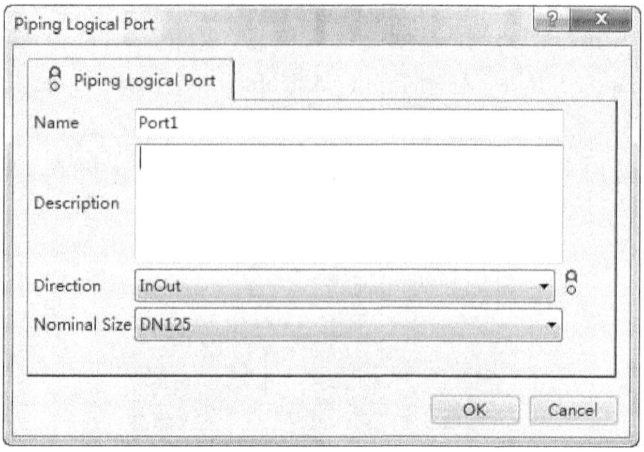

图 6-4　二维符号 Piping Logical Port 参数设置

6.2.2　建模流程说明

在管路系统设计之前，需要在罗盘 My 3D Modeling Apps 象限勾选 System Schematic Designer，Fluid 3D Systems Designer 两个角色，系统将自动添加设计所需的 Symbol Design，Piping & Tubing Systems Design，Piping & Tubing 3D Part Design，Piping & Tubing 3D Design 等模块。

1. 定义逻辑特征

点击 Piping & Tubing Systems Design 模块，进入 Piping & Tubing Systems Design 设计界面，如图 6-5 所示，左侧为 RFLP 特征树，包含 Requirement，Functional，Logical，Physical 四大特征，分别对应于船舶设计的需求管理（Requirements management）、功能分析（Functional analysis）、逻辑结构（Logical architecture）和物理设计（Physical design）。在设计过程中，特征树将列出全部创建的特征，并自动以树状结构表示特征之间的父子关系，便于用户清晰直观的认识。操作过程中，若在特征树上选中某一特征，则视图中对应的特征就被选中。右键单击 Logical，在下拉菜单中点击【Insert New Logical Component】，随后弹出 New Content（新建内容）对话框，如图 6-6 所示。点击【Logical Reference】选项，系统弹出如图 6-7 所示的 Logical Reference（定义逻辑特征）对话框，输入具体名称 Logical_Lib and Sea water，单击【OK】按钮，完成一级特征创建。上述操作后，特征 Logical_Lib and Sea water 将自动变蓝。

提示　在特征树上创建第一级特征时，需慎重命名，后期无法更改。

2. 定义物理产品特征并建立关联

右键单击 Physical 特征，在下拉菜单中点击【Insert New Product】，随后弹出 New Content（新建内容）对话框，点击【Physical Product】选项，系统弹出如图 6-8 所示的 Physical Product（物理产品定义）对话框，输入具体名称 Physical_Lib and Sea water，单击【OK】按钮，完成特征创建，创建完成后的特征树见图 6-9。右键点击 Physical_Lib and Sea water 特征，在下拉菜单中选择【Create Implement Relation】，再点击 Logical_Lib and Sea water 特征，自动弹出 Implement Connection（执行关联）对话框（见图 6-10），单击【OK】按钮。

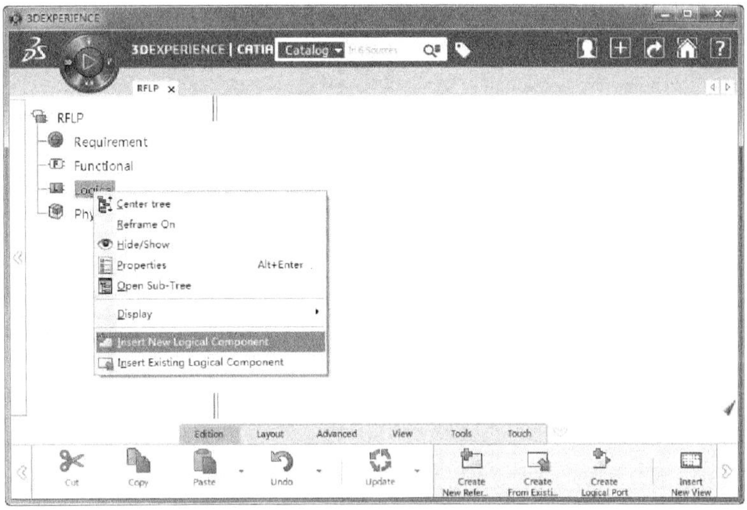

图 6－5　**Piping & Tubing Systems Design 设计界面**

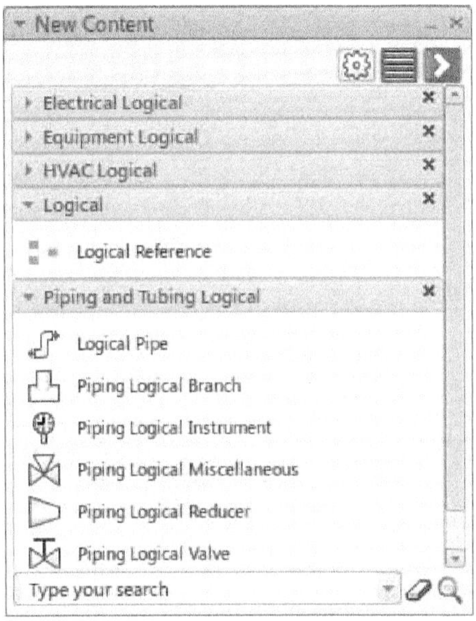

图 6－6　**New Content 对话框**

3. 创建管路 LineID

双击特征 Logical_Lib and Sea water，特征自动被激活并呈蓝色突出显示。下面开展管路 Line ID 创建。

选择【Edition】→【Create Line ID】，系统自动弹出 Create Line ID（定义管线号）对话框，设置如下：【Standard】：GB；【Nominal Size】：DN150；【Pipe Specification】：462 _ Piping Specification（见图 6－11），点击【Ok】按钮完成创建；当在【Standard】栏选择 GB 时，自动弹出如图 6－12 所示的属性更改提示对话框，选择【是（Y）】按钮。

按照上述步骤，依次创建对应于 DN125 和 462 _ Piping Specification，DN100 和 463 _

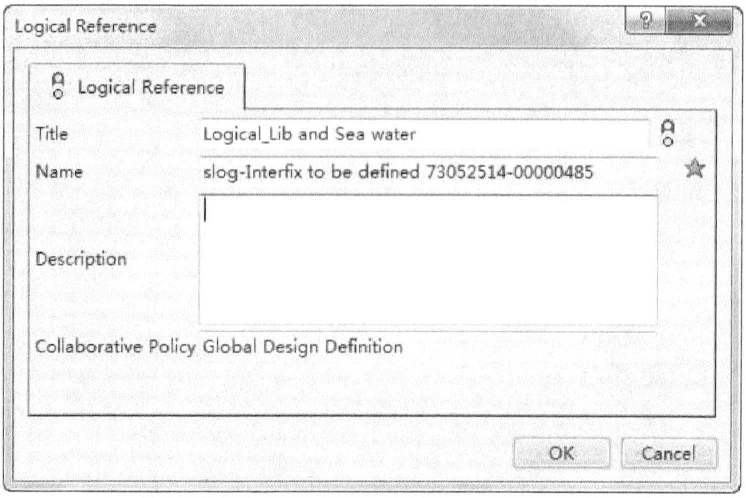

图 6－7　Logical Reference 对话框

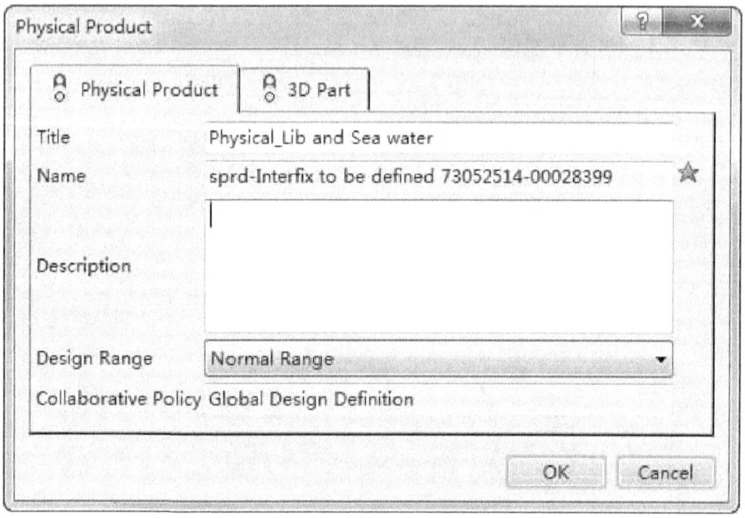

图 6－8　Physical Product 对话框

Piping Specification 的 Line ID。

4. 定义绘图界面

在工具栏中，点击工具【Edition】→【Insert New Layout】，系统弹出 Layout（定义版面）对话框，如图 6－13 所示。在对话框【Title】栏输入名称 Layout，点击【OK】按钮，完成 Layout 定义。点击特征树中的 Layout，选择【Edition】→【Insert New Sheet】，系统弹出 Sheet 对话框，如图 6－14 所示，在【Title】栏输入名称 Sheet，点击【OK】完成 Sheet 定义。同样点击【Edition】→【Insert New Sheet】操作创建下一级 View，生成图纸，双击 View 特征如图 6－15 所示。

提示　创建特征树 Sheet 时，除采用上述工具栏操作方式外，还可采用右键单击 Layout，在下拉菜单中选择 Insert New Sheet 来实现。

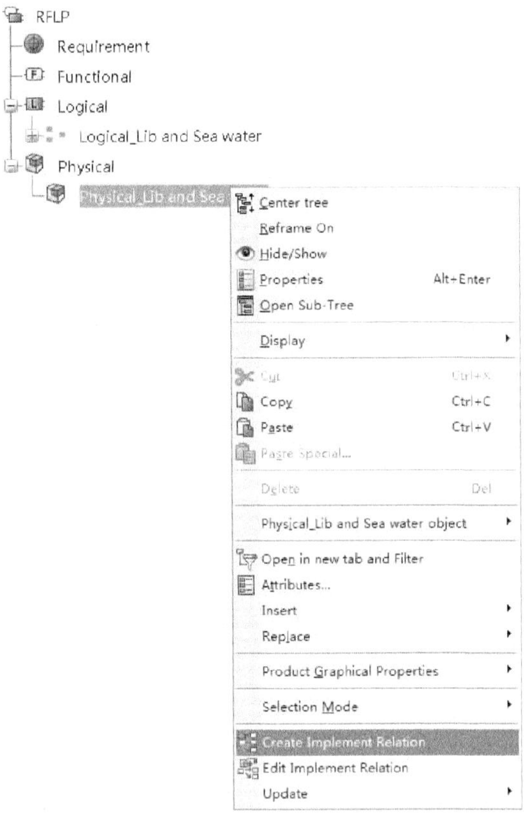

图 6－9　实现 Logical 与 Physical 相关联操作

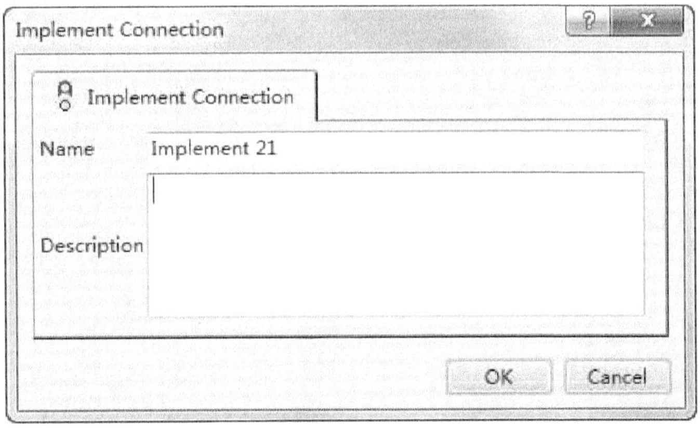

图 6－10　Implement Connection 对话框

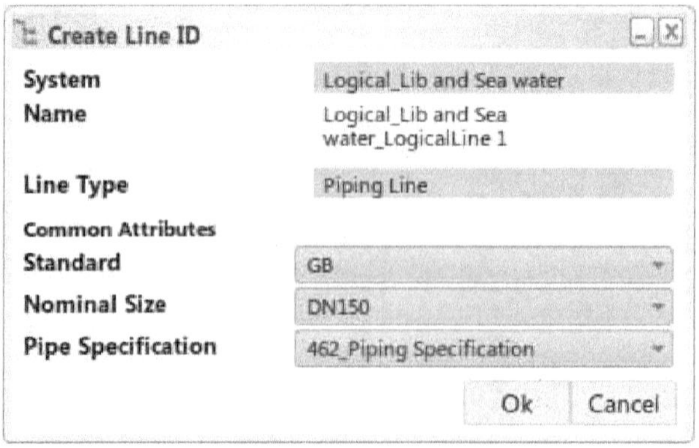

图 6－11　Create Line ID 参数设置

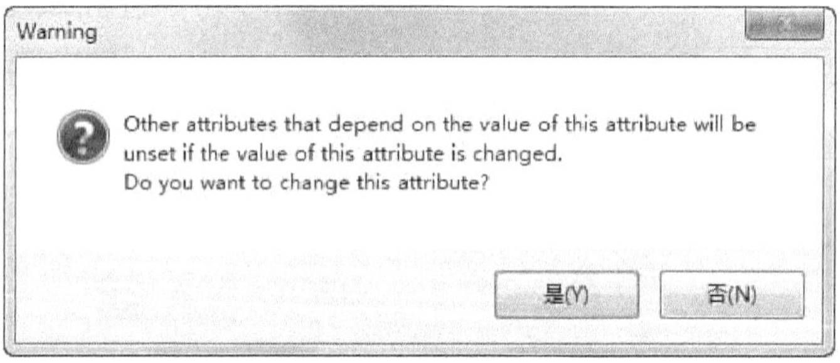

图 6－12　属性更改提示对话框

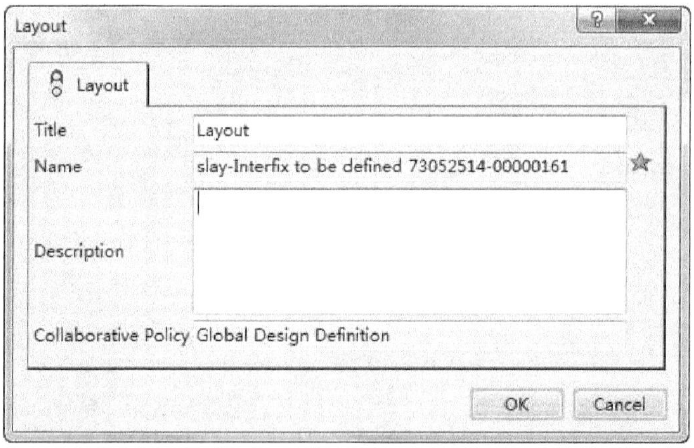

图 6－13　Layout 对话框

5. 插入并布置二维设备符号

在下侧工具栏中，点击【Tools】→【Catalog Browser】，系统自动弹出滑油海水管路系统 Catalog 对话框（见图 6－16），在对话框中选择相应的二维设备符号进行绘制。若对话框中出现 Catalog 非设计所需，点击对话框左上角文件夹按钮选择合适 Catalog，通过弹出如图 6－17所示的 Choose a Catalog or Chapter（选择 Catalog 或 Chapter）对话框进行筛选。

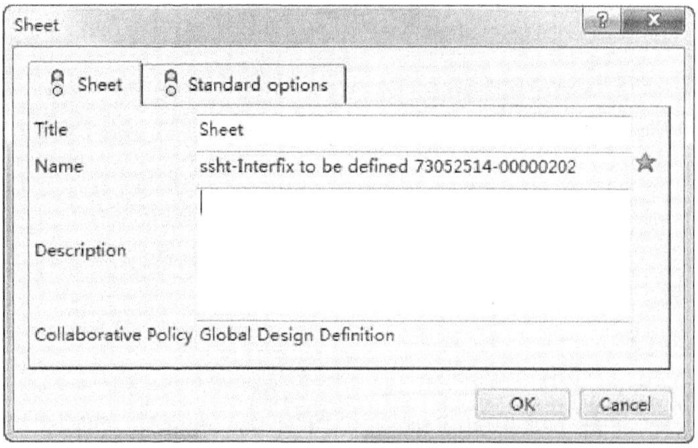

图 6－14　创建 Sheet 对话框

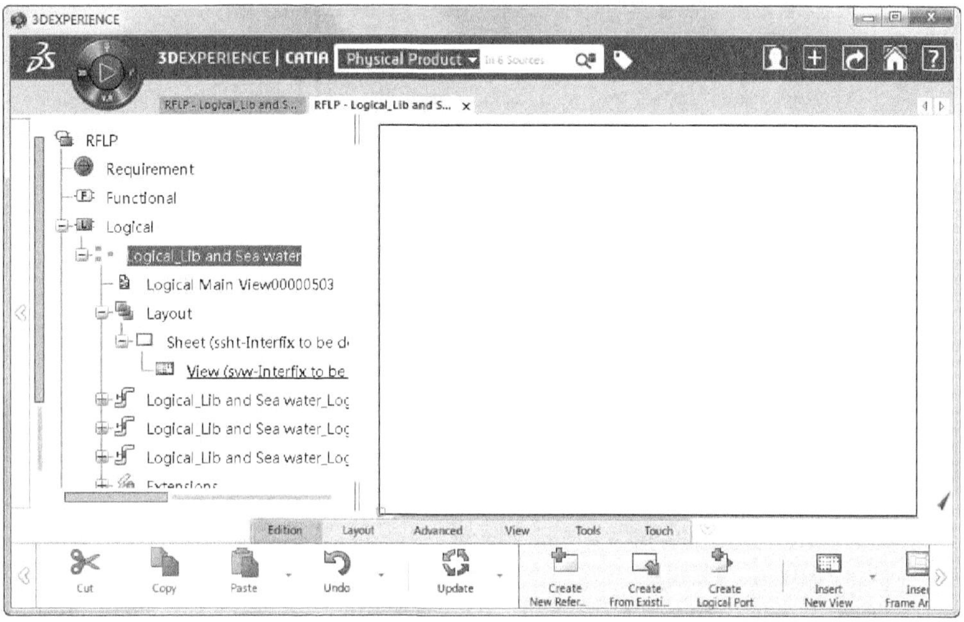

图 6－15　图纸生成界面

图 6－16　滑油海水管路系统 Catalog 对话框

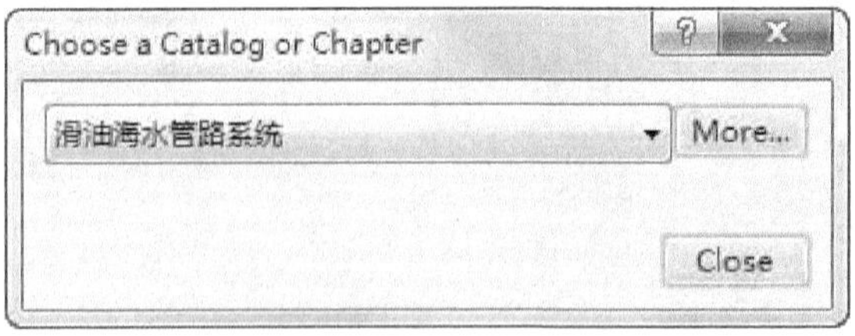

图 6－17　选择 Catalog 或 Chapter 对话框

右键点击 Catalog 对话框中的电动滑油泵 A.1，在下拉菜单中点击【Use Item】→【Insert】（见图 6－18）。随后在图纸中出现浮动的设备二维符号，并伴随显示坐标值，在图纸合适位置点击设备布置位置，在自动弹出按钮中选择左侧【Instantiate】，然后根据设备接口位置进行旋转等操作，在符号外区域点击完成单台设备调用。

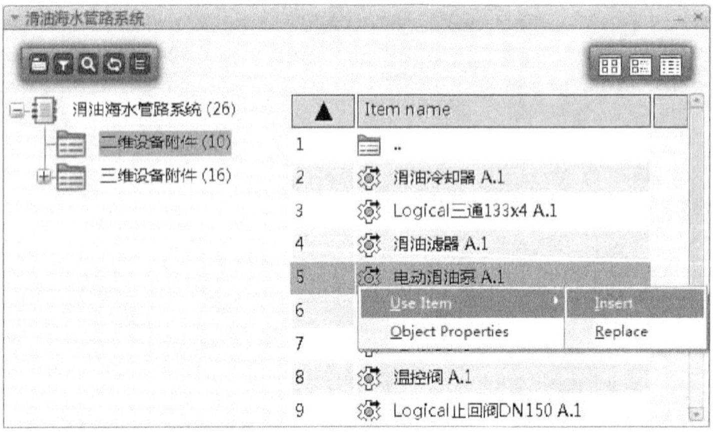

图 6－18　调用设备操作

按上述操作依次插入滑油滤器、滑油冷却器、温控阀、主机和电动海水泵等二维符号，插入设备后图面如图 6－19 所示。

提示　插入设备操作具备八种方式，具体为：Rotate left by 90°（向左旋转 90°）、Rotate right by 90°（向右旋转 90°）、Flip Horizontally（水平翻转）、Flip Vertically（垂直翻转）、Disconnect All（断开所有）、Edit Symbol Scale（编辑符号比例）、Move Component（移动部件）、Remove an item(s) from view（从视图中删除）。

6. 二维驱动三维布置设备

在特征树中，双击特征 Physical_Lib and Sea water 使其处于激活状态，右键单击该特征在下拉菜单中点击【Insert】→【Product】。系统自动弹出 Physical Product（物理产品定义）对话框，在【Title】栏输入：Physical_Equipment，如图 6－20 所示。

双击 Physical_Lib and Sea water 特征，系统将自动从 Piping & Tubing Systems Design 模块切换至 Piping & Tubing 3D Design 模块。在工具栏选择【Fluid Design】→【Logical to Physical】，系统自动弹出二维驱动三维管理器，点击 Physical_Lib and Sea water，如图 6－21 所示。然后点击【Analyze】按钮，对话框内容会进行更新，右键单击主机.1 一栏中的 Warning，在下拉菜单中选择【Set father】（见图 6－22），单击三维模型存放的特征 Physical_

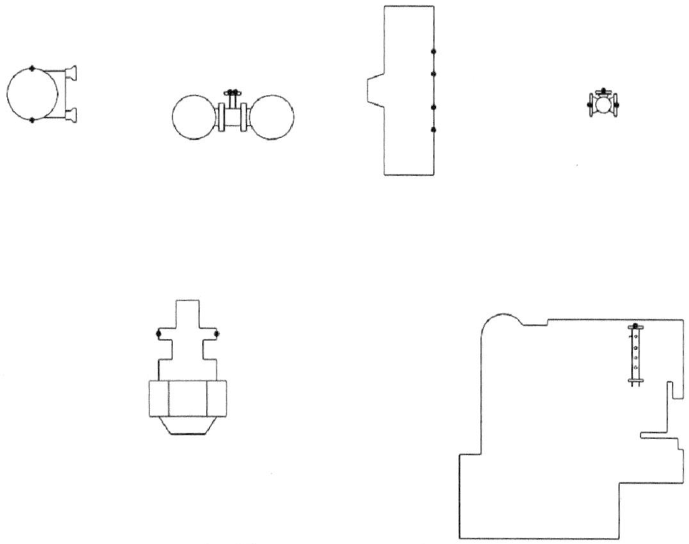

图 6 －19　插入设备后的图面

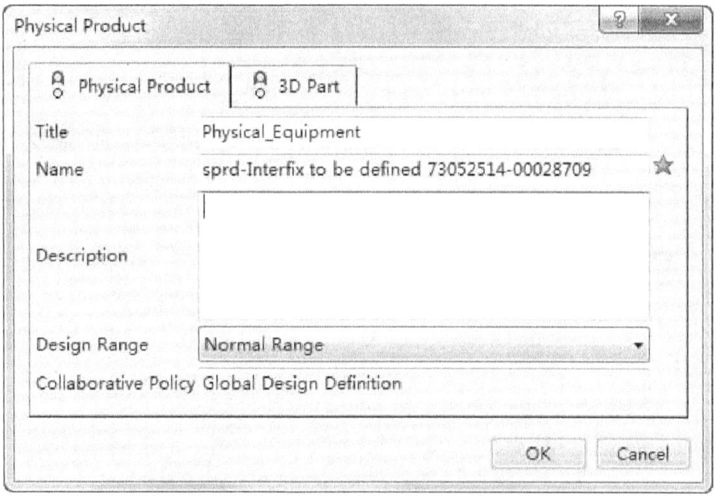

图 6 －20　**Physical Product** 对话框

Equipment(Physical_Equipment.1),参照上述操作完成温控阀、滑油滤器、电动海水泵、电动滑油泵、主机三维模型调入,然后单击对话框中的【Synchronize】按钮,所有三维模型均在空间原点处出现,最后单击【Close】按钮关闭对话框。

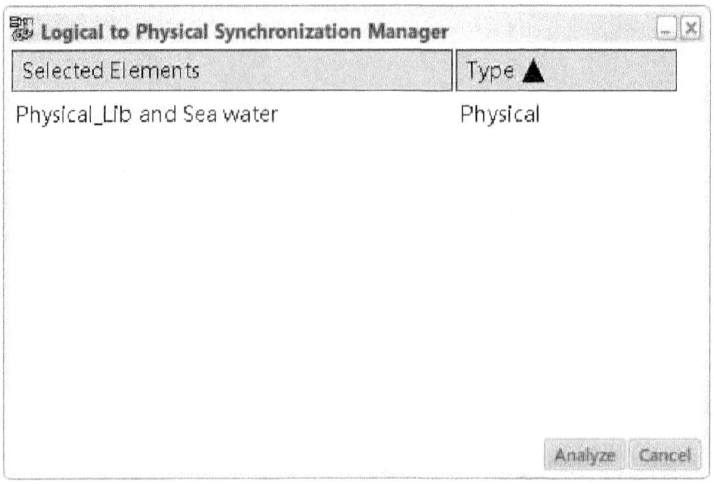

图 6－21　二维驱动三维管理器

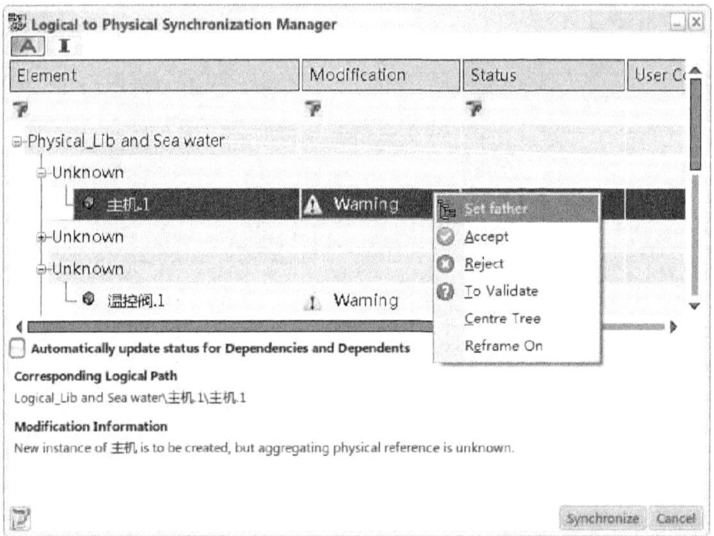

图 6－22　内容更新后的二维驱动三维管理器

提示　在点击【Logical to Physical】后弹出的二维驱动三维管理器中，Selected Elements一栏下可能会存在某项内容，即软件默认为特征树中被激活的特征，若非 Physical Product，可通过右键单击 Remove 进行删除。

由于上述调入三维模型基本重合在一起，需要进行设备布置操作。双击特征 Physical_Equipment（Physical_Equipment. 1），首先将坐标系移至待布置设备端部圆心处，单击特征树上的设备特征名称，然后在视图区选择相应坐标轴并按住鼠标左键移动设备，确定设备大致位置后，将坐标系移至视图右下角原点或另一台设备上。同时，由于设备建模时未必考虑实船布置状态，需对设备进行局部旋转或精确定位，选择待调整的设备，其在视图区呈高亮显示，点击工具栏【Fluid Design】→【Modify】，自动弹出操作图标。将鼠标移至【Select】按钮并选择下拉菜单中的【Manipulate】，操作图标将增加【Select】按钮，可根据实现情况选择

【Move】,【Flip】,【Orient】等按钮,对设备位置进行移动、旋转等操作。

按照上述操作,完成电动滑油泵、滑油滤器、滑油冷却器、温控阀和电动海水泵等设备的三维布放,如图6-23所示。

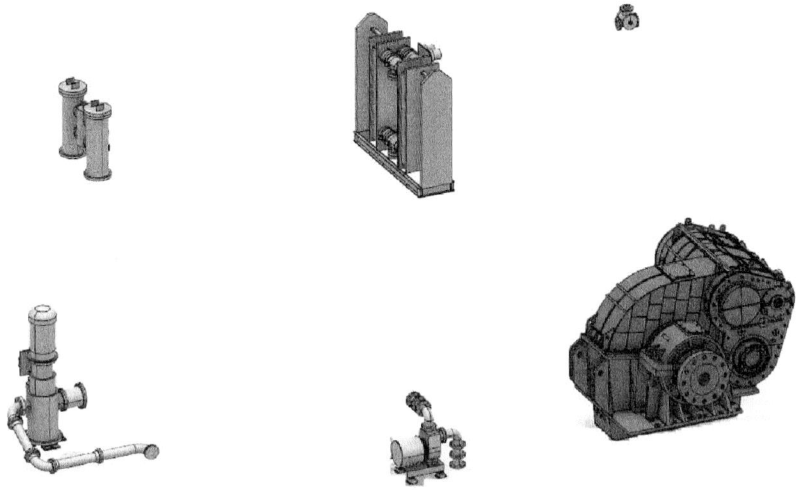

图6-23 三维设备布置状态

提示 在实船三维设计过程中,设备综合布置往往先于管路放样开展工作。因此,在管路设计时,可不采用上述二维驱动三维进行设备布置,而直接创建 Physical Product 节点,并右键点击节点,在下拉菜单中选择【Insert】→【Exsiting Product...】,实现已布置设备的调用。

7.绘制原理图管线

在下侧工具栏中选择【Edition】→【Create Pipe】,系统自动弹出 Create Pipe(创建管线)对话框(见图6-24),点击 Filter 按钮,在弹出如图6-25所示的对话框中选择合适 Line ID,双击 DN150 的 Line ID,按图6-1中的连接原理,绘制从电动滑油泵至油箱的管路。当鼠标左键点击设备接口点时,系统自动弹出如图6-26所示的 Ports 对话框,显示设备接口信息,包含 Port1 Inout 和 Port2 Inout,双击 Port1 Inout 一行,在弹出的三个按钮中选择按钮,适当移动鼠标,单击鼠标左键并在弹出按钮中选择按钮,完成该段管线连接,按此方法完成所有管路连接。

提示 ①布线包含三种方式,具体为:按钮 Single Step Orthogonal Line Route 表示以正交线布置管线、按钮 Angled Line Route 表示以成角度线布置管线、按钮 Straight Line Route 表示以直线连接方式布置管线,通常采用第一种方式布置管线。同时,当管线一端未与设备相连时,CATIA V6 提供两种方式:按钮 heet Connector 表示管线接另一张图纸、按钮 End Route in Space 表示管线布置结束。

②创建 Logical pipe 时,可通过【Add】→【Content…】方式创建,但需结合【Edition】→【Transfer Line ID】进行操作,实现 LineID 与 Logical pipe 相关联,建立起管段与管线的关联关系。

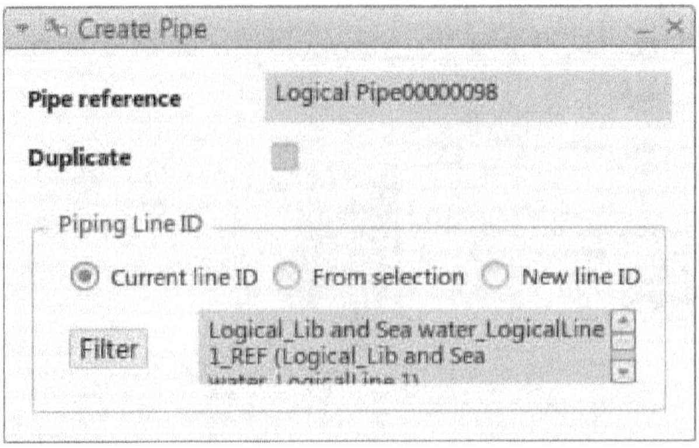

图 6-24 Create Pipe 对话框

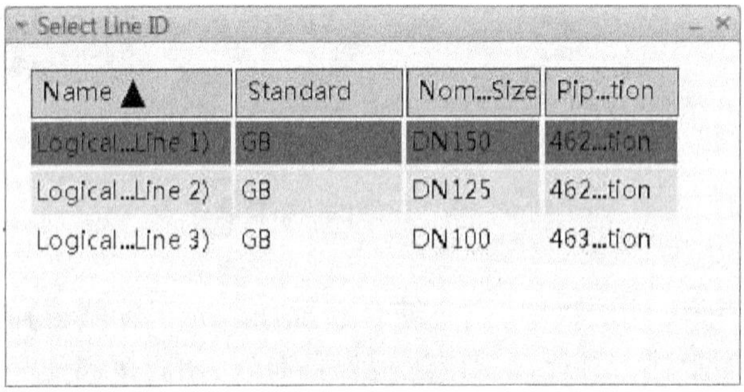

图 6-25 选择合适 Line ID

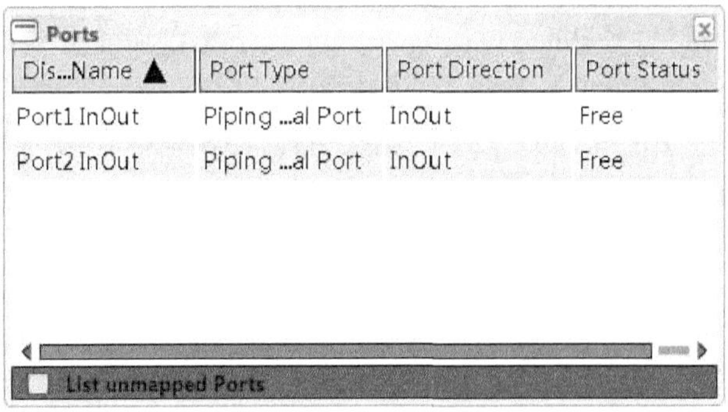

图 6-26 Ports 对话框

8. 插入管附件

二维原理图管线绘制完成后,可按照二维驱动三维布置设备的方式实现三维管路自动放样,但原理图中仅一端连接设备的管线无法映射出三维管材。由于三维阀附件无法自动定位,需待设备之间的管路走向确定后,在大致位置布置相应的阀附件,再重新映射出三维管材。

由原理图可知,电动海水泵接通海阀箱处有一个 DN100 的闸阀,参照调用设备方式,通过【Tools】→【Catalog Browser】操作在原理图管线中插入闸阀,当阀件在管线上定位后,相应管线将自动断开，实现管线与阀件相连接，如图 6－27（a）所示。采用【Fluid Design】→【Logical to Physical】操作，将三维闸阀调出，系统默认放置在空间原点，需将其移动至电动海水泵进口下侧，具体位置见图 6－27（b）。通过工具栏中的【Update】映射生成三维管段，如图 6－27（c）。

图 6－27　电动海水泵与闸阀之间的三维管段生成

（a）连接原理；（b）闸阀布放；（c）映射生成的三维管段

提示　二维驱动三维映射管材时，应确保三维设备或阀附件的接口位置与原理图一致，如布放时阀件进出口位置被颠倒，会导致三维映射无法成功。

结合二维原理图，在管线中插入止回阀、截止止回阀、闸阀、三通等附件。在 CATIA V6 中绘制完成的原理图如图 6－28 所示。

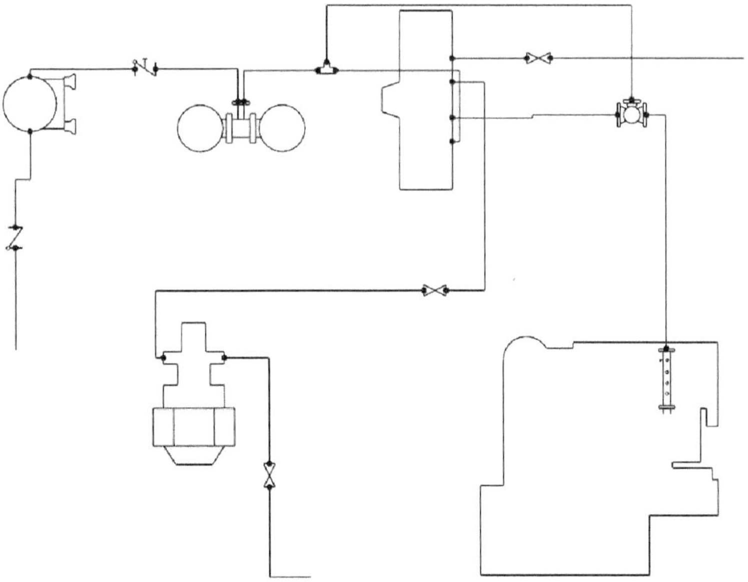

图 6－28　CATIA V6 软件中的二维原理图

9. 管路连接性检查

点选工具栏【Tools】下的【B. I. Essentials】按钮，系统弹出 B. I. Essentials 对话框，如图 6-29所示。选择【Fluid:Piping Connectivity Review】项，可实现管路连接性检查。管路连接性检查显示见图 6-30，图中三种颜色对应三种状态：绿色 Fully connected（连接）说明管路两端均连接到设备接口；黄色 Partly connected（部分连接）说明管路某端连接到设备接口；红色 Not connected（未连接的）说明管路任意一端没有与设备接口相连。通过管路连接性检查，整个原理图连接状态良好。

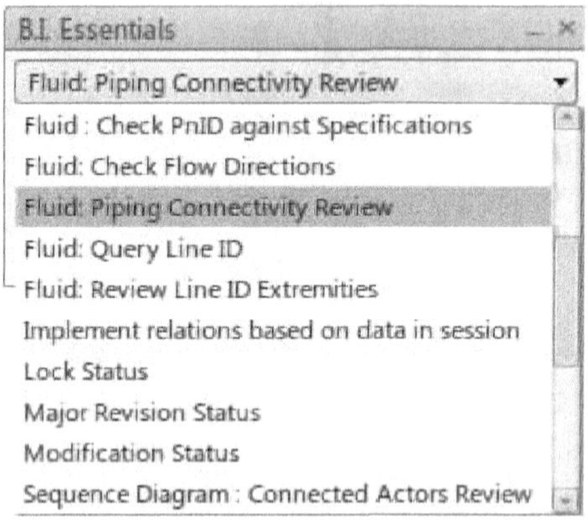

图 6-29　管路连接性检查操作

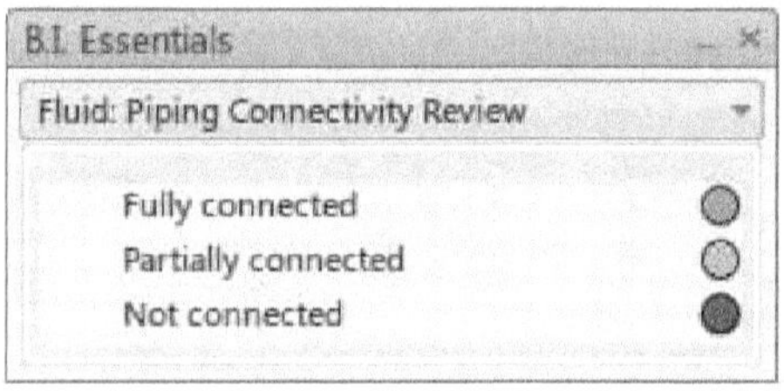

图 6-30　管路连接性检查显示

10. 创建端部管路

由于端部管路在原理图中处于部分连接，无法直接映射生成。

下面对海水管路出口 DN100 闸阀端部管路进行创建，操作流程如图 6-31 所示。

双击 Logical_Lib and Sea water_LogicalLine 3 特征，选择【Fluid Design】→【Rigid pipe or tube】，在弹出工具条中第二列选择 Use Spec stables 按钮，在视图区点选闸阀端部，在弹出对话框中选择 DN100 管材规格，然后点击规格对话框中的【Ok】按钮，在工具条第二列选择 Create point by manipulation，闸阀端部自动出现坐标，选取相应坐标轴进行位置移动，生成如图 6-32 所示管段，完成后点击 Exit and Activate Parent，退出三维管路设计，整个三维管路布置情况如图 6-33 所示。

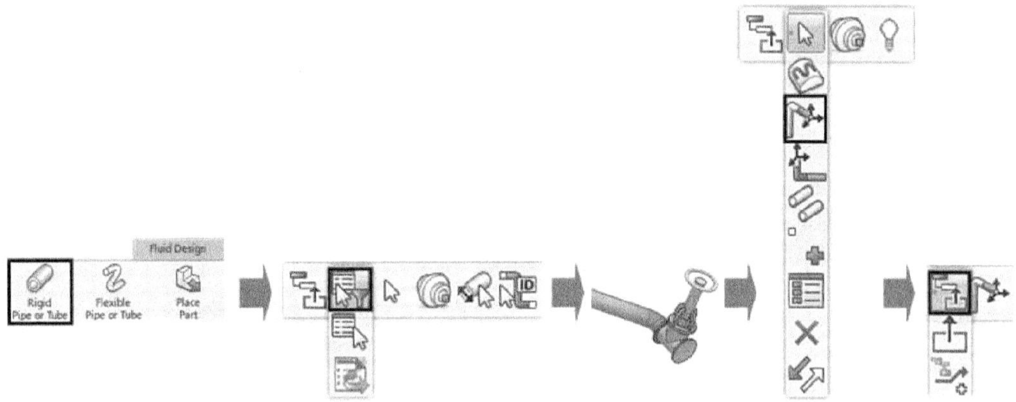

图 6 – 31　创建端部管段操作流程

图 6 – 32　端部管段生成

11. 添加法兰

法兰配置主要有通过 Automatic Part Rule table 驱动、过滤器筛选、Catalog 调用三种方式。下面对 DN125 滑油管路采用 Catalog 调用添加单片法兰，按钮选择流程如图 6 – 34 所示。

双击 Logical_Lib and Sea water_LogicalLine 2 特征，选择【Fluid Design】→【Place Part】，在弹出工具条第二列选择 Placement methods，并在第三列选择 Place on segment，然后在视图区管段上点击法兰插入位置，在随后弹出的工具条第二列点选 Find part using catalog，系统弹出如图 6 – 35 所示的标准件库对话框，点选第二行法兰 A10125 A. 1，管段中将显示法兰存在见图 6 – 36(a)，点击打勾按钮完成操作。添加配对法兰与单片法兰操作基本相同，不同之处在于工具条第三列点选 Place on port or node，并选择管段布放端，创建生成法兰见图 6 – 36 (b)。

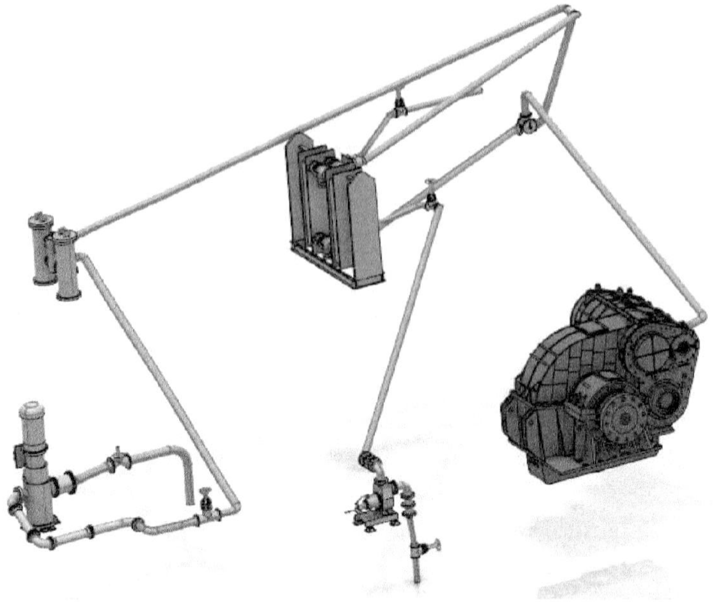

图 6－33　整个三维管路布置情况

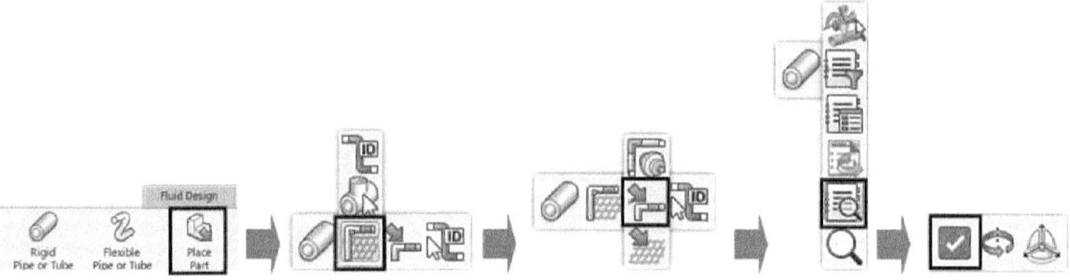

图 6－34　添加法兰操作流程

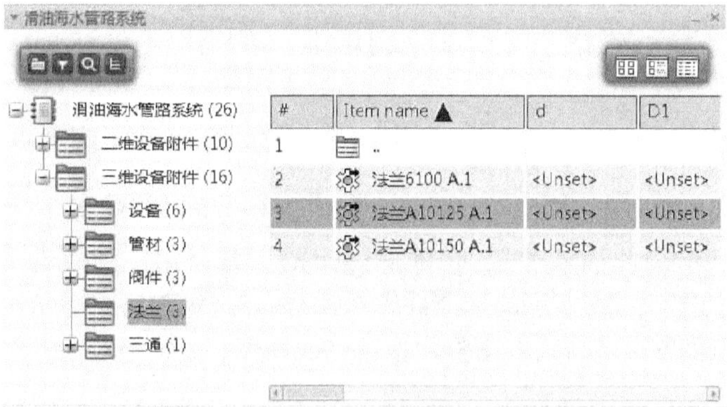

图 6－35　标准件库对话框

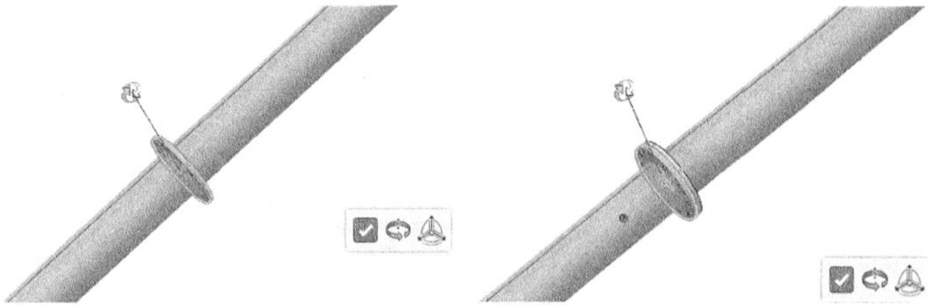

(a)　　　　(b)

图 6－36　添加法兰

(a)插入单片法兰(b)添加配对法兰

结合二维原理图,创建端部管路和添加法兰后,整个特征树见图 6－37,设备布置及管路放样如图 6－38 所示。

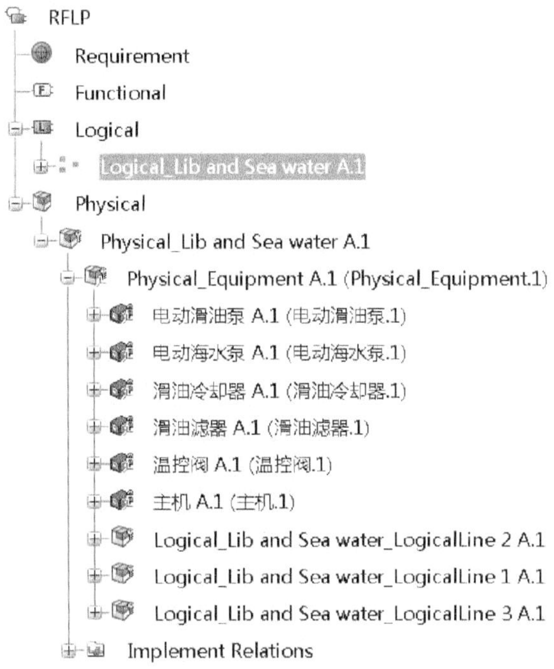

图 6－37　加载三维模型后的特征树

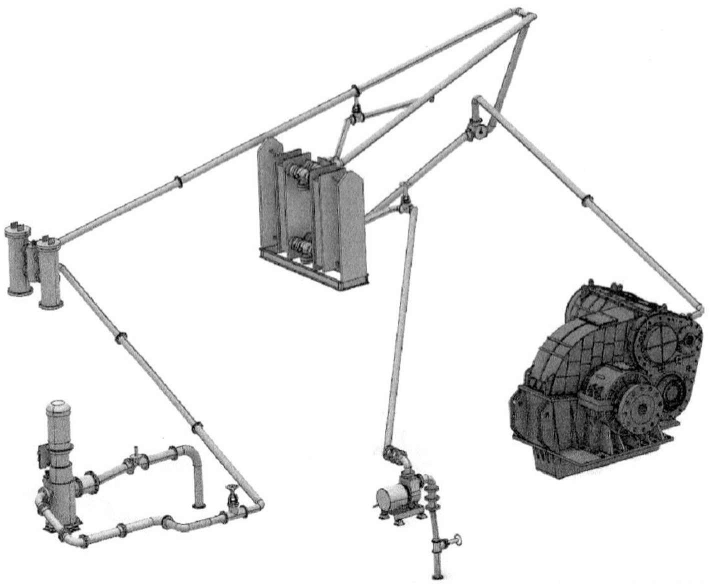

图 6-38　滑油、海水管路系统综合布置

6.3　本 章 小 结

本实例重点讲解管路系统二维原理图驱动三维设计，详细介绍了设计中所涉及的常用功能，并结合实例给出了具体的三维设计流程说明。但受篇幅限制不能面面俱到，希望能起到抛砖引玉的作用。读者只有在工程设计中不断学习，仔细体会，融会贯通，才能发挥 CATIA V6 软件的强大管路设计功能，从而提高工作效率并确保研制质量。

第7章　电气三维设计

电气设计主要涉及 Electrical System Design，Electrical 3D Part Design 和 Electrical 3D Design 等模块。其中，Electrical System Design 模块用于二维设计，可创建电气原理图、建立逻辑体系结构、电气设备布置、电气接线图、系统导入导出；后两者用于三维设计，Electrical 3D Part Design 模块主要用于创建三维电气设备、托架、分段/分支（Segment/Branch）；Electrical 3D Design 模块则具备布置三维设备、设备接线、创建电气几何形状（Electrical Geometry）、构建物理系统（Electrical Physical System）、敷设电缆、电网分析等功能。但 Electrical System Design 归属罗盘 My 3D Modeling Apps 象限的 System Schematic Designer 角色使用，而 Electrical 3D Part Design 和 Electrical 3D Design 模块对应于 Electrical 3D Systems Designer 角色运用。

为便于电气二维原理图与三维设计中电缆相关联，需选择【Me】→【Preferences】，在 Preferences 对话框中，点击列表【Equipment】→【Electrical Discipline】的 Electrical Geometry Management 选项卡，勾选 Map logical cable to physical conductor 项，如图 7－1 所示，完成设置，可实现 logical cable 与 physical conductor 等效。

7.1　电气建库

登录 CATIA V6 软件，以 Leader 角色导入表 7－1 中的电缆通道尺寸表数据。首先点击【Add】→【Content…】，弹出如图 7－2 所示的 New Content（新建内容）对话框，点击 Document 栏中的【VPM Document】，系统自动弹出 Select File 对话框和 VPM Document 对话框，在 Select File 对话框中，选择包含表 7－1 数据的 Electrical Branch Table。

表 7－1　电缆通道尺寸表

Identifier	Profile	Elec_BendRadius/mm	Dimension1/mm	Dimension2/mm
1	Circle	200	100	
2	Circle	400	200	
3	Ellipse	400	100	200
4	Ellipse	600	200	300
5	Rectangle	380	150	190
6	Rectangle	440	150	220
7	Rectangle	500	150	250
8	Rectangle	560	150	280
9	Rectangle	620	150	310

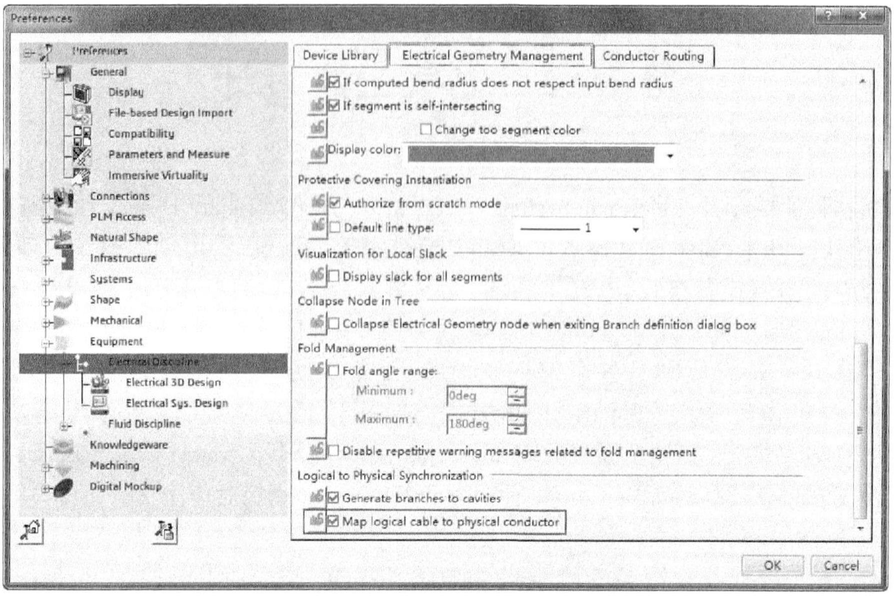

图 7－1　二维与三维电缆设计相关联设置

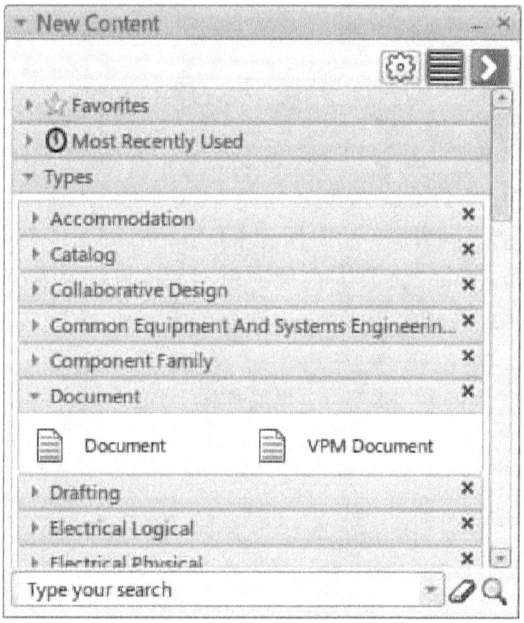

图 7－2　New Content 对话框

点击【保存】按钮(见图7-3),VPM Document对话框中的【Title】栏自动出现Electrical Branch Table(见图7-4),点击【OK】按钮,实现数据导入。

图7-3 Select File对话框

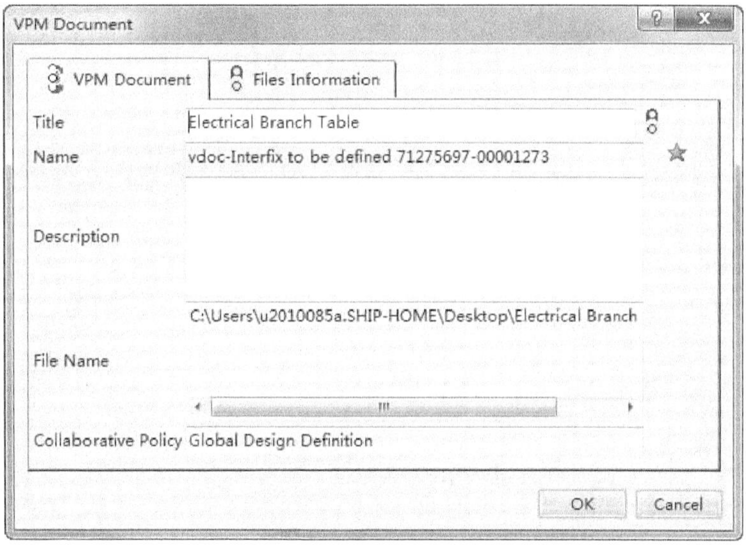

图7-4 VPM Document对话框

Owner角色设计人员登录CATIA V6软件,点击罗盘北象限My Social and Collaborative Apps中的Data Setup模块,进入Data Setup。涉及电气专业的Resource Tables主要有Electrical Data Exchange resources、Electrical Feature Customization resources、Electrical Logical resources等六种资源集,如图7-5所示。

右键点击Electrical physical system design resources,选择【Create a new Resource Table】,如图7-6所示,系统自动弹出Resource Set对话框,在【Title】栏输入:Cable tray resources,点

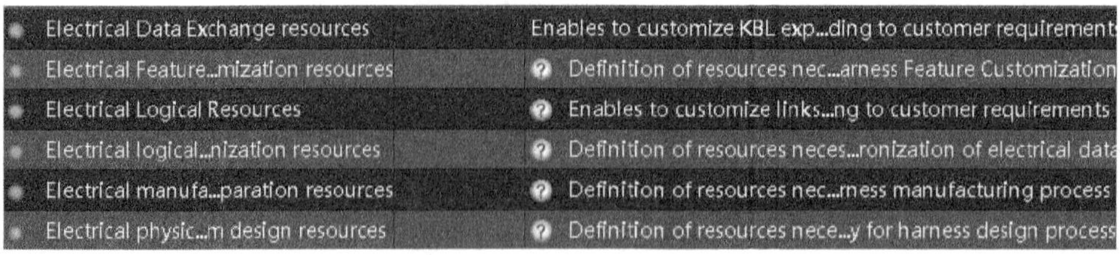

图 7-5　六种资源表

击【OK】按钮,如图 7-7 所示。在随后弹出编辑资源表对话框中,在 Branch Definition Table 一栏,右键选择 <Unset>,在下拉菜单中选择【Choose the assigned resource】(见图 7-8),系统弹出 Select a Sheet for item Branch Definition Table对话框(见图 7-9),在 From Search 下输入 Electrical Branch Table,选择【Search】,系统自动显示出相关项目,选择对应项,点击【OK】回到上一级对话框,再点击【OK】完成创建。最后点选 Resource Tables 中新建的 Cable tray resources,并按住左键拖至界面右侧的 Collaborative Spaces bindings 中对应项目 c120,如图 7-10 所示,保存整个创建内容。

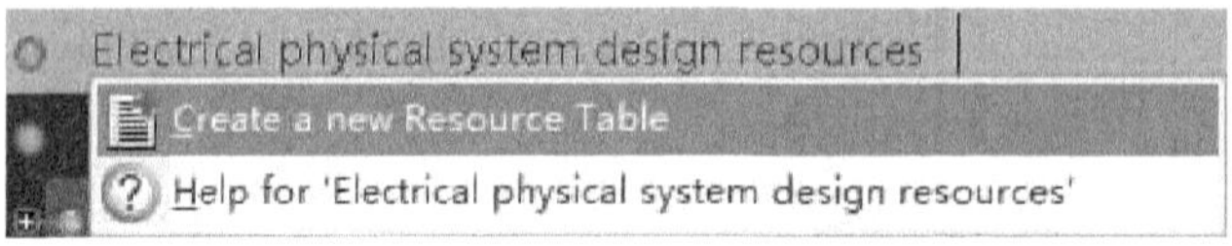

图 7-6　创建新的资源表

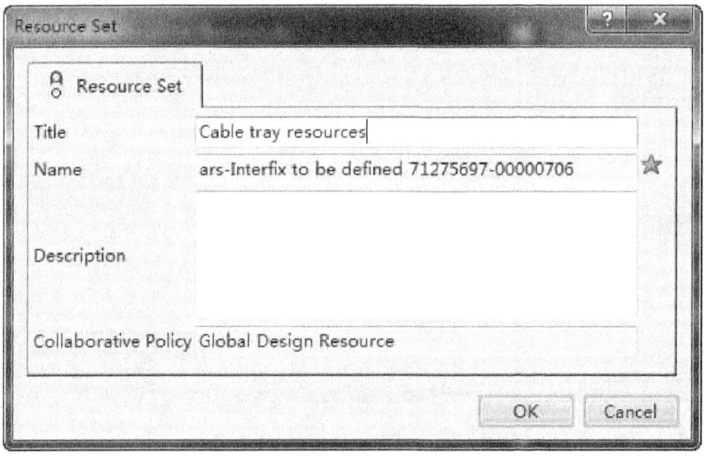

图 7-7　创建新资源表对话框

提示　编辑资源表对话框时,软件提供了 3D Electrical components catalogs、Electrical Catalog Chapter,Electrical Port Subtype 等项目表编辑,本文仅根据需要创建 Branch Definition Table。

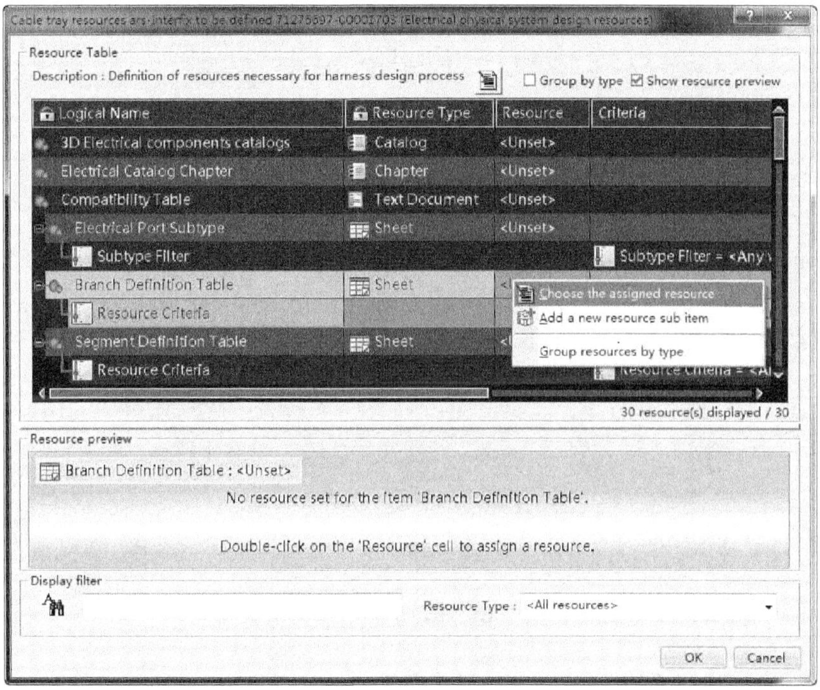

图 7－8　编辑资源表对话框

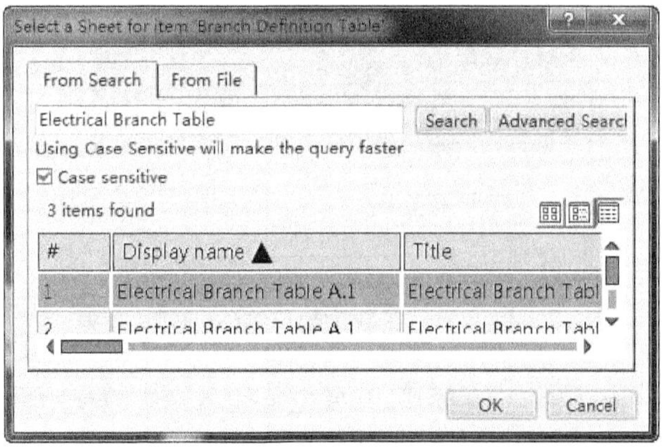

图 7－9　**Electrical Branch Table** 选择

图 7－10　完成资源表创建工作

7.2 电气设备 Cavity 创建

登录 CATIA V6 软件，进入 Electrical 3D Part Design 模块。点击特征树中的 3D Shape，再点击【Device】→【Equipment】，弹出如图 7－11 所示 Electrical Equipment（电气设备）对话框，点击 Customized Extension 栏 ，系统自动弹出 Types browser（选择类型）对话框，如图 7－12所示，点选 Equipment 内容，单击【OK】按钮，回到 Electrical Equipment 对话框，再次点击【OK】按钮，特征树中的 Physical Product 图标发生改变。

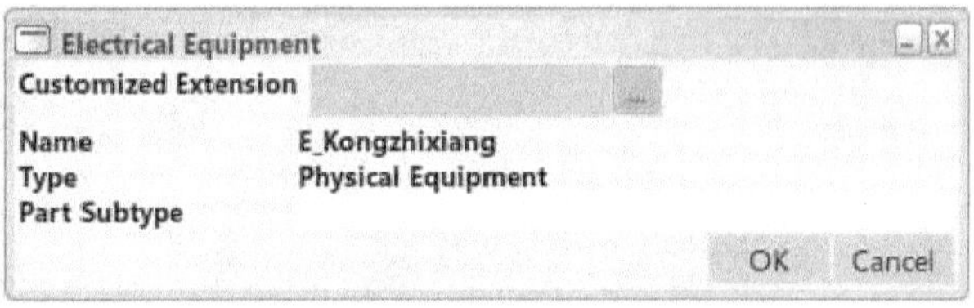

图 7－11　Elctrical Equipment 对话框

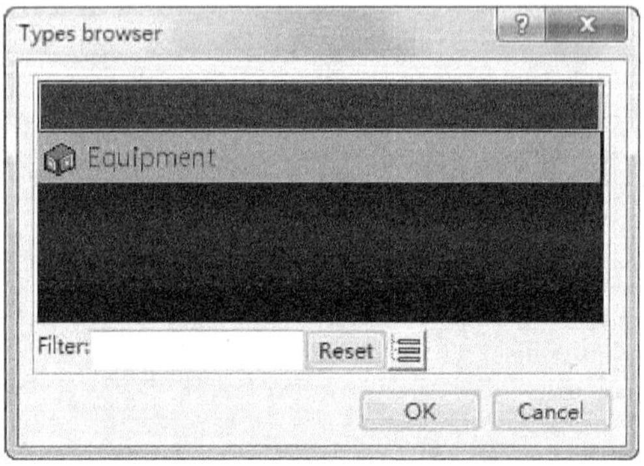

图 7－12　Types browser 对话框

切换进入 Part Design Essentials 模块，开展电气设备三维建模。设备建模完成后，可将工作面等无关信息隐藏，再返回 Electrical 3D Part Design 模块。点击下方工具栏中的【Device】→【Cavity】，定义电气设备接口，系统弹出如图 7－13 所示 Cavity Definition（接口定义）对话框。点击 Customized Extension 栏 按钮，随后弹出 Types browser 对话框（见图 7－14），选择 Cavity，点击【OK】按钮，返回到 Cavity Definition（接口定义）对话框，点击 Axis System 栏的 ，弹出 Axis System Definition（坐标系定义）对话框（见图 7－15）。右键点击在 Origin 栏 Default（Computed），选择【Insert Wireframe】→【Create Point】，随之弹出 Point Definition（位置点定义）对话框（见图 7－16），在【Point type】栏选择 On plane，【Plane】栏选取接口所在面，并输入相应坐标值。点击【OK】，回到 Axis System Definition（坐标系定义）对话框，点击【OK】，返回到 Cavity Definition（接口定义）对话框，设备接口如图 7－17 所示，点击【OK】进行确认。最后通过 <Ctrl> +S 保存上述操作。

提示　船舶电气设计中，连接点主要使用 Cavity，其他类型操作适用于航空航天或汽车领域设计。

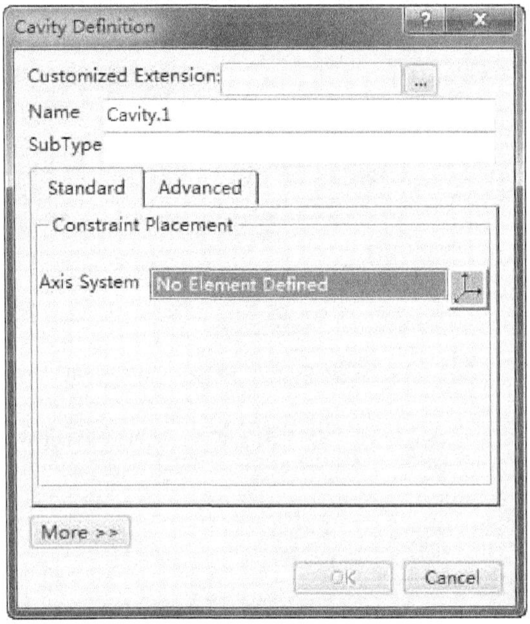

图 7-13　**Cavity Definition 对话框**

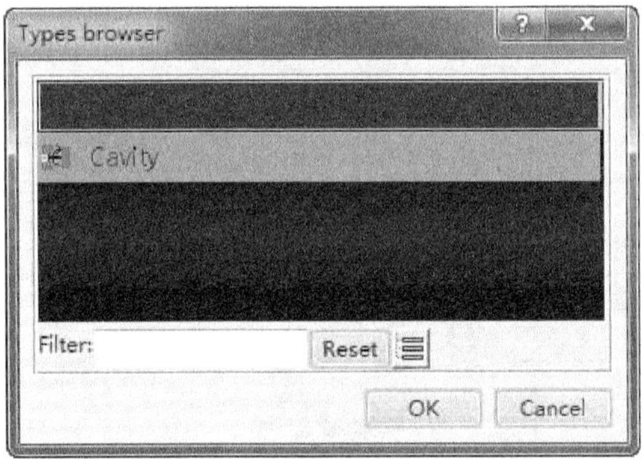

图 7-14　**Types browser 对话框**

提示　定义 Cavity 连接点时，软件默认在插入点处的坐标系与全局坐标系相一致，而电缆连接方向始终沿局部坐标系的 X 正方向。当局部坐标系方向不满足设计要求时，应在处于返回状态的 Axis System Definition 对话框中点击 X axis 后内容，选择连接点工作面，软件自动调整坐标系。若 X 轴方向垂直平面向内，点选对话框中的 Reverse，具体如图 7-18 所示。

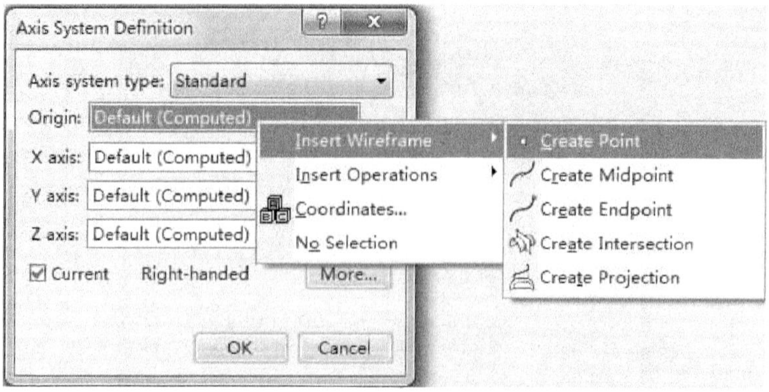

图 7－15　Axis System Definition 对话框

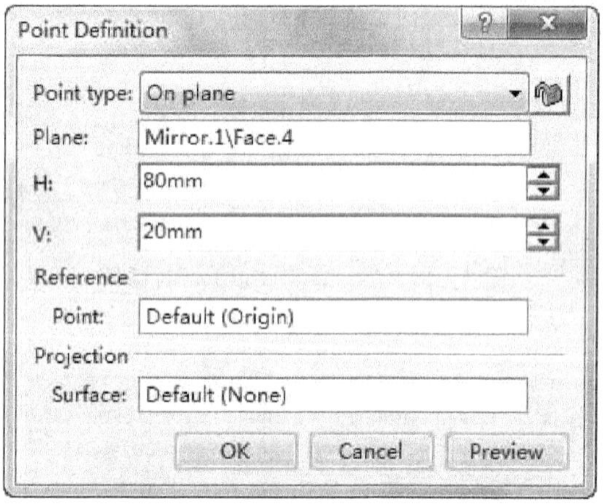

图 7－16　Point Definition 对话框

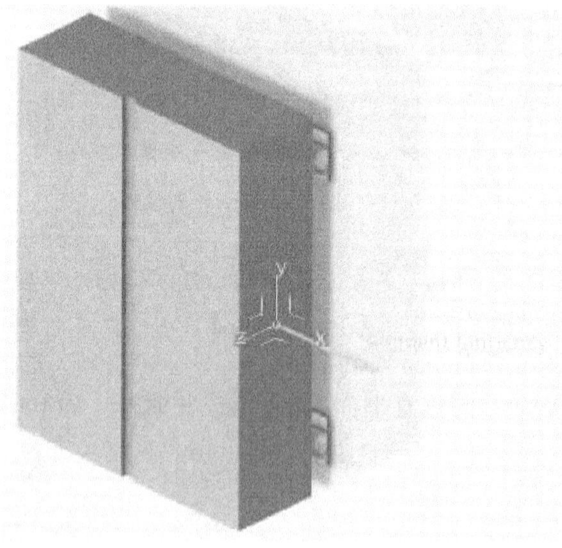

图 7－17　创建 Cavity 后的设备接口

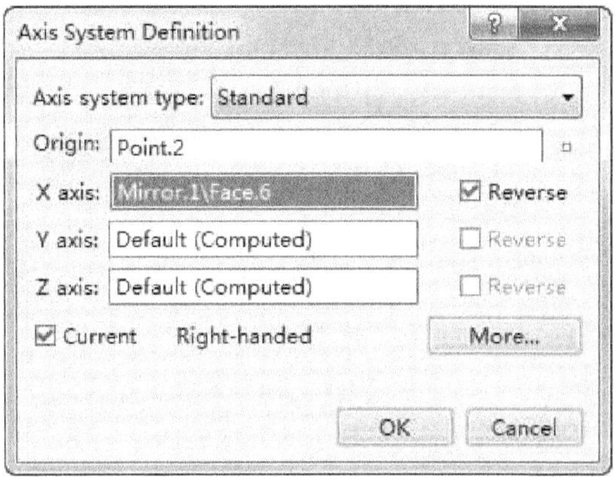

图 7－18　Axis System Definition 对话框

7.3　电 缆 定 义

在 Electrical 3D Part Design 模块中,选择界面右上角的【Add】→【Content...】,系统弹出如图 7－19 所示对话框,在对话框右上角中右键选择【Tools】按钮,在下拉菜单中选择【Set attributes at creation for all types】项,点击按钮后弹出对话框。在 Electrical Physical 一栏中选择【Electrical Conductor】按钮,系统弹出 Electrical Conductor(电缆定义)对话框(见图 7－20)。对话框中可进行 Color、Section Area,Outside Diameter,Bend Radius,Linear Mass 参数定义,具体设置如下:【Title】:E_Conductor;【Section Area】:0.000 01 m^2。点击【OK】完成电缆定义并保存,完成电缆创建后的软件界面如图 7－21 所示。

图 7－19　New Content 对话框

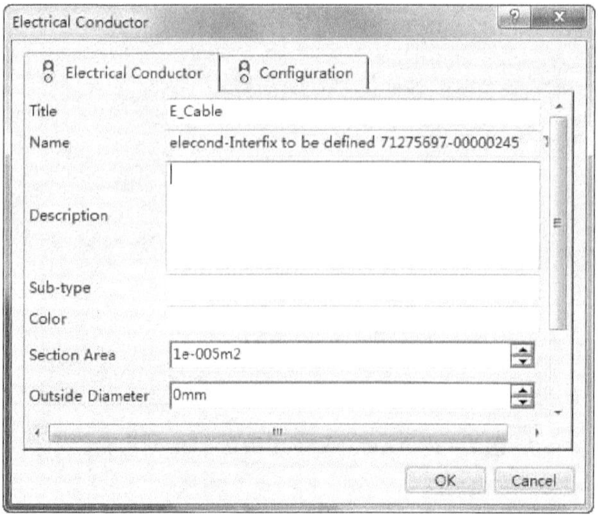

图 7-20 Electrical Conductor 对话框

图 7-21 电缆定义后的软件界面

在设备和电缆模型创建好后,需创建 Catalog 存储设备信息,在此不作赘述。

7.4 电缆通道设计与敷设

登录 CATIA V6 软件,进入 Electrical 3D Design 模块。将【Title】定义为 Electrical Design,若设备保存后未在客户端退出,可通过右键点击 Electrical Design 在下拉菜单中选择【Insert】→【Existing 3D Part...】,在通过界面切换选择上述创建设备,或通过工具栏选择【Tools】→【Catalog Browser】按钮,在弹出 Catalog 对话框中调入相应的电气设备,如图 7-22 所示。

在工具栏中,选择【Branch】→【Electrical Geometry】,并选择特征树中的根节点 Electrical Design,系统自动弹出 Electrical Geometry(电气几何形状)对话框,将【Title】定义为 G_Electrical,点击【OK】确认(见图 7-23)。双击特征树中的 G_Electrical,点击【Branch】→【Electrical Branch Geometry】,弹出 Electrical Branch Geometry(电气分支几何)对话框,将【Title】定义为 G_Electrical Branch,点击【OK】确认(见图 7-24)。系统自动弹出如图 7-25 所示 Branch Definition(分支定义)对话框,点击 Resource 栏,弹出 Table Browser(表格浏览)对话框,对话框内容对应于电气建库中的电缆通道尺寸表数据。选择序号 5 一栏,如图

7-26所示。点击【OK】按钮,返回到Branch Definition对话框,点击【Route Definition】按钮,弹出Route Definition(路径定义)对话框,进入视图区,鼠标移至设备接口处,设备对应接口将呈绿色显示,分别选择两条设备上的电缆接口,对话框中将自动显示所选接口对应的电气设备(见图7-27),点击【OK】按钮,返回到Branch Definition(分支定义)对话框,点击【OK】按钮完成电缆通道布置,整个电缆通道显示如图7-28所示。

图7-22　在几何空间布置的电气设备

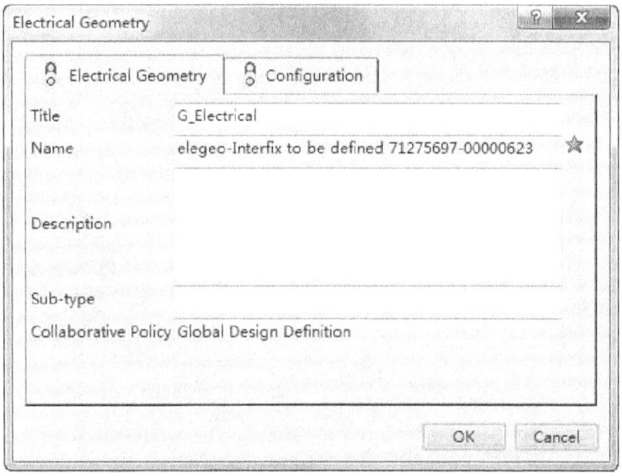

图7-23　Electrical Geometry对话框

激活特征树中的Electrical Design,选择工具栏中【Conductors】→【Electrical Physical System】,弹出Electrical Physical System(创建电气物理系统)对话框,如图7-29所示。将【Title】定义为C_Electrical,点击【OK】按钮,进入New Electrical Physical System(新电气物理系统)对话框,如图7-30所示。不用选择设备,单击【OK】按钮则在特征树中创建出Electrical Physical System。

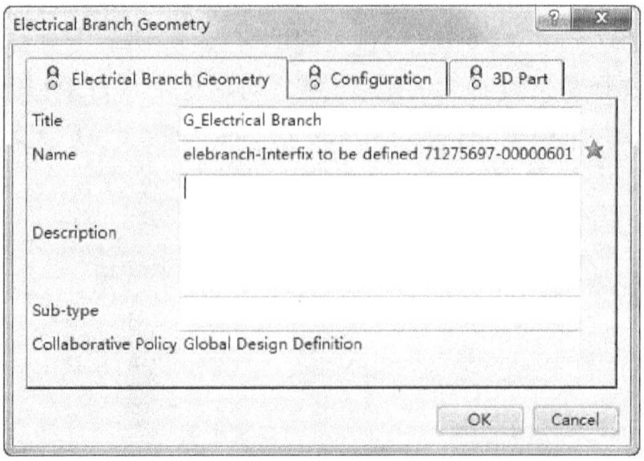

图 7－24　**Electrical Branch Geometry** 对话框

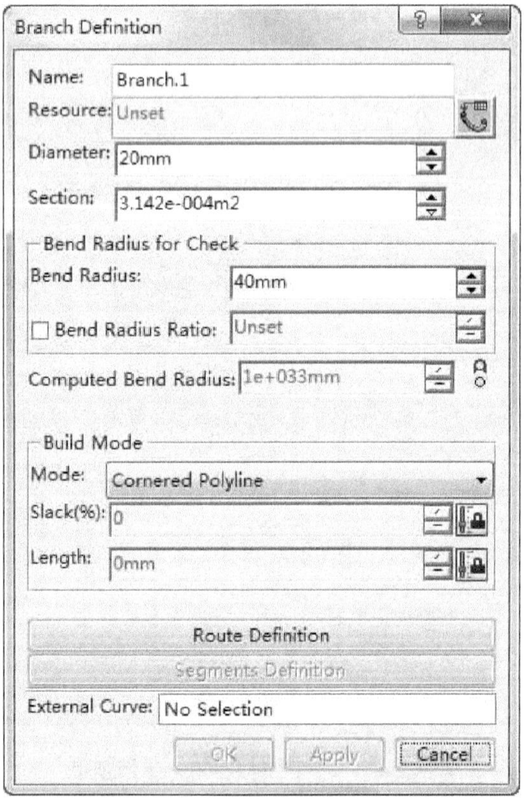

图 7－25　**Branch Definition** 对话框

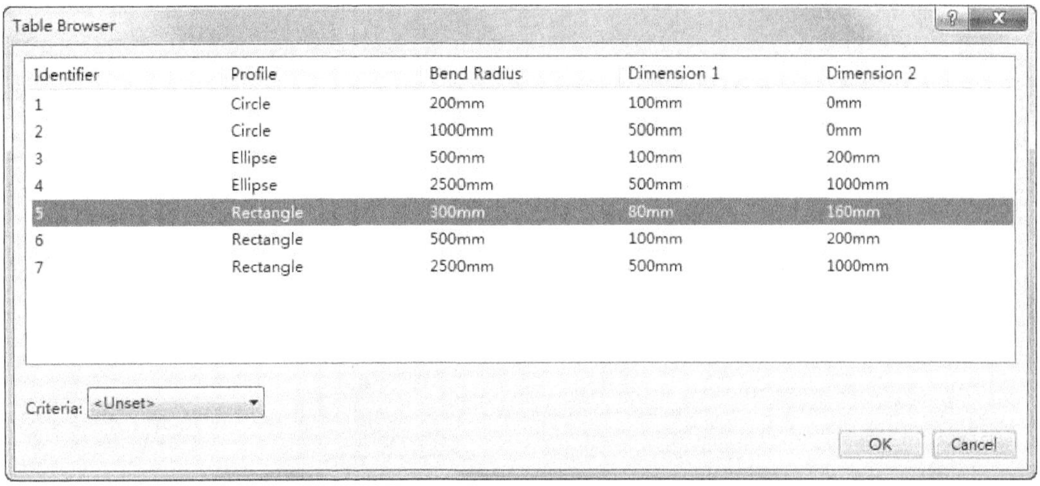

图 7 – 26　Table Browser 对话框

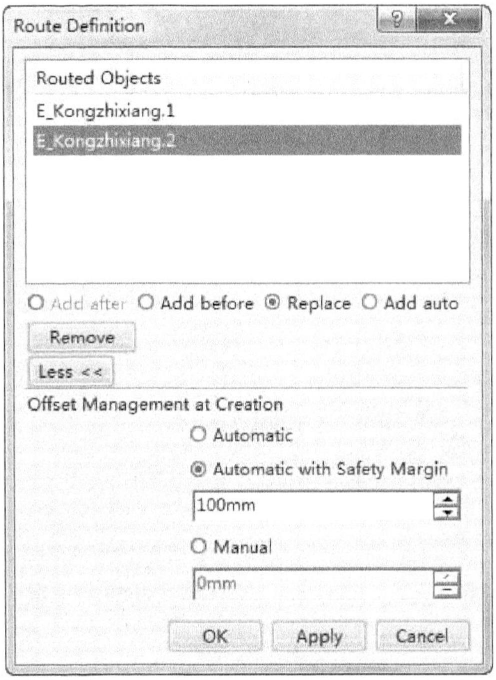

图 7 – 27　Route Definition 对话框

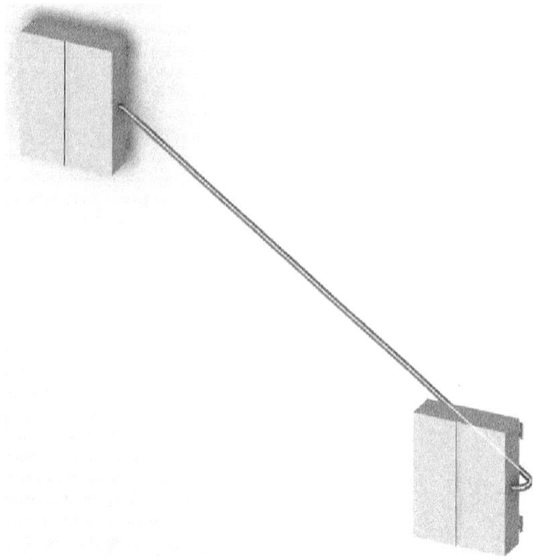

图 7－28　电缆通道布置显示

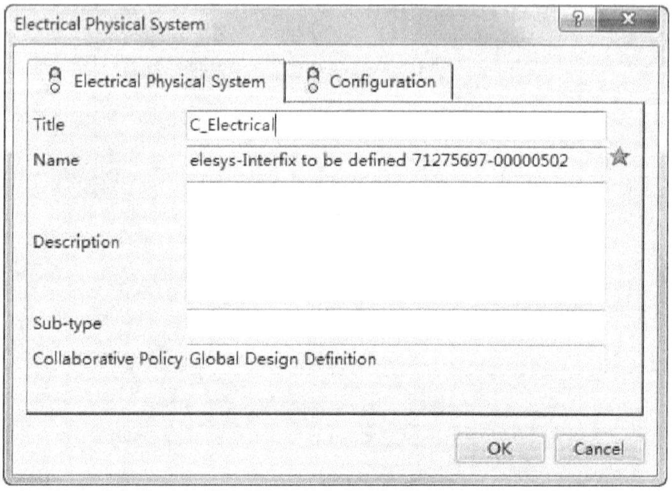

图 7－29　**Electrical Physical System 对话框**

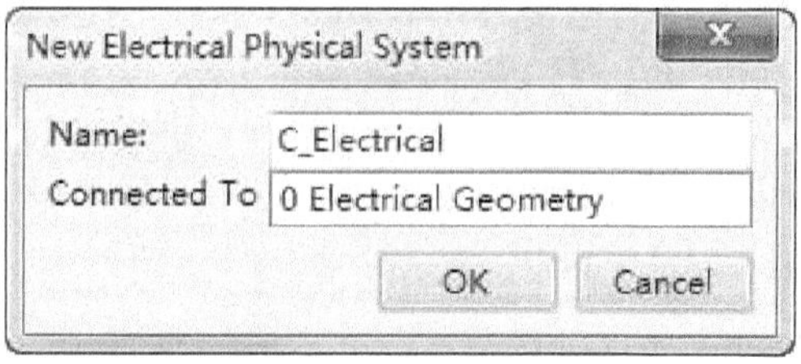

图 7－30　**New Electrical Physical System 对话框**

选择特征树 C_Electrical 装配，点击工具栏中【Conductors】→【Conductor】，弹出 Conductor Creation 对话框，对 Outside Diameter、Bend Radius、Linear Weight 等参数进行定义，依次选择电气设备，对话框中【From：】、【To：】区域中的 No Selection 将更新为相应的设备名称，如图 7－31 所示。点击【Create Several】按钮，弹出 Spare Conductor Creation 对话框，在 Number of spare conductors to create 一览输入 8，点击【OK】按钮（见图 7－32），返回 Conductor Creation 对话框，点击【Close】按钮关闭整个对话框。完成了八根电缆的定义，整个特征树组成如图 7－33 所示。

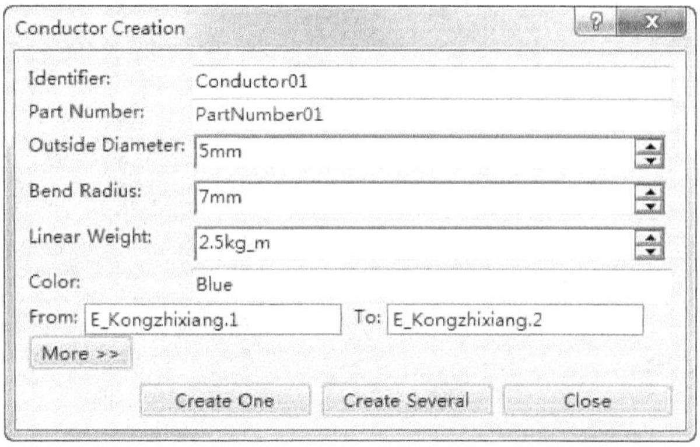

图 7－31　Conductor Creation 对话框

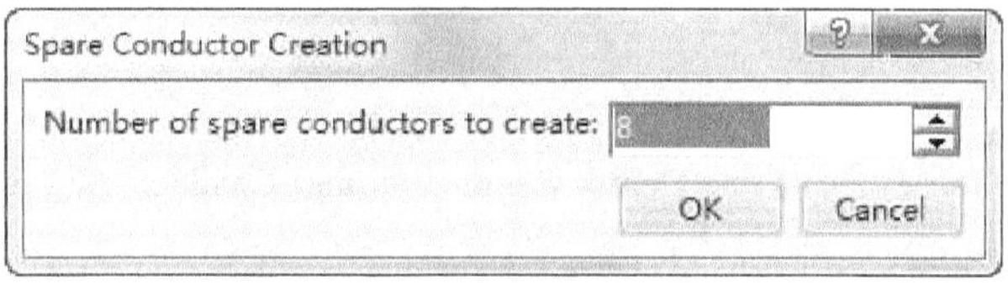

图 7－32　Spare Conductor Creation 对话框

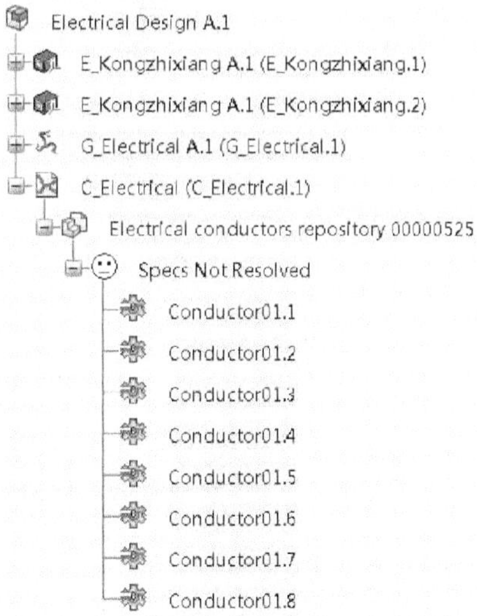

图 7－33　定义电缆后的特征树组成

电缆定义后，点击【Conductors】→【Map Conductors】，选择特征树中的 C_Electrical 装配，进入 Instantiate/Link/Unlink Conductors and Conductor Groups 对话框，可选择相应电缆或全面电缆进行解析（见图 7-34）。点击【Select All】，选择对话框下侧的按钮，自动进入 Catalog 对话框，选择 7.3 节中创建的电缆（见图 7-35），则图 7-34 所示对话框中所有被选电缆的 Link Staus 一项均呈 Fully resolved。在特征树中，所有电缆也由 Specs Not Resolved 文件夹移至 Specs Fully Resolved 文件夹中，如图 7-36 所示。

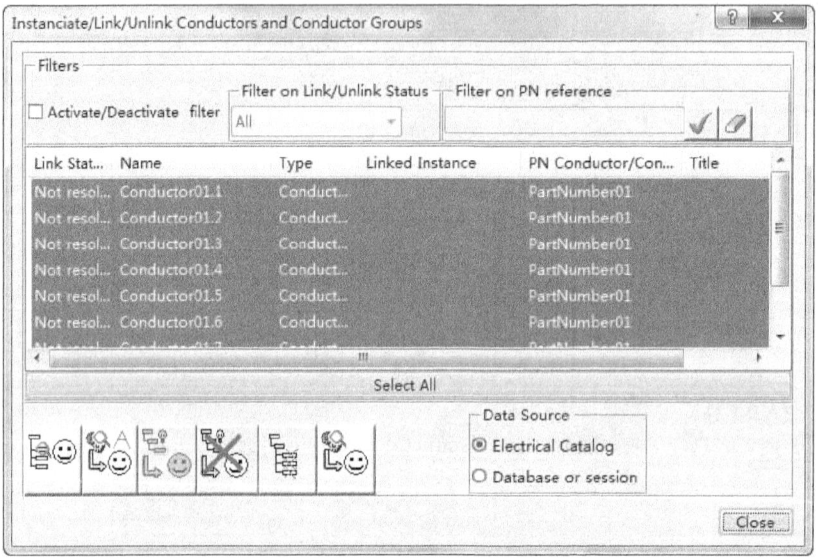

图 7-34 Instantiate/Link/Unlink Conductors and Conductor Groups 对话框

提示 在 Instantiate/Link/Unlink Conductors and Conductor Groups 对话框中，左上角 Filters 右下区域的 Data Source 有 Electrical Catalog 和 Database or session 两种类别。

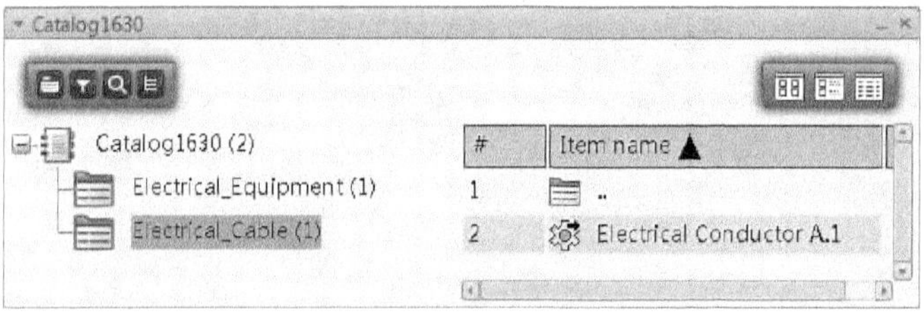

图 7-35 Catalog 对话框

若上述电缆中存在部分不连通情况，可在图 7-34 所示对话框中点击按钮，自动弹出 Confirmation 对话框（见图 7-37），点击【是(Y)】按钮，就可实现相关电缆的不连通，并从特征树中的 Specs Fully Resolved 文件夹移至 Specs Not Resolved 文件夹。同时可点击按钮彻底删除不连通电缆，系统弹出 Useless Instances 对话框，显示未连通电缆，依次选择【Select All】、【OK】按钮即可完成删除（见图 7-38）。

图 7 – 36　电缆解析后的特征树组成

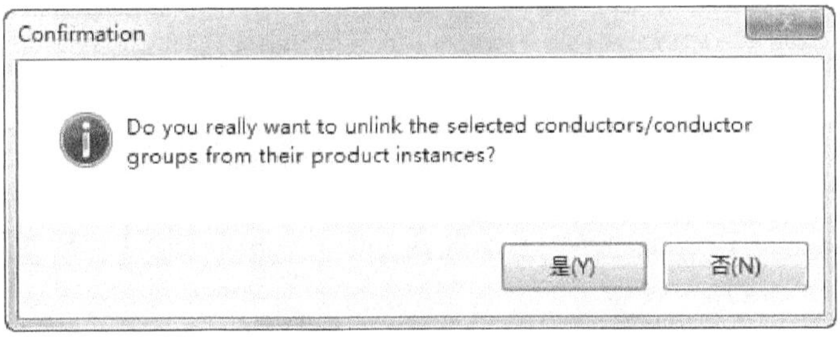

图 7 – 37　Confirmation 对话框

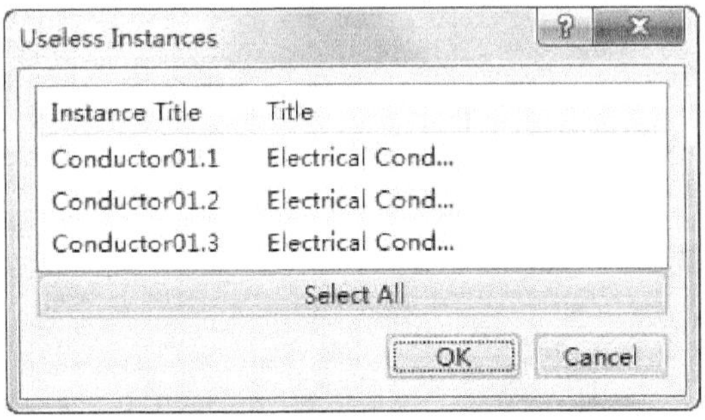

图 7 – 38　Useless Instances 对话框

点击工具栏中【Conductors】→【Conductor Routing Assistant】,弹出如图 7－39 所示的 Tools Palette 对话框,选择特征树中的 C_Electrical 装配,点击按钮,进入 Conductor Routing Assistant 对话框(见图 7－40),按住 <Shift> 键点选首末两行选取整个内容,点击按钮进行自动敷设,则 Route status 一栏的状态由 Not routed 改为 Routed。

图 7－39　Tools Palette 对话框

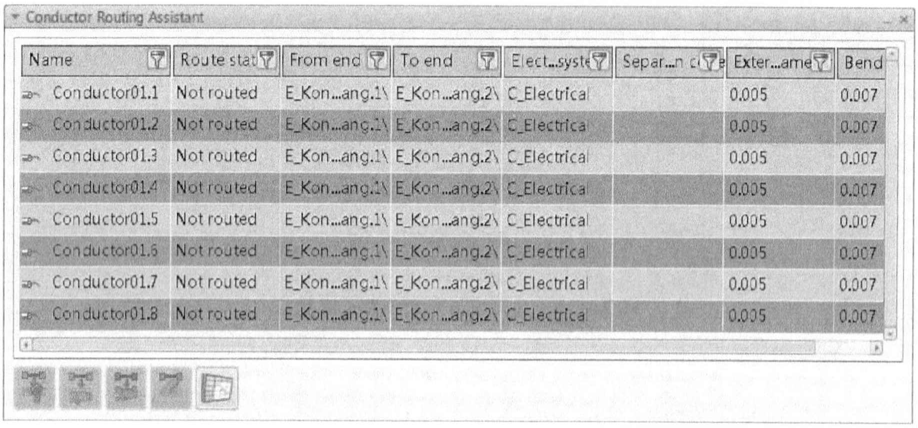

图 7－40　Conductor Routing Assistant 对话框

选择【Me】→【Preferences】,在 Preferences 对话框中,点击列表【Equipment】→【Electrical Discipline】中 Conductor Routing 选项卡,不选 Segment Update 相关内容,如图 7－41 所示,实现填充率管理。

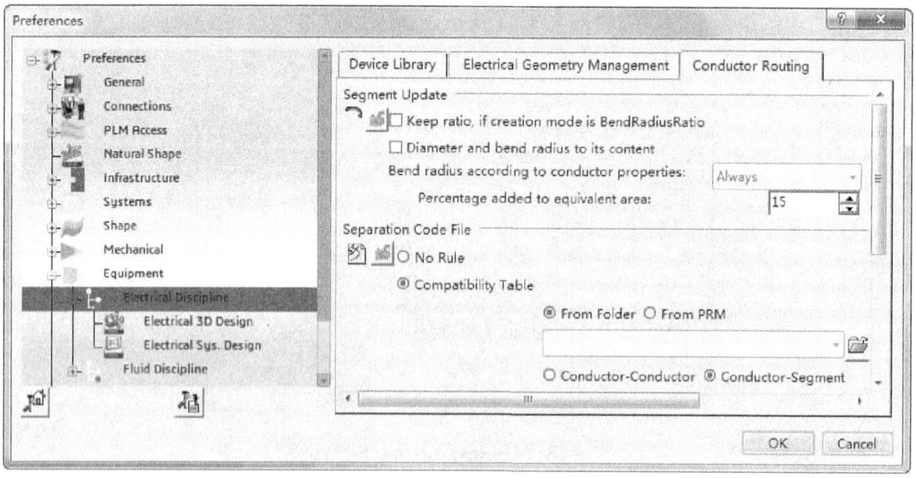

图 7－41　电缆填充率设置

按照上述操作再次进入 Conductor Routing Assistant 对话框时，对话框右侧将呈现红色标尺，点击对话框右下角的拖至标尺红色区域，可进行标尺分区，为此，操作两次拖动创建三个分区，在分界线处存在相应数值，可点击数值，输入具体值再点击左键确认。为便于有效区分，可更改不同区域颜色，左键点击对应区域，在弹出图框中选择颜色，将鼠标移出图框点击左键确认。颜色设置好后，点击按钮，软件将根据电缆填充率所属数值区间，在视图中显示相应颜色，如图 7 - 42 所示。

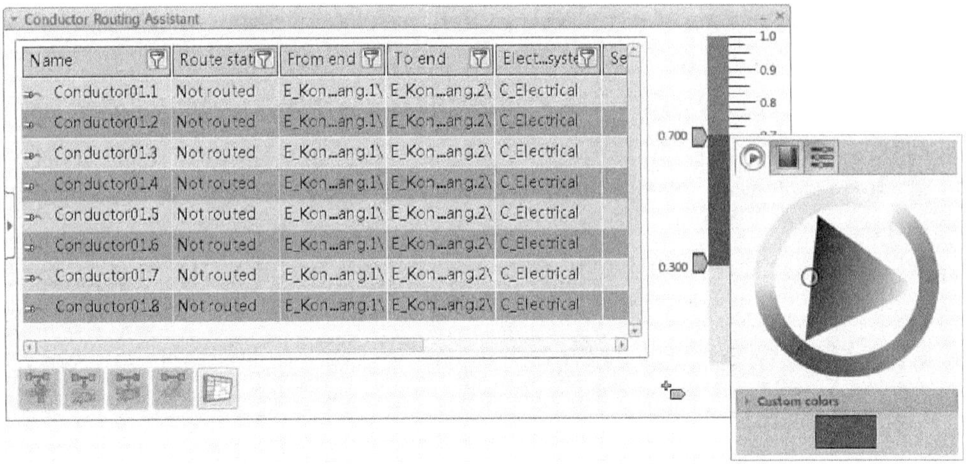

图 7 - 42　Conductor Routing Assistant 对话框标尺修改

点击对话框中的（Generate conductor routing report），软件将自动弹出电缆布置报表，其内容与 Conductor Routing Assistant 对话框中内容一致。

7.5　本 章 小 结

本章重点讲解了电气模块中三维设计操作流程，详细介绍了电气设计中所涉及的常用功能，并结合实例给出了常用功能的具体操作流程，相信读者在学习本章后对电气三维设计的相关功能和流程能有清晰的了解。

参 考 文 献

[1] 中国舰船研究院编. 舰船概论[M]. 北京:北京科学技术出版社,1989.

[2] 邵开文,马运义. 舰船技术与设计概论[M]. 北京:国防工业出版社,2005.

[3] 曾鲁山,曾凡明,刘金林. 基于 CATIA 和 VIRTOOLS 技术的虚拟机舱漫游研究[J]. 中国舰船研究,2008,3(5): 62-64,80.

[4] 陈奎英,张冬梅,吴瑞曦. CATIA 软件在船舶设计中的应用[J]. 青岛远洋船员学院学报,2008,29(4):55-59.

[5] 叶鹏. 基于 CATIA V5 的汽车制动器零件库研究与开发[D]. 武汉:武汉理工大学,2011.

[6] 许诺,彭文波. 基于 CATIA 标准管路库的创建与使用[J]. 中国水运,2012,12(12):93-95.

[7] 武振锋,陈周锋. 基于 CATIA 的 CRH380AL 动车组头车三维曲面设计[J]. 武汉大学学报(工学版),2013,46(5):635-639.